SŁAWOMIR CENCKIEWICZ

ANNA SOLIDARNOŚĆ

Życie i działalność Anny Walentynowicz na tle epoki (1929-2010)

アンナの
ポーランド「連帯」

裏切りと真実

スワヴォミール・ツェンツキェヴィッチ 著

吉野好子／松崎由美子 訳

同時代社

SŁAWOMIR CENCKIEWICZ

ANNA SOLIDARNOŚĆ

Życie i działalność Anny Walentynowicz na tle epoki (1929-2010)

アンナのポーランド「連帯」

——裏切りと真実

日本の読者のみなさんへ

アンナ・ヴァレンティノヴィッチ（一九二九～二〇一〇年）の生涯を綴った私の本を読んでくださる日本のみなさんに、直接こうしてご挨拶できることを非常に光栄に思います。アンナも、『アンナのポーランド「連帯」』の日本での出版を心から喜んでくれていることでしょう。

彼女は、一九八〇～八一年にグダンスクの「連帯」本部を訪れた日本の労働組合の方たちとの交流について、私に話してくれたことがありました。八一年に日本を訪問する計画があったのに、レフ・ワレサによって潰されたと語っていました。しかしこうしたいろいろな出来事も今では何の意味もありません。

アンナ・ヴァレンティノヴィッチは天国から私たちを見守ってくれていると私は思っています。彼女は、われわれの心に永久に刻みこまれることでしょう。彼女が忘れ去られてしまわないようにすることは、私たちの責務だと考えています。なぜならば、二〇一〇年四月一〇日に起きたスモレンスクの飛行機墜落の惨事（で彼女が亡くなった）の後、歴史のページからヴァレンティノヴィッチを消し去ろうとする人々がポーランドに絶えないからです。だからなおのこと、桜が美しく咲く国でアンナ・ヴァレンティノヴィッチの生涯を紹介してくれる日本の方たちのご尽力を私は嬉しく思うのです。

スモレンスクの大惨事の後でさえ、政府や大手マス・メディアはアンナ・ヴァレンティノヴィッチを評価しなおそうとはしませんでした。〇八年にヴァレンティノヴィッチにワルシャワ市の名誉市民の称号を与えることに反対した市会議員たちも、自分たちが間違っていたと認めようとはしませんでした。亡くなる数年前の〇八年一〇月に、ヴァレンティノヴィッチはラチブシュ（ポーランド南西部）の若者と住民との集いに出席することになっていました。しかし、その直前、その集いは中止されてしまいました。現政権とつながりのある政治家たちがその集会に反対したからです。白鷲勲章（ポーランド国家の最高の勲章）を授与された高潔なる女性、「連帯」の伝説といわれたアンナが、ラチブシュ市民の前で話をすることを、彼らは許さなかったのです。

当時の新聞には次のように書かれています。

「アンナ・ヴァレンティノヴィッチの講演には約一〇〇名の高校生、数名の歴史家や教師がやってきた。ステージに上がる一〇分前、市民プラットフォーム（ＰＯ）連立政権の支援を受けてラチブシュの郡長に就任したアダム・ハイドゥクが、文化会館の女性館長に電話をし、ただちに講演を中止するように命じた。政治的な会合は承諾できないというのである。重苦しい気持ちのまま、女性館長は高校生たちにほんとうのことを告げた。若者は黙って出て行った。郡長は良心の呵責などまったく感じていないという。文化会館には規程があり、そこには『政治活動を行なう』などという内容は書かれていないから、当然だと考えているのだ。ホールは青少年のために使用されるべきだと郡の議員を責める発言を行なった」

ラチブシュの集会を禁止した政党であるＰＯの党首であり、首相であるドナルト・トゥスクの口から、アンナが「連帯」の母であったことを聞くためには、彼女の悲劇的な死が必要でした。しかし残念なことに、ＰＯ党の仲間たちの振る舞いにはトゥスクの言葉はまったく反映されていませんでした。

一〇年四月一〇日の後に、反共産地下組織に属していたかつての活動家たちは、アンナ・ヴァレンティノヴィッチが人々の記憶に留まるようにと、バルト海沿岸三市社会委員会を発足させ、一〇年八月に特別な要望書を、グダンスク市に提出しました。

「アンナ・ヴァレンティノヴィッチの生涯、活動、そして彼女の死が忘れ去られないようにするために、現ズヴィチェンストフォ大通りの名称を『アンナ・ヴァレンティノヴィッチ大通り』という名称に変更することをお願いしたい。それは、五月三日通りの高架橋ブウェントニキ（オリヴァ門地域）からグルンヴァルツカ通りまでの範囲である。これらの大通りはアンナが住んでいたグダンスク・ヴジェシュチュ地区から、働いていたグダンスク造船所まで続いているからである。

われわれが名称変更を提案している沿岸三市のこの主要幹線道路は、第二次世界大戦以降グダンスクのアイデンティティーにそぐわない名前がつけられている（昔はヴィエルカ大通り、ヒンデンブルガレ大通り、ロコソフスキ元帥大通り、そしてズヴィチェンストフォ大通りと変更されてきた)。『ズヴィチェンストフォ(勝利)』という現在の名称は、人民共和国が定めた名称であり、それは共産主義政権の導入と継続を意味したものであった。

アンナ・ヴァレンティノヴィッチは自由、正義と真実を求めて闘った伝説的な人物であり、その闘いのシンボルでもある。彼女の人生には、祖国ポーランドとグダンスクの町の歴史が刻み込まれているのだ。よって、提案している名称の変更は、特別な形で、グダンスクのこの場所と、わが国の現代史とを結びつけるものとなる」

この提案に対し、グダンスク市長パヴェウ・アダモヴィッチは厳しい態度で次のように通告してきました。

「スモレンスクの大惨事の直後に、各地の道路、広場、緑地帯に犠牲者の名前が付けられる例が出始めた。これは美しい行為というよりはむしろ無秩序に行なわれたことだといえる。グダンスクでは他の道を選択したい。われわれは混乱と無秩序を避けるやり方を選択することに決定した。これはわれわれにとって重要な事柄であるがゆえに、感情に任せてしまってはいけないと考えるからである」

一年以上に渡ってグダンスク市役所の役人たちと闘いつづけた結果、実現できたのは、アンナが五十数年住んでいたグルンヴァルツカ通り四四番地の建物の壁に記念プレートを設置することだけでした。

しかし、これだけでありません。私の本『アンナのポーランド「連帯」』出版に対して、「選挙新聞」ミロスワフ・チェフは、ウクライナの新聞に掲載された信憑性の薄い情報をもとに、ヴァレンティノヴィッチが自分の経歴を偽り、実はウクライナ正教を信じる家庭の出身であり、弾圧への恐怖からリヴネにいる両親や兄弟と連絡を取らなかったのだと記事にしたのです。またヴァレンティノヴィッチが亡くなったその翌日に、チェフの選挙新聞の同僚記者クシシュトフ・カトカは、「公安が、ワレサに著しい不名誉をもたらす内容の記録文書をわざとアンナに読ませるように仕組み、ヴァレンティノヴィッチは、たんにそれに基づいて話しているだけだった」と書いています。

真実は、これとはまったく別なものであることが周知の事実であるにもかかわらず、このような記事を書いているのです。歴史家たちによってもこの真実は証明されており、また何より、ヴァレンティノヴィッチ自身も次のように言っています。「あれは確かに挑発行為です。われわれを衝突、対立させ、組合を弱体化させるためだったのです。ワレサが何者であっても、今、敵と手を結んではならないのです。私はこの密告文書を小さくちぎって、火をつけ、放り込むべき場所（トイレ）に投げ捨て、水を流しました。もう手元には何の証拠も残っていません」

アンナの不屈の精神と反共産主義思想、解雇された人や生活の見通しを奪われた人を閉め出すような社会的不正を絶対に許さない姿勢が、彼女に対する敵意や憎しみを生む原因となっていました。

謙虚さを忘れず、しかも貧困に耐え、そして人には愛情をもって接するという一貫したその態度は、日本人に愛された聖フランシスコ修道会のゼノ・ゼブロフスキ修道士によく似ています。ゼノ修道士の記念碑建立を支援するアピール文の中で、修道士の生き方は次のように語られました。「人間への信頼を喪失し、人を信じることができなくなり、社会の疎外感と物質主義や利己主義、そして自己満足だけを追求する偽善が蔓延する中、嘲笑され屈辱を受けている人に対して気にもとめないような世の中になってしまいました。しかしゼブロフスキは祈りを捧げ、人類への愛を実践し、貧しい人々や弱い立場にいる人々のために身をささげる人生を送った人なのです」

アンナ・ヴァレンティノヴィッチの人間性や生き方は、この言葉がそっくりあてはまります。

親愛なる日本の皆さん。本書の発行に尽力してくれた方々のおかげで、日本の読者にこの優れた偉大なポーランド女性アンナ・ヴァレンティノヴィッチの生涯を紹介することが実現しました。日本の友人たちのこのすばらしい発意は賞賛に値することだと私は考えます。ポーランド人もみなさんのご尽力を決して忘れませんし、私もみなさんに心より感謝したいと思います。

二〇一二年二月

スワヴォミール・ツェンツキェヴィッチ

アンナのポーランド「連帯」——裏切りと真実◉目次

ポーランド人民共和国（1980年当時）

第一章　母のやさしい抱擁を知らない

リヴネからグダンスクへ（一九二九年〜一九五〇年）

グダンスク造船所溶接工作業班の同僚と一緒のアンナ（真中）

アンナの誕生

一九二九年八月十五日、ローマ・カトリック教徒の国ポーランドでは聖母マリア被昇天を祝う国民の祝日でした。この記念すべき日に、ヴォルィーニ県のリヴネという町で、母アレクサンドラと父ヤン・ルプチックとの間にこの本の主人公アンナは生まれました。アンナには兄アンジェイがいて、幼年期を愛情に満ちた温かい家庭で過ごしたことを憶えていました。

父は庭師で、パシュコフスカ家出身の母は仕立屋でした。ふたりは南米へ移住することを夢みて、三九年八月、実際に荷造りを始めたこともありました。でも、時代の流れはそれを許してくれませんでした。やがてヤンは軍隊に召集され、ドイツ軍と戦い、戦死してしまいました。

後年、アンナは語っています。

「葬儀には多くの人々が集まってくれました。その中で見知らぬ猫背の老人が、しきりに私を慰めてくれたことを憶えています。でも、母はこれまでのように私を抱擁してくれなくなりました。母は絶望のあまり生きる力を失ってしまったからだと思います。それからまもなくして母は心臓発作で亡くなりました」

兄の消息

その後、次々に悲劇が起きました。三九年九月十七日、ソ連がポーランドに侵入して来たのです。ポーランドはドイツとソ連というふたつの強国に砲撃されました。九月十七日午後、ソ連軍がいち早くリヴネに進出してきました。町を占領したソ連軍は「新しい秩序」を導入するのだといって学校を閉鎖してしまいました。

四〇年、アンナは小学五年の中途でやめざるをえなくなりました。ソ連人はもの心のつき始めた少年たちを一斉逮捕しました。アンナの兄アンジェイも逮捕され、行方が分からなくなっていました。

兄がいなくなってから、アンナは新聞にある家族探しの尋ね人欄に投稿し、兄を捜し続けました。

「私の兄はソ連にいるはずですが、三九年以来から消息がないのです」と。

後年、アンナは述べています。

「もしかしたらポーランド赤十字の力で消息が分かるかもしれないというかすかな希望を持っていました。でも、もうそれきり兄に会うことはありませんでした。

のちに、兄はシベリア・タイガにあるどこかのラーゲリ（ソ連の強制収容所）で死んだと知らされました。立派な墓があるのか、墓に十字架が立てられているのかさえ分かりません」

保護者の仕打ち

アンナの住んでいた世界は数週間のうちに音を立てて崩れてしまいました。孤児になったのです。アンナは語っています。

「当時のことはほとんど憶えていませんが、私は一〇歳になったばかりでした。母親が亡くなった時、私は母のそばに横になり、このままどこへも行きたくないと思いました。その時、隣人たちがやって来て棺を運び出し、母を埋葬しました。幼い私を養育するためでしょう。その中のひとりが自分の家に私を連れて行きました」

東部国境地帯のある地主がアンナの保護者となりました。その人のおかげで、小さなアンナは何とか生き延びることができましたが、実際は幼い使用人、率直に言えば奴隷のように使われることになったのです。この養子縁組は当初から功利的な目的のために結ばれたものでした。そのことにアンナが気づいたのは後になってからです。こうしてアンナの幼年時代には悲劇的な思い出が刻まれました。でもアンナは、自分の保護者による迫害を一方的には非難したことはありません。しかし、若い年月のトラウマはどれだけ長い間アンナを苦しめたことでしょう。

「明け方から夜中まで働きました。私はほんの少しだけでも休息できたらどんなに楽になるだろうと常に思っていました。いつも空腹で寝不足の状態でした。よく叩かれました。理由は何でもよかったのです。乳をしぼっている時に疲労で瞬間的に眠ってしまい、雌牛が牛乳のバケツをひっくり返したことがありました。ムチ打ちです。バターをつくる時にできる生クリームの入った十五リットルの缶が割れました。すると再びムチ打ちです。うかつにも休暇が欲しいと言ったことがありました。庭仕事の途中で手に持っていた古い熊手を壊したことがありました。それらはすべて体罰の理由となりました」

自殺を考えたことも

四一年六月、独・ソ戦争が勃発した後、その保護者夫妻は、使用人であるアンナと共に、親戚を訪ねて当時の総督府領内に移ろうと、その機会を窺っていました。

それから一年後、四二年から四三年に変わる冬、そのチャンスがやって来ました。一家はアンナを連れてワルシャワ郊外のマルコヴィズナ村にたどり着くことができ、そこにしばらく住むことになりました。アンナはそれから一度もリヴネに戻ることはありませんでした。一家はマルコヴィズナ村の親戚にとって重荷となっていたので「ポーランドの独立回復」後、その村を離れることに決めました。

そんな中、ポーランドの西部や北部の土地に定住することを勧めていた共産主義者たちの政策によって、グダンスク近郊に移り住む可能性が出てきました。その宣伝文句は次のようなものでした。

「ポーランド民主化計画は進んでいる。バルト海はポーランドの商船や戦艦で埋まり、グディニア、グダンスク、シュチェチンはポーランドの貿易合流地点になるだろう。農村の若者よ！　これまでの停滞状況から脱却せよ。君の田舎の村から出て、農村の貧困から抜け出すために西へ行こう。自分自身とポーランドのために、労苦を恐れず新しい生活を手に入れよう」

共産主義者たちは、ジュラヴィにあるかつてドイツ人たちが所有していた家屋を、ポーランド人居住地として提供すると言いました。家族はグダンスク近郊のルトニツキに定住しました。こうして確かにアンナの住む環境は一変したものの、それでアンナの運命が好転したわけではありませんでした。いつも殴られ、おとしめられ、やっとの思いで生き長らえるという状況は変わりませんでした。復活祭やクリスマスの祝日には家畜小屋で過ごしました。そんな中でアンナは、まわりから拒絶され排除されることの苦汁、辛さを覚え込まされました。

「私の一日は東から太陽が昇るか昇らないかという時刻から始まりました。動物にえさを与えるために朝四時に起き、それから労働者たちに朝食を用意しました。次に牛を連れて野原に放ち、みんなと一緒に畑に行きます。畑では牛が他の農家に行かないように監視しながら、他の人々と一緒に働きました。猛暑の時は疲労で倒れたこともありました。夕方七時に戻り、乳しぼりをして牛乳を濾しました。鎌を持って出かけ、豚用のイラクサの束を手押し車に入れて飼料をつくりました。真夜中に寝て、朝四時に起き、こうして同じ日課を繰り返すだけです。家出を考えましたが勇気がありませんでした。畑に走り出て草に顔を埋めて泣きました。当時石鹸をつくるためにどこの家でも苛性ソーダが十分に用意されていたので自殺を考えました。苛性ソーダが危険なものであることを知っていたからです。口に運ぼうとすると家主の下の息子がスプーンを私の手から叩き落しました。おまえは馬鹿で死ねないくせに、せいぜい食道をやけどするだけだろうという声を耳にしました。そして再びあの恐ろしい無力さを感じて死ぬこともできませんでした」

やっと訪れた幸運

幼年時代の地獄はアンナが脱走を決心した十六歳の年まで続きました。その日アンナはテーブルにその日の昼食を用意して、「出ていくわ」と言って家を出ました。

八〇年、ジャーナリストのハンナ・クラルに次のように語っています。

「夏の暑い盛りです。どこでもいいから歩いて行こうと決めました。歩いて、歩いて、歩きました。途中で眠り、目が覚めると、また歩き続け、どうしたらいいのだろうと考えました。あの苛性ソーダを少し手に入れて自殺しようかとも思いましたが、どこで手に入れればいいのか分かりませんでした。結局私は自殺することができませんでした。そしてまた歩き続けました」

アンナは手伝いを必要とする新しく出会った人々の家に泊まり仕事を見つけては働きました。子供たちの世話をしたり、仕立屋の手伝いをしたり、掃除や洗濯をしました。

そしてついにグダンスクのグワトコフスキ夫妻の家に居場所を見つけました。そこでは夫妻の三歳の娘を世話しました。成人してようやく運命がアンナに微笑みかけました。四七年、グワトコフスキ夫妻がバルト海沿岸三市を去り、トルンへ引っ越すことになったのです。夫妻は別れぎわに、グダンスク・ヴジェシュチュ、バトリー通り二〇番地にある、地階の小さな住居をアンナにプレゼントしてくれました。これまで一度も味わったことのない幸運なことでした。心身ともに強くなり、別れぎわに地階の住居を与えられたアンナは、身分証明書を携帯する人民、ポーランドの正当な権利を持つ新しい市民になったのです。「人民」、この言葉は魔法の力を持っていました。

励ましてくれたポスター

五〇年初頭、アンナはグダンスク雇用局へ赴き、そこで定職を見つけました。グダンスク・レトニツァにある油脂加工工場「アマダ」へ行かされました。新しい大きな喜びを感じました。配属されたマーガリン工場での仕事は退屈でした。しかしここで働くことは自分のためでなく国のためだという意識を持ちました。ベルトコンベアの前に立ち、黄色い立方体が均一に箱に詰められる工程をチェックしました。これらのことはすべて五〇年に起きたことでしたが、今日まであの当時の大きな希望と楽観主義に満ちた宣伝を憶えています。生活するために稼がなければいけなかったし、知人と親交を結ぶ時間がなかったので相変わらず誰も知り合いはいませんでしたが、まわりで何が起きているのかは分かりました。非常に人気のあるポスターを憶えています。

「ハンマーとのこぎりを持つ若い娘、にっこり笑っていて毅然としている本物の女性労働者です。そして彼女が他の労働者たちと一緒に新しい、より優れた世界を築いていく。どこでもみんなが平等であり、誰も一日二〇時間働けと命令しない。このポスターは私に非常に大きな印象を与えました。たとえベルトコンベアの前に立って、このように素晴らしい道具を持っていなくても、これは私だ、私がこの女性労働者だ、やることすべてうまくいき、われわれみんなのために、明日はもっと良くなるように働くことを想像しました。アマダ工場の生産ベルトコンベアの前で働くことは、私にとって快適でした。この仕事は素晴らしく必要であると自分自身に言いきかせました。偉大な恩恵と与えられた忍耐に対して神に感謝しました。私は取るに足らない人間でしかありませんでしたが、今は労働者となって、重要なことを行なっているのだと思いました。いかにして自分の仕事をちゃんと行なうべきかを、今こそみんなに見せるのだと自分自身で決めました」

造船所は受け入れてくれた

すでに五〇年秋、グダンスク造船所で働くことを夢みていました。そこは、スターリン六ヵ年計画を実施していたので労働力を必要としていました。よくあることですが、アンナが造船所で働くことになったのも、偶然によるものでした。朝食休憩の時に、アンナは機械の置いてある仕事場へ行きました。機械のスイッチは止めてあったので静かでした。この職場で働いている若い娘や青年は朝食を食べていました。

八〇年、アンナは当時を回想して語っています。

「私は一枚のブリキ板を万力に固定し、のこぎりを握って切り始めました。のこぎりに触れる金属がどのようになるのか非常に興味をそそられたのです。片目の年取った労働者が私のそばに来ました。『造船所へ行くといい。あそこなら、なにか習得できるさ！』

翌日私は造船所へ走って行きました。海鳴りがしたような気がした中で、ポスターのあの言葉が聞こえてきました。『若者が船舶を建設する』という言葉が。造船所では多くの持ち場があることを教えてくれましたが、炎の輝き、火の粉の束の中で行う溶接の仕事は、私に感銘を与えました。『アマダ』に戻りました。しかし課長は『きみを手放したくない。辞める二週間前に予告し、自分の後任を見つけることが必要不可欠だ』と言いました。私は泣きながら女性連盟の議長の所へ行きました。そしてふたりで課長の所へ行き『同志、いったいどういうことですか？』と議長は厳しい口調で尋ねました。私は脇に立ち、ただ子供のように泣くばかりでした。

一晩中眠れませんでした。オストラ・ブラマの聖母マリアに祈りました。あの造船所が私を雇ってくれるかどうか、一晩中、私の心臓は不安で震えていました。聖母マリアは私の願いを聞き入れてくれたのです。そして五〇年十一月、私は溶接工になるための講習を受けることになりました。

溶接の講習に通いました。情熱を持って学び、私に働くことを許した人民ポーランドに感謝しました。それから試験、合格するのかびくびくしましたが合格しました」

第二章　何かがおかしい！

労働者たちを守るために（一九五一年～一九七七年）

燃え上がるポーランド統一労働者党グダンスク県委員会本部。
（1970年12月15日）

ポーランド青年同盟に加入

願書を提出し、仕事上の守秘義務に関する書類や一九五〇年十一月八日付の健康診断の書類に署名した後、アンナ・ルプチックは登録番号「１３３３４」を与えられ、グダンスク造船所での労働許可証を手渡されました。

組立工場で三ヵ月の溶接講習があり、溶接技術を身につけることができました。五一年二月、講習を修了し、見習いから正規の溶接工へと昇進することになりました。その過程で「溶接の技術が高く、働き者で、持ち場を離れない、高評価グループに値する」という高い評価を得ました。この評価は、五一年秋にアンナの上司が与えたもので、その後彼女を何度も昇進させる手助けとなりました。

アンナは造船所で働き始めて間もなく、孤独を感じるようになり、社会的な活動に参加したいと思うようになりました。五一年一月、ポーランド青年同盟の工場組織の存在を知り、この組織に加入しました。五一年初めに作成されたポーランド青年同盟グダンスク県本部のデータによれば、造船所の十六～二六歳の従業員三八〇〇名のうち三一〇〇名が工場ポーランド青年同盟（ＺＭＰ）に所属したことが明らかにされています。

グダンスク県全土で組織された二四一四団体、五万二六三名がポーランド青年同盟に所属していました。しかし、多くの同盟員は組織の活動にあまり一生懸命ではありませんでした。活動家たちが会合・評議会を企画し、そのイデオロギーを教育しようとしても、拒絶されるのが常でした。青年同盟の主張が退屈なもので、自分たちの生活の改善に何も役立たないものだったからでした。

アンナは何も分からないまま、ポーランド青年同盟が打ち出すスローガンを信頼していました。後になってアンナはポーランド青年同盟に加わった理由をこのように説明しました。

「生きる喜びがあり、自分の運命に満足していた私は、他人に何かを与えることが大切だと考えました。単にお金を得るために行動するのでなく、他の大切なものを得たいという気持ちが私の出発点となりました。この組織はこうした人々のために存在するはずだと思い、私にはいかなるためらいもありませんでした。一緒に加入する人もなくひとりで加入するなんてと、周囲からはおどかされましたが、加入すれば知人を得ることができ、親しくなることができるし、他の人々がどのように生きているのか、知ることができると期待していました」

ポーランド青年同盟の全国組織は、同盟員の脱退や理念の衰退、活動の停滞ばかりでなく、酒浸りや道徳的な荒廃が広がる中で活力を喪失していました。

一方、グダンスク造船所の工場ポーランド青年同盟の組織も、そのような荒廃を避けることができない状況でした。しかし、その「危機」に立ち向かおうとしていました。「活力喪失」に対するクスリは、良好な「組織内の協力関係」です。「組織内の協力関係の欠如」が生産能力にマイナスの影響を与えていました。幹部たちの間では、アンナたちにあまり関心を示しませんでしたが、後日、造船所のポーランド青年同盟は、若者の作業班を有効に配置することにより、労働現場はより力を発揮するはずだと報告しています。その結果、造船所内の十七ヵ所にこのような作業班がつくられました。

「若き女性プロレタリア」として

アンナは、共産主義運動がどのようなものなのかよく分かりませんでした。ピオネール（共産主義少年団）や労働運動の指導者による、スターリン主義組織におけるイデオロギー教育や政治についての議論を理解できませんでした。彼女は、弱い立場の人たちの役に立ちたいと考え社会活動に専念したのです。

「町を綺麗にし、植樹をし、メーデーの行進に参加しました。その時には赤い旗や横断幕を掲げて心から歌いました」

彼女は、「若き女性プロレタリア」として、市の「労働英雄」にまつり上げられました。「アンナ・ルプチック」の名前は、働く女性リーダーの象徴になりました。バルト海沿岸三市の新聞がこのことを書き立てました。二二歳の女性溶接工の写真が、工場のショーウィンドーに掛けられ、刊行物に掲載されました。

ベルリンで受けた衝撃

「女性プロレタリア・アンナ」を工場労働者の模範としようという意図は、五一年七月にベルリンで行なわれた「世界青年平和友好祭」への参加者のひとりに彼女が選ばれたことでも示されました。アンナはポーランド代表団の代表選考に応募していました。

五一年八月五日、九〇ヵ国の若者がベルリンに集まりました。二〇〇〇万人の代表者たちの中にグダンスク造船所のアンナがいました。ポーランド青年同盟の活動家として大会に参加したR・カプシチンスキは、次のように報告しました。

「フリードリヒ市の宮殿の前に飾られた赤いネオンがベルリンの夜の闇を照らす。ここで国際的な芸術グループの公演が行なわれている。わが代表団は劇場に向かう。街頭、家々、広場など、ベルリンにあるすべてものと同じように、劇場内は豊かで変化に富み、色とりどりに飾り付けられている。最後に、讃歌の響きが鳴り止んだ時、ひと抱えの花が舞台にまかれた。『スターリン、スターリン、スターリン』と観客がシュプレヒコールを繰り返し、芸術家たちもこれに加わった」。

ベルリン滞在中、ようやくアンナは青年同盟の実情に気づくようになりました。ポーランド青年同盟は、実は偽善や礼儀知らず、意地悪、ねたみ、互いへの憎悪が渦巻く場所でしかないということを。とくにオルシュティンの同志が亡命事件を引き起こしてからは、ボルシェビキの規律や政治的指導が顕著に強化されてきました。人格が否定されることは、両親を失った直後の幼年期の最悪な光景を、アンナに思い出させました。集団懲罰が中庭で行なわれました。警察犬と親衛隊員の帽子こそはありませんでしたが、わめき声と脅迫の声が聞こえました。新しい行動方針が与えられました。そこでは「人民祖国」に対する義務を唱えさせられました。監督やその補助者たちは、さらに亡命者が現れた場合、厳しい叱責が与えられるだろうと予告しました。発生した事件について口外することを禁じられました。「きみたちは何も見ていないし、何も知らない」

その後、代表団の団長がやって来て、みんなに大広間に行くように命じました。部屋に鍵がかけられたので、まるで刑務所に監禁されたようでした。そこに夕方まで座っていました。まもなく、ほかにも亡命者が発生したことが判明しました。大幅に減った代表団はポーランドへ戻りました。

この出来事はアンナに衝撃を与えました。ポーランド青年同盟に加入して八ヵ月を経ていましたが、同盟から脱退することを決意したのです。ベルリンに出張する際に支給されたスカートや運動靴、白いソックスをそっくり返却しました。彼女は八一年に作家トマシュ・ヤストルンに打ち明けています。「ベルリンから戻った後、職場の従業員たちとの会合で、私もウソをついて沈黙を守りました」と。

しかし、ある時、これ以上このままでいることはできないと感じました。真実を話すことはできませんでしたが、ウソをつくことはできないし、つきたくもありませんでした。アンナはポーランド青年同盟資格証明書を捨て去りました。「あの出張は、ポーランド青年同盟内部に、あってはならない何かがあることを教えてくれました。それは私にとって重要なことでした」と後日、アンナは語っています。

造船所で働き始めた当初、すべての社会生活を公安警察や警察署員たちが管理している警察国家に生きているという意識はありませんでした。ずいぶん後まで、アンナはそれが分からなかったのですが、当時は、人間として、ポーランド青年同盟の同盟員として、許せない多くの不正や違反のあることに気づいていました。

造船所の諸部門や工場評議会で何が起きているのか、そこでの労働者の運命はいかなるものなのか、労働者の賃金について何が起きているのか、こうした点に注目し始めたことが、不正を知るきっかけになりました。

女性連盟に加入

ポーランド青年同盟でのこうした体験の後、アンナは造船所での仕事に専念しました。彼女は出来高払い賃金制度のもとで働きました。朝五時に起床、作業服を着て、バーナーを持ち、保護眼鏡と保護マスクをつけて六時に労働現場に立つ、という単調な日常生活でしたが、彼女は働きがいを感じていました。彼女は優秀な労働者でした。

仕事をして一年後には、月の労働時間は四二〇時間となり、約三二〇〇ズウォティを稼ぎました。三ヵ月分の賃金に値します。二七〇％のノルマを達成したことになります。職場の競争では一番になり、他の従業員たちの模範となる「優秀労働者」となりました。

しかし、溶接作業班で彼女の重要性が上がれば上がるほど見えてきたことがありました。競争を煽るこの共産主義ゲームでは、造船所の管理者や男性作業班の一部から、セクハラを受ける女性たちがまず搾取され犠牲となっていることでした。そこでアンナは、不公平な扱いから自分自身や他の女性たちを守るために女性連盟に加入しました。アンナのカリスマ性と活動力は、すぐに彼女を工場の女性連盟の指導者へと押し上げました。

アンナはまだ、スターリン体制のもとでは、女性連盟もまた上部の指示に従うだけの役割しか演じていないのだということを理解していませんでした。女性たちは能力以上の労働を強制されていました。現実的な援助を受ける代わりに、「働く女性や子供に関する人民国家の方針」を指示され、六年計画を完遂せよと呼びかけられていました。アンナは、弱者とりわけひとりで子育てをする女性たちの救済スローガンを信じました。救済を必要とする人々に自分自身も奉仕しなければならないと感じていました。実際、女性連盟は長年にわたり、夫に見捨てられた子持ち、また夫を失った女性たちを援助することを優先課題としていました。女性連盟は次のように宣言していました。

「保育所、幼稚園を手配すること、仕事を得る手助けをする必要がある。今日、われわれは男性と同等の権利を持っているし、女性たちはあらゆる所で活躍すべきであり、昔のような進歩のない生活を送ってはいけない。自覚を持った女性たちは男性同様に国を統治する主役であり、まだ多く残されている社会の欠陥を暴く手助けをしなければいけない」

五〇年代になされたこの宣言は、多くの人々に感銘を与えました。やがてアンナは、この宣言がいかに現実と一致しないかを自分自身で知ることになります。

裏切りのトラウマ

アンナが援助の手をさしのべたのは、職場においてばかりではありませんでした。造船所で清掃の仕事についていた女性が住まいを探していることを知った時、手助けを申し出て自分の住居の地階に泊まらせてあげました。その後、この女性が自分の母親を引き入れたのでトラブルになりましたが、ふたりはアンナの住まいを出たくないと訴えました。五二年二月、アンナ自身が住まいから出ていくことを強いられました。アンナの人生でもっとも幸せな出来事を経験した住まいであったのに……。

アンナは、ソポトの知人の家に住むことになりました。アンナの状況はまた振り出しに戻ってしまい、しばらく孤独とホームレスの状態が続きました。

おまけに不幸な愛が彼女の身にふりかかったのです。五〇年、アンナは職場の同僚に夢中になりました。ふたりは一緒に将来を計画しました。ところが彼女が妊娠すると、相手の男ルィシャルトは彼女から遠ざかるようになりました。節度を超えて酒を飲み、他の女性と付き合ってもいました。裏切りと捨てられたというトラウマ。妊娠にもかかわらず通い続けた仕事が何とか彼女の心を救いました。妊娠から八ヵ月が経過して出産休暇となりました。当時の出来事を感情的に自分の回想記に記述しています。

「その時、人々や祖国への愛を信じてひとりで子供を育てようと決心しました。この決断は簡単なものではありませんでした。五〇年代の初期、夫なしに子供を産む女性はたいへんな努力と勇気を必要としました。それでも、私は中絶しようとは思いませんでした。

教会へ飛び込みました。神父との長い話し合いは私にとって有益なものとなりました。初め、神父は私を厳しく叱りつけて、それから心配するなと言いました。『こんなに犠牲を払って苦労してきたのではありませんか。きっと元気な子が生まれますよ。聖母マリアも元気な子を生むように助けてくれます。マリアの庇護に身をゆだねなさい』――と。

私はやがて生まれる子を愛し始めました。五二年九月、私の息子ヤヌシュが誕生しました。私だけしか頼る者がいない、無力で小さな命が生まれました。私は彼を育て衣服を着せ、言葉や歩き方を教え、愛情と安らぎを与えていくことになりました。嬉しいことでしたが、同時に不安なことでもありました」

新しい住居、従業員の模範

アンナにとって一番の問題は自分の住まいがないことでした。五二年秋、勇気を出して、ボレスワフ・ビェルート首相に手紙を書くことにしました。その手紙の中で強い言葉で問いかけました。「私は野良犬のようにこの子と一緒に野たれ死にするべきなのでしょうか？」。ビェルート首相＝スターリンの全権代表から返事はありませんでした。しかし、彼の閣僚執務室が県庁にこの問題を伝達していました。

その結果、工場評議会からアンナにひとつの知らせが届きました。グダンスク・ヴジェシュチュ地区の中心・グルンヴァルツカ通り四九番地にある三八平方メートルの住まいを与える、と。この住まいに移り住む五三年八月まで、アンナは息子と一緒に、知人たちの家を転々としたり、間借りした部屋に住んだりしていました。ちなみに、この新しい住居にはその後彼女が亡くなるまで住むことになりました。

アンナの生活は、子育てと造船所での労働、女性連盟での社会活動で多忙となりました。のちに語っています。

「造船所の諸問題に忙殺されました。そこは私の第二の家でした。造船所での生活が私の人生そのものでした」

しばしば、夜勤でも働きました。隣人が彼女を助けてくれました。労働条件や賃上げを求める闘いを放棄しませんでした。ますます頻繁に労働組合や女性連盟の支部評議会の集会で発言しました。

アンナは作業班で大きな権限を与えられました。従業員の模範になり、五三年、十字功労賞銀賞をもらい、進水式の支綱切断の役にさえなりました。要するに、組合組織や従業員の中で、彼女は高い地位を得ていたということです。

そしてアンナは、勇敢にも、社会福祉基金や共済組合で、費用の不当な管理・処理が行われていることを指摘しました。適切な労働安全衛生を求めました。彼女は工場指導部やポーランド統一労働者党の各工場書記さえも批判しました。このことが彼女にとって危険なことかもしれないとは思いもつきませんでした。

五三年秋、反抗的な女性溶接工を黙らせることが決定されました。アンナは人生で初めて公安警察と接しました。一転してアンナは困難に直面することになったのです。

「どうして私を逮捕するのか?」

「この日、いつものように七時に子供を保育所へあずけ、職場へと走りました。親方のトボルスキが私の方へやって来ました。電話があり、公安警察へ出向くようにという連絡があったというのです。青ざめるのを感じました。われわれがついているのだから、心配するな。もし帰れない場合には子供をどうすればいいのかだけを教えてくれ——と言ってくれました。昨日の会議が問題だと思うかと尋ねましたが、親方は分からないと答えるだけでした。しかし、私はそのことが原因だと確信しました。会議で私は党の書記を批判したのです。

公安警察の部屋は造船所内にありました。金属製のドア、磁気を持つ錠前、小さな窓口に配置された兵士のことを記憶しています。私の向かい側にひげをそり落とした私服の公安員が立っていました。

『座って下さい。名前と苗字は？　さて、ルプチック同志。あなた方がラジオ放送『自由ヨーロッパ』を聞いていることも、あなたの家に〝エホバの証人〟の信者がいることも知っているんですよ』『昨日の会議を問題にしているのですか』『質問しているのはこの私だ。黙れ』。彼は立ち上がって出て行きました。男の靴音が大きく響きました。私はひとりで長い間座っていました。

突然、ふたりの若い男が入って来て、私をぐいと引っ張りました。ひとりが膝を押さえて、もうひとりが髪の毛を引っ張ります。私は顔を伏せました。目をそらさないよう、男は私のあごを押し上げました。

私は、事務机の上に置いてあるインク壷をすばやくつかみました。この意地悪な非人間的な輩の目にインクを投げつけたい。私の指は、爪が青くなるまで厚いガラス瓶を握りしめましたが、自分の子供のことを考えて手を離しました。ふたりが出て行くとすぐに、私服の男が音もたてずに現れました。

さまざまな形で何度も逮捕が繰り返されました。子供のことが心配でした。私は党の工場委員会に申し出ました。――どうして私を逮捕するのか？　なぜ嫌がらせ行為をするのか？　なぜ時間や賃金を奪うのか？

ところが、皮肉にも私は新聞やポスターの世界では、にっこりと笑うあの女性労働者でした。私についての記事が掲載され、『祖国のために献身的に働く女性』という模範労働者として若者に紹介されていました」

相次ぐ功労賞

しつこく入党しろと説得する彼らに「私は神を信じています」と答えました。

彼らは「党への加入手続きを取りなさい。昇進しなさい。それでも、教会へは引き続きそっと通うこともできるのですから」と言いました。しかし、アンナはポーランド統一労働者党に加入しませんでした。

自らの労働を党に捧げる人間として彼女を紹介してきた党の宣伝者たちには、アンナの入党拒否もさほど障害にはならなかったようでした。

五四年二月付の新聞「造船工の声」の一面の「彼女たちがトップを行く」という欄に、溶接工の作業服を着て微笑むアンナの写真とコメントが掲載されました。そのコメントにアンナはこう紹介されています。

「アンナ・ルプチック――グダンスク造船所の金具取付け工場の溶接工。ポーランド統一労働者党大会と女性の祭日に敬意を表して、彼女は船体のフラップの溶接時間を二三七時間から一一八時間まで短縮し、五〇労働時間かかる時間を短縮して格子の溶接を可能にした。アンナ・ルプチックは平均して二〇九％のノルマを達成している」

アンナを取りまく状況は、五六年頃から、少し良くなりました。それはグダンスク造船所の再編成と船舶増産体制への移行の時期でした。このような状況下で熟練労働者の手は、黄金の価値を持っていたのです。

「雪解け」と「個人崇拝」への批判が新しい五ヵ年計画実施にとって好都合でした。公安警察に呼び出されることがなくなり、党加入をしつこく勧められることからも放免されました。彼女の勤務態度は、グダンスク造船所W―３部門の上司たちに次のように評価されました。

「市民アンナ・ルプチックは質の高い仕事をこなしている。市民ルプチックは、五六年に電極端子を集めることを創意した発起人のひとりである。このことは工場にとって多大な蓄えをもたらした。厳しく責任ある仕事にもかかわらず、市民ルプチックは活発に社会奉仕活動をしている。長年にわたり、女性連盟の指導者の役割を果たしている。支部評議会の委員も二期目となっている。市民ルプチックは重要な義務を果たすことにより計画達成にまじめに貢献する従業員のひとりである。部門従業員の中では女性の利益と権利を守る人として有名であり評価されている」

アンナは、船舶建設基礎学校の生徒たちに溶接技術を教え、造船所で実地訓練を行なう学生たちの世話をしました。五七年春、「五ヵ年計画における申し分のない労働」に対して十字功労賞銅賞が与えられました。

それから数年経った六一年、「非常によい仕事」「規律の正しさ」と「友情を大切にしている」ことに対して、引き続き十字功労賞銀賞を受賞。さらに、六五年には、彼女の発案したW―3部門における労働合理化案で生まれた貯蓄六万ズウォティに対する報償として、翌六六年に功労賞金賞が与えられました。

新婚生活の喜び…しかし

六四年、アンナは自分の生活を充実させることを望み、結婚することを決心しました。彼女が選んだ相手は三歳年下のカジミェシュ・ヴァレンティノヴィッチでした。彼はグダンスク造船所の同じ部門で働く金具取り付け工でした。お互いに結婚を意識することなく、知り合ってから一〇年になっていました。

ふたりは職場で知り合いました。アンナは彼に非常に気に入られました。「彼女のおさげ髪が好きでした。医者の指示で髪を切った時は、がっかりしたものです」と八〇年に語っています。

一方、アンナは自分が子連れであることがカジミェシュにとって厄介なことではないかと心配でした。ヴァレンティノヴィッチ家から嫌われる人になりたくもありませんでした。しかし、最終的に将来の姑がカジミェシュと結婚するようにアンナを説得しました。六四年九月二六日、グダンスク・ヴジェシュチュ地区にある聖イエス聖心会の教区教会でふたりは結婚しました。

カジミェシュは十二歳のヤヌシュに自分の苗字を与えました。彼は息子にとって最高の父親になりました。スケート靴を研いだり、学校の宿題を手伝ったり、いろいろなことを教えたりしました。家にあるさまざまなものを修繕したりしました。息子ヤヌシュは何でもできる男としてカジミェシュを記憶していますが、母親の陰にとどまっていたとも記憶しています。家の中ではアンナがもっとも重要な存在であり、カジミェシュはすべてにおいて彼女を支えました。

しかし新婚生活の喜びは、一年後に知らされたアンナの容易ならない病気により断ち切られました。医師たちは、溶接工たちが鉄沈着症にかかっている可能性があると判断しました。そこで検査を受けることになりましたが、その際アンナに初期症状の癌が見つかったのです。無理をしない衛生的な生活を送るという条件の下でも、余命はあと五年だとの宣告でした。

アンナは、自分で何が残せるのか、人生に何をしたのかと心から問いました。初期段階とはいえ、癌はカジミェシュの子供を産む望みを断ちました。アンナは手術を決心しました。その後、医師の指示により半年間休職することになりました。

クレーン工になる

病気が癒えて職場に戻ってからは、作業量がより軽いクレーンの仕事に移ることを希望しました。アンナ・ヴァレンティノヴィッチが電気溶接工の仕事を続けられないと判断した社会医療委員会は、六六年三月、彼女の申し出を支えることに決めました。別れぎわ、造船所の所長イエジ・ピアセツキは「長年の溶接工としての労働」に対して二〇〇〇ズウォティの手当を彼女に支給しました。しかし、仕事を変更したことでアンナの収入は減りました。八区分から六区分という低賃金のランクに落とされました。六六年三月十二日、新しい賃金条件が示されましたが、アンナは署名しませんでした。彼女にとっては、不当な扱いだと感じられたからです。六六年四月、重工業省へ苦情を書いてこの問題について抗議しました。

「私は、十八歳からグダンスク造船所の従業員として働いてきました。業績を上げ、ひとりで生産義務と社会奉仕を果たし、国の利益、工場の利益のために働いてきました。しかし、専門的な仕事に長年にわたり専念してきた人間に対する扱いが、このようなものではひどすぎます。非常に厳しい労働条件の下で働き、リューマチや鉛中毒に冒され、自らの専門職を続けられなくなった人たちが、突然補助的な持ち場へ移らされ、賃金等級区分からはずされ、今までの功績や勲章を考慮しないで半年十五％のボーナスが一〇％に減らされています。どうしてこうなるのですか？」

アンナは自分のためだけでなく病気の仲間のためにも抗議文を書いたのです。

その結果、より高い分類七区分の賃金を勝ち取りました。三ヵ月講習の後、六六年六月、グダンスク造船所W—3部門のクレーン工になりました。

このように不運で悲惨な目にあったりしながら、アンナの将来が決定づけられた七〇年を迎えることになりました。

「十二月事件」のはじまり

ボレスワフ・ヤシュチュクの指揮下の経済改革で進められていた物価値上げが、「七〇年十二月事件」の直接的なきっかけとなりました。七〇年十二月十二日、ユゼフ・ツィランキェヴィッチ政権はラジオやテレビを通してこの値上げを発表しました（値上げは翌日効力を発するはずでした）。しかし、七〇年十二月十三日の党機関紙「トリブナ・ルドゥ」は、ポーランド人民共和国閣僚評議会の決議内容として、まず小売価格が引き下げになる工業品（なかんずく洗濯機、テレビ、照明、香水、卓上ガラス食器類、レコードプレイヤー）を列挙して公表したのです。その次に値上げする四六種類の製品加工品を詳述しました。肉や肉加工品（十七・六％）、穀物粉（十六・六％）、ジャム（三六・二％）、穀物類（二〇〜三〇％）、また建築材料や燃料類（木材、コークス、石炭一〇〜二五％）などを値上げするというものです。非常に困窮していた社会にとって、この値上げ決定は衝撃的でした。

七〇年十二月十四日月曜日、アンナは朝六時に夜勤労働から解放されました。この時ちょうど、W—3部門の作業班がホールに集まり、ヴワディスワフ・ゴムウカとツィランキェヴィッチにより導入された物価値上げに抗議をすることを決めました。造船所の管理部に向かって行進するというものです。この抗議行動は、しばらくしてグダンスク造船所全体に知れ渡りました。こうして七〇年のグダンスク十二月事件が始まっていったのでした。

朝一〇時を過ぎたころ、およそ一〇〇〇人の労働者が、ポーランド統一労働者党グダンスク県委員会の本部を意味する「県議会議事堂」に向けてデモ行進を始めました。アンナは同僚たちを待つために造船所に残りましたが、午後になって、我慢できなくなり県委員会へ行くために造船所を離れました。途中で戻ってくる造船工らに出会い話を聞きました。

アンナは後日語っています。

「私たちは仲間たちが戻ってくるのを、長いこと待っていました。彼らが無事かどうか心配でした。結局私たちも、そこに出かけようと決めました。その時、彼らが戻ってきたのです。彼らは、県委員会の中に入れてもらえなかったと話してくれました。門番だと思われる人が、建物内はからっぽで、値上げを説得する内容の放送を流しているパトカーが脇から入っていったと話してくれたそうです。仲間たちがそのパトカーに向かって行くと、運転手がすばやく車から逃げたということです。そこで私たちの同僚のヤン・スブダが運転席に乗り込み、造船工たちは、この車を北造船所の方に向かって押していったと言いました。それから産婦人科施設、ピラモヴィチャ通りとグルンヴァルツカ通りを通って、『私たちと一緒に行進しよう！』と叫びながらグダンスク工科大学まで行ったのだと知りました」

この時を境に、アンナは労働者の決起に参加することになったのです。この日は、新聞社の近くで抗議しました。また、アンナは、警察と軍隊によりおよそ一万五〇〇〇人が暴力的弾圧を受けたポーランド国鉄の駅と党本部界隈での闘いの目撃者になりました。

翌日再び彼女は造船所にいました。当時、グダンスク港湾局、鉄道車両修理諸工場、毛皮製造諸工場、家具製造諸工場、船舶設備工場「ヒドロステル」、菓子類製造所、グダンスク船舶修理工場や北造船所の従業員たちが、ストライキを組織するレーニン造船所の造船工の闘いに加わりました。夫カジミェシュもストライキに参加しました。アンナは女性の同僚たちと一緒にスト中の食事を作りました。その中央食堂からは、正門や造船所を取り囲む広場を見ることができました。

「とにかく一万七〇〇〇人のために熱いスープをたくさん料理しなければいけませんでした。何か大きなことが起こっており、それに私も参加していると感じたので、私が最も役に立つことができる場所にいる努力をしました。ジャガイモの皮をむき、スープを煮てそれを各部門に届ける。それが私のできることでした。駆け足で動いている時に夫と出会いました。彼はひどく打ちひしがれた様子で、私を引き止めようともしませんでした」

後年アンナはこう語っています。

悲劇が起こった！

七〇年十二月十五日のグダンスクでの衝突は悲劇的でした。この日、武器が使用されたのです。その結果、直接的間接的に、次の人々が非業の死を遂げました。

B・スィプカ（ポトヴァレ・グロツキエ通りとヴァヴィ・ヤギェロンスキエ通りの交差点近くで

車から飛び降りて死んだ）、K・ストイェッキ（国鉄駅近くの軍装甲輸送車キャタピラの近くでもみくちゃにされた）、A・ペジンスキ（ポトヴァレ・グロツキエとヴァウィ・ヤギェロンスキエ地域で銃弾が頭に命中した）、W・レビニン（ポトヴァレ・グロツキエとヴァウィ・ヤギェロンスキエ地域で銃弾が命中した）K・ザスタフヌィ（ポトヴァレ・グロツキエとヴァウィ・ヤギェロンスキエ地域で胸郭に銃弾が命中した）そしてJ・ヴィデルリック（シフィェルチェフスキ通り地域で闘いの最中に首に銃弾を撃たれた）。

さらに、数百人の負傷者が病院で治療を受けました。七〇年十二月十五日から十六日にかけて五〇〇人が逮捕され収監されました。その上、「秩序破壊分子」と認められた一二〇人が公安により追跡されました。犠牲者の情報は素早く広まりました。アンナは震えました。造船工により提起された要求やその理由を、兵士たちに説得する努力をしました。

十二月十六日も、アンナは造船所にいました。七時を過ぎてすぐ、また銃声が響きました。当該地域の防衛下士官学校と第五五機械化連隊の兵士たちが工場から出ようとする造船工たちに向けて発砲を始めたのです。J・マテルスキ（胸郭を撃たれた）そしてS・モシェヴィッチ（頭を撃たれた）がこの現場で殺されました。そして十一人が負傷しました。震え上がった労働者たちは造船所の敷地に退きました。そこから軍隊に向かって「人殺し、人殺し！」と声を合わせて叫びました。

アンナはジャガイモの皮を剥いている時にその銃声を聞きました。門の近くに走って行きそして撃たれた造船工たちを見ました。

「工場の病院に白いシーツが吊り下げられていました。そのシーツには殺された人たちの血で赤い十字架が描かれました。殺された人の数が増えるたびに、血染めのシーツが増えました。これは忘れることができない光景でした」とアンナは八〇年十二月に社会自衛委員会・KORの新聞「ロボトニック」に語っています。

第二ゲート近くの連続する銃声の後間もなく、レーニン記念グダンスク造船所ストライキ委員会が結成されました。非公然の委員長となったヤロシュ（S―3部門の年配科学技術者）の他に、グゥルスキ（投資管理部門）、ワレサ（電気工、W―4部門）、ポトハイスキ（溶接工、K―3部門）、オジェムブウォ（経済学者、O―1部門）、ショウォフ（溶接工、グディニア冷却装置船舶工場「クリモル」、グダンスク造船所の仕事に代表として派遣されている）とゾフィア・ゼイセル（運輸課で雇用されている）らがこの委員会に入りました。

しかし、引き続く弾圧や恐怖政治を前にして、グダンスク造船所のストライキ委員会の逮捕情報が流れると、ストライキに参加する人々がますます神経質になっていきました。とりわけ、二〇時四〇分に所長ジャチェクが、コルチンスキによる「軍隊は、みんなが工場から離れるのに四時間の猶予を与える。その後は発砲・砲撃を行なう」という布告を労働者たちに伝えました。その結果、作業班の一部は工場を離れようという考えに傾きました。

十数分後、テレビとラジオを介して、副首相コチョウェクがバルト海沿岸三市の住民に向けて再び演説しました。発表された決定を取り下げることはできないという通告でした。そして「通常の労働」に戻るように呼びかけたのです。

数日後の七〇年十二月二〇日、エドワルト・ギエレクがポーランド統一労働者党第一書記に就任しました。

大規模な弾圧

政治的指導者が交代したものの、威嚇するやり方は変わってはいませんでした。政府は夜間外出禁止令を発令し、グダンスク造船所と北造船所を一時的に閉鎖し、雇用者の徹底的な再調査を行ないました。街頭には軍隊が配備され、激しい発砲により、十数人が犠牲となりました。それにもかかわらず、グダンスクの規模の大きい工場では士気が衰えず、抗議行動が組織されていきました。「十二月事件」では多くの参加者が逮捕され、さらに十二月十八日には夕方から「十二月事件」の参加者の一斉検挙が行なわれましたが、それでも抗議行動を沈めることはできませんでした。これらの公安の逮捕と検挙は、尋問による供述、スパイの密告、七〇年十二月十四～十六日の写真やフィルム資料の分析をもとにして行なわれたものでした。これらの調査の結果や統計記録を調べると、今日でもぞっとする思いを呼び起こします。

七一年一月初旬に作成されたデータによれば、七〇年十二月十四日～十九日にグダンスク県では二三〇〇名（グダンスクで一五四三名、グディニアで三二七名、エルブロングで三九〇名、他の地方で四〇名）が捕えられました。三一八名に対して弁論準備手続が開始されました。それから公式に一九六名が逮捕されました。

当時、グダンスク公安警察第四班が、労働者に対する作戦行動の陣頭指揮を取りました。この班の管轄であるグダンスクの主な職場（造船所、港湾、鉄道など）で特別作戦が開始され、七つの作戦グループに区分されました。七〇年十二月十四日から七一年六月三〇日まで第六班と他の公安作戦グループの署員たちは、十二月暴動に直接参加した二六三〇名を一覧表に記録しました。そして再調査の後、一〇一四名を公表しました。公安警察の作戦「七〇年秋」により第六班が、七一年六月に九一〇名（七二年九月この数字は一三一名に下がった）を取り締まりました。この内、グダンスク造船所は三五〇名いました。

七〇年十二月事件後に策定された公安警察第三課の作戦行動計画は、何よりもまず、スパイの情報源を利用することが基本でした。十二月暴動に関わった人物たちの公表と取締りに結びつけられ、集会や抗議行動・ストライキを組織する人物たちに対する予防弾圧につなげました。

不屈の闘い

七一年一月になっても、グダンスク造船所でのストが公安の記録したものだけで五回あったことは特筆に値します（七一年一月四、七、十六、十八と十九日に）。

これらのストライキに、合わせて約一万三〇〇〇名の労働者が参加しました。鉄道車両修理諸工場（一月七、十九と二〇日）、グダンスク船舶修理工場（一月十六日）、グダンスク港湾（一月十九〜二〇日）、船舶設備工場「ヒドロステル」（一月十六と十九日）、ブリキ製包装グダンスク工場（一月十九日）と北造船所（一月十八と十九日）にもストライキが勃発しました。

ストライキ参加者たちは七〇年十二月に簡潔に表現された要求事項を実現するだけでなく、自由労働組合（WZZ）を実現すること、十二月の違法弾圧を罰すること、逮捕者たちの釈放、内閣や党政権からコチョウェク、ツィランキェヴィッチやモチャルを解任することも要求しました。

バルト海沿岸三市におけるポーランド統一労働者党の工場組織も国家や党の指導部に不満を表明しました。七一年グダンスク造船所のポーランド統一労働者党工場委員会の最初の会議で「十二月の惨事」に対して、コチョウェク、ツィランキェヴィッチ、警察や軍隊だけでなく、労働組合の罪をも追及しました。

「労働組合はストライキ運動の先頭に立たなかったし、食料品の値上げを認めたことに罪と責任がある」と一月十二日の会議議事録の中で読むことができます。

しかし、造船所の中の雰囲気は引き続き良くならないままでした。十二月の殺戮の責任者たちを罰しないことに抗議するため、造船工らはメーデーの祝日を利用することを決めました。殺された労働者たちの慰霊碑建設も要求しました。グダンスク造船所は七一年五月と六月にストを行ないました。

監視対象者になったアンナ

アンナはこれらの行動に参加していました。とりわけ五月のストでは存在感を示しました。七一年五月二〇日グダンスク造船所でストが勃発、管理部の建物前に、公正なボーナスの支給などを要求する数千人の労働者が集まった時、電気部門W―4の同僚たち、つまりレナルチァック、ホイナツキやワレサ（当時公安警察の諜報員、暗号名「ボレック」として扱われていた）と一緒に、アンナはストライキ終了の条件を交渉しました。

七一年一月二五日の首相ピョトル・ヤロシェヴィッチの見解を引き合いに出し、作業班がボーナス支給に影響力を必ず持つと約束した所長をアンナは信用しました。そこでメガホンを持ち作業班に向かって演説をしました。

「交渉の協定書をもう一度読み直してください。決定を間違って説明されたことが、誤解のもとになっています。解散して仕事へ戻りましょう。われわれは何も壊していないし、管理部がわれわれの要求事項を当局に渡すはずです」

彼女は作業班を説得しましたが、造船所管理部の見解に「女性指導者の反乱」という新たな言葉が加えられました。このアンナの活動が非難されるとは誰も考えませんでした。公安警察署員たちは、グダンスク造船所で指名解雇に使われた一九二名のブラックリストにアンナの名前を載せました。アンナの名前のところに次の説明が書き込まれました。「十二月と一月のストライキの組織者、七一年五月二〇日に管理部との話し合いための作業班代表委員」と。

この時期、グダンスク公安はふたつの事件でアンナを監視対象としました。対象事案から「七〇年秋」の作戦名が付けられ、アンナ・ヴァレンティノヴィッチを「12573番」の番号で登録し、そして七一年一月七日公式に摘発を始めました。グダンスク公安警察第三課は七八年三月一〇日までアンナの調査を続けました。内務省第三局首脳部の指導で十二月事件の参加者たちも一人ひとり尋問されました。

詳細な記述と幅広い分析が行なわれました。しかも、工場人事係将校の専門的知識およびいくつかの研究機関の社会学者グループを利用しました。内務省の「専門家」集団がアンナの詳細な調査を作成し、「積極的にストを扇動した」という注釈を付けて報告書を作成しました。

夫カジミェシュとの別れ

七〇年十二月事件のすぐ後、試練がアンナを襲いました。夫カジミェシュが重い病気にかかったのです。妻と同じ病気でした。医師たちは、カジミェシュが働いていた造船所の環境が原因と思われる腫瘍があらわれていると診断しました。七一年春にはすでに肺がおかされていました。アンナはその間ずっと彼と一緒にいました。七一年七月にアンナは「非常に重い病気の夫」のために無給休暇の申し出を提出するほど、状況は悪化しました。

残念ながらカジミェシュは七一年一〇月一〇日に亡くなりました。七年と十四日間の結婚生活を終えたアンナは再びひとりになりました。ひとりで夫のために十字架のある墓碑を建てました。墓碑にはしっかりした鉄が溶接され、それに色が塗られていました。

熟してきた反抗の気運

労働者の目にはギエレクのポーランドは、ゴムウカのそれと違わないものでした。公安警察でさえこのことを認めました。生活物資はますます頻繁に供給不足となり、それにともない社会的雰囲気は悪化している、と警告を発するほどでした。

肉やハム・ソーセージ類、肉の缶詰、バター、サワークリーム、牛乳、チーズや野菜や果物（オレンジ、バナナ）などの基本的な品物の不足のために、全体的な不満がグダンスク地域に蔓延していました。似たような状況がグディニアやソポトでも支配していました。

七六年になり、最初の前触れが来ました。グダンスク造船所の三部門が、小売価格の値上げに反対し、低所得の従業員たちのための保障制度を求めるストを開始したのが、六月のことでした。造船所の作業班（ほぼ一万人の従業員）の大多数が最後の段階で抗議に加わりました。七六年に解雇された造船所やグダンスク建設機械工場「ズレムブ」の従業員たちは、職場復帰を要求し、国会に宛てた公開状を書きました。

七七年の七〇年虐殺の記念日に、グダンスク造船所第二ゲートの近くでは誰かが花輪を置きました。アンナはそれに気づいていました。公安の指導部（ヴォイタリック大佐）と造船所管理部（グニェフとスワヴィ）との綿密な連携にもかかわらず、七〇年に労働者たちが非業の死を遂げた壁の近くに多くの人々が集まりました。デモ行進の禁止領域となっているところです。ボグダン・ボルセヴィッチ、ブワジェイ・ヴィシュコフスキ、マリウシュ・ムスカットが、学生グループと共に、七〇年十二月事件の慰霊祭を開始しました。彼らはその時公安警察署員たちとの乱闘でカメラを紛失しました。そのカメラで彼らは歴史的出来事を永久に刻みたかったのですが、できませんでした。アンナは、労働者擁護委員会（KOR）、次にグダンスクにも学生連帯委員会と人権・市民権擁護運動が誕生したことを、ラジオ放送「自由ヨーロッパ」で聞きました。

それは、新しい試みが前進し、より良いポーランドへの希望が持てるという合図でした。アンナはこうした人々と知り合いたいと思いました。そして、グディニア教区聖イエス聖心会教会にあるヒラリー・ヤスタック神父の住まいで、ボルセヴィッチを知ることになりました。

第三章「アンナ・ヴァレンティノヴィッチです」

バルト海沿岸地域自由労働組合（一九七八年～一九八〇年）

1978年6月2日。写真はハンガーストを行いクルコーヴァ通りにあるグダンスク拘置所に入れられた学生連帯委員会と自由労働組合（WZZ）の活動家ブワジェイ・ヴィシュコフスキを擁護するためにWZZの仲間たちが抗議して連帯ハンガーストを行なっているところ。
上段左側：バルバラ・ヴィシュコフスカ、ボグダン・ボルセヴィッチ、クシシュトフ・ヴィシュコフスキ、カジミェシュ・ショウォフ
下段左側：アンジェイ・グヴィアズダ、息子ウカシュと一緒のマグダレナ・ヴィシュコフスカ（収監されているブワジェイの妻）、ヨアンナ・グヴィアズダ

自由労働組合（WZZ）と路線論争

一九七八年の初め、グダンスク、ソポト、グディニアなど三都市では、一連の反共産主義、民主化を求める紛争が頻発しました。危機が深まりこれまでの社会体制が悪化し、ギエレク政権への批判が広まっていきました。この時期、警察と公安はあらゆる反社会主義的な動きを入念に記録し、ビラ、壁の落書きはおろか従業員同士の「ひそひそ話」さえ徹底的に見逃しませんでした。ちなみに、七八年二月二日～三日に警備隊員が集めたビラ八枚は次のような内容のものでした。

「空腹を望む者は投票に行けばいい！」「ポーランド人は自分たちに誇りを持っているぞ。だからこそ投票を拒否するのだ！」「諸君も投票を拒否しよう！」など。

これらは店のショーウィンドーに貼られたビラでした。

グダンスク県警察署長スタシャック陸軍大佐の報告には「危機状況と経済の挫折は明白になった」と書かれていました。グダンスク造船所ではエネルギー供給が一〇％制限されました。第一シフトでエネルギー供給を数時間ストップしたので、電力を使った一連の設備を稼働させることができなくなり、鋳型に流し込まれる溶けた金属が電気炉で冷たくなってしまいました。

党は七〇年代後半の造船労働者について社会分析を行なっています。

「さまざまな社会的、政治的混乱が起きると『独特の暗い考え方』がしばしば人々を支配する。

『自分などものの数に入っていないのだから、何もしないことが一番だ。何を言っても意味がない』といった独特な無力感である。職場の労働者の役割、労働者の自治・自立の将来をバラ色に描けなくなり、政治への不信が広がる。ポーランド社会主義青年同盟は、こうした時こそその崇高な理念や見解を遂行しなければならないのに、労働者たちと同様、現実的な活動ではその義務を果たせなくなるのである」

こうした分析は、七八年四月の終わりに反共産主義自由労働組合であるバルト海沿岸地域自由労働組合（ＷＺＺ）が結成されてしまったことへの言い訳のようなものです。ＷＺＺの理念は（この理念はシロンスク地方で、先に生まれた）、ヤツェク・クーロンなどワルシャワの人々が唱える労働組合とは相容れないものでした。社会主義の改善、修正社会主義社会を求めるクーロン派は、労働者評議会や労働者委員会などの形を目指しており、労働組合を資本主義の遺物と考えていました。彼らはむしろ労働者は団結し労働者委員会（スペインの労働者委員会をモデルにする）の中で行動しなければいけないし、段階的に職場の権力を手に入れていくべきだという見解でした。

ＷＺＺメンバーたちは左派の間で流行している委員会や労働者評議会構想の方向を目指そうとは考えていませんでした。さらに労働組合中央評議会のような既成の官製労働組合を基礎とした組合をもつくりたくなかったのです。八〇年一月、数人のＷＺＺの活動家（その中にワレサ、シュチェパンスキ、ニェズゴダがいました）が働いていた「エレクトロモンタシュ」電気組立工場の中に、労働者委員会を設立しようとした動きはありましたが、それは例外的な出来事でした。

アンジェイ・コウォジェイは書いています。

「このイニシアチブは社会自衛委員会・KORのメンバーであり、WZZのメンバーでもあったボグダン・ボルセヴィッチが取りました。ボルセヴィッチはクーロン思想を宣伝し、われわれはフランコ独裁期のスペイン人民戦線をモデルに、彼の労働者委員会の設立という構想を実現させました。そしてワレサが働いていた電気組立工場を選び、評議会を設立するため八名の役員をたてることを予定していましたが、結成前にワレサ始め全員が逮捕され職場を解雇されてしまいました。われわれはアンナと共にわれわれが働いていた造船所の諸部門で連帯を表明するストライキを組織し、ストは数時間続きました」

アンジェイ・グヴィアズダは、電気組立工場での行動はボルセヴィッチに完全に指揮されたものであり、その行動は当初「WZZに対する競争」「イニシアチブを奪うためのもの」だと考えられていたと語っています。

WZZでは社会自衛委員会・KORに対して自主独立を主張してきました。だからKORのメンバーであったボルセヴィッチはWZZ設立委員会には加入しませんでした。後にクシシュトフ・ヴィシュコフスキが「完全なる協力のもとでの、完全なるKORからの独立」と定義したこの原則が、WZZでは強制力を持っていました。それは雇用されている者だけがWZZのメンバーになることができるという労働組合運動の原則が存在したからでした。

WZZに加入

七八年五月終わりに、アンナは反共産主義自由労働組合に加入する決心をしました。彼女はバルト海沿岸地域WZZについてラジオ放送「自由ヨーロッパ」を聞いて知り、造船所の同僚から集めたカンパ金六一〇ズウォティを持ってそこを訪れました。グダンスクのポズナンスカ通りにある会合場所は、七〇年十二月事件のリーダーのひとりであり、人権・市民擁護運動、WZZの活動に従事していたカジミェシュ・ショウォフの家にありました。

「こんにちは、アンナ・ヴァレンティノヴィッチです」

「シーッ！」

アンジェイ・グヴィアズダが口に指を当てました。「ここは盗聴されている！」という意味です。この仕草にアンナはまずいことをしたと恥ずかしくなりました。同時に彼女は地下活動家に強いコンプレックスを感じました。彼女は一瞬考えました。「みんなは頭が良くて教育があるけど、私は単なる労働者、造船所のクレーン工なんだわ。これが私が活動家になるための登竜門だとしたら、もうみんなに悪印象を与えてしまったのかしら。私には地下活動の知識がない！　受け入れてくれるだろうか？　どうやって彼らに自己紹介をしたらいいのかしら。もしここで会話ができないなら、すべてをメモ帳に書かなきゃいけないのかしら」と。

「この時初めてヨアンナとアンジェイ・グヴィアズダ夫妻、アリーナ・ピェンコフスカ、エドヴィン・ムィシュク（公安警察では『レシェック』の暗号名でとおっていました）を知りました。ボルセヴィッチがいたしヴィシュコフスキもいたと記憶しています。私はどぎまぎするばかりでした。彼らについて、そしてその地下組織での活動を耳にはしていましたが、今実際に私がここに彼らと一緒にいるのです。ボルセヴィッチにお金を渡し、彼はそれを会計係のムィシュクに手渡しました。ピェンコフスカは次の会合場所と日時を書いたメモをくれました。彼らは私に何も質問をしませんでした。私が誰であるのか知っていたからです。造船所での私の『口論』も知っていました」

グヴィアズダ夫妻もポズナンスカ通りの会合を憶えていました。逮捕され釈放された後の仲間たちの最初の会合でした。七八年四月終わりからずっと続けられた公安の予防拘禁はWZZの組織計画を潰すためでしたが、それにもかかわらずバルト海沿岸自由労働組合（WZZ）が誕生したのです。グヴィアズダ夫妻の回想記にアンナのプロフィールと彼女のWZZ加入を次のように紹介しています。

「アンナは勤勉で強い責任感と不屈な精神の持ち主だ。アンナがWZZにやって来た時、われわれは宣伝戦に勝ったと思った。アンナ・ヴァレンティノヴィッチはいわば『有名ブランド』、われわれより年上の落ち着いた女性であり、多くの行動を通してグダンスク造船所では有名なすばらしい熟練工であった。当時すでにクレーン工として働いていたが、才能のある溶接工としても長年働いていた。彼女のすべての能力は彼女自身の厳しい労働と忍耐から生み出されたものだ。彼女は始終新しいものに挑戦した。もし彼女がWZZに加われば、鬼に金棒だ」

暗号名「クレーン工」作戦

七八年五月二八日、ブワジェイ・ヴィシュコフスキが逮捕され、兄クシシュトフの家での集会が摘発されるなど、最初の弾圧がありました。アンナは仲間同士の論争に巻き込まれることもなく、まわりから反感を買うこともありませんでした。彼女は完全にバルト海沿岸WZZの指導者として活動に専念しました。二回目の会合で彼女は、グルンヴァルツカ通りにある自宅を、WZZが自由に使うように提案し、その結果、自宅がWZZの連絡場所のひとつになりました。WZZでの彼女の熱意と活躍はすぐに公安の目にとまりました。七八年九月十三日、グダンスク県警察本部三課Aは彼女の暗号名を「クレーン工」とし、調査（SOS）対象として登録し、摘発（SOR）案件とすることに決めました。

この時から九〇年まで、アンナは公安警察の絶え間ない監視のもとで生活しなければなりませんでした。彼女は監視をかわす術を習得し、地下組織における「職場の安全と衛生（BHP）」の原則を学び、一時的な拘束や逮捕といった公安警察の罠にかかった際、どう振る舞ったらいいかを知りました。暗号名「クレーン工」作戦は、グダンスク公安警察による多くの取締作戦のうちのひとつでした。公安警察はほとんどすべてのWZZの活動家たちを監視していました。ボルセヴィッチ（暗号名は「不明」、「学生」、「聖火」）、ヨアンナ・グヴィアズダと夫アンジェイ（暗号名は「あごひげ」）、ブワジェイとクシシュトフ・ヴィシュコフスキ兄弟（暗号名は「地下水道」）などは長い期間に幾度も摘発されました。実際にWZZに加入したり共鳴したりした人々の一人ひとりに対して、SOSから始めてSORに移行する判定が行なわれました。

アンナにとって嬉しかったことは、本当の思想や主義に忠実な人々、自分と同じ感覚を持った人々、さらに労働者の状態やポーランドの運命を切り開きたいと真剣に願っている人々に、ついに出会えたことでした。グヴィアズダ夫妻、ヴィシュコフスキ、ボルセヴィッチやカチンスキや、そのほかのWZZの活動家たちが持っている豊富な知識や理論に、最初圧倒されました。アンナにとって、労働者の権利を求める闘いは、同時にポーランドの自由を求める闘いでもありました。活動のプログラムに関しての知識がなかったこともあり、アンナは同僚のアリーナ・ピェンコフスカという女性と仲良しになりました。彼女は、レーニン造船所所属の工場健康管理の資格を持つ看護婦でした。彼女のそばではどぎまぎすることなく、お互い労働者としての「共通言語」を簡単に見つけることができました。ふたりは歴史について勉強を始めました。

自由労働組合の活動を開始したアンナ

アンナは数年前から無意識のうちにWZZと同じ考えを持つようになりました。七八年四月二九日の「結成宣言」は、次のように記載されています。

「今日、民主化の拡大は必然である。国民は自らの国家を民主的に導く権利を勝ち取らねばならない。社会のあらゆる階層は自治組織の可能性およびその権利を、誠実に実現する社会的機関の設立に着手しなければならない。ほんものの組合と社会的団体だけが国家を救うことができる。なぜならば民主化への道は、国益と国力を強化する方向で市民の意思をひとつにするからである。社会自衛委員会・KOR、人権・市民擁護運動、学術方針協会や学生連帯委員会のような、すでに存在する社会的諸組織がこれらの課題を実現する。七〇年十二月の悲劇的体験を思い出し、たくさんのグループの期待に応えて、沿岸地域の自由労働組合設立のために、シロンスク地方の総意を引き継ごう。自由労働組合は、働く人々の経済的、法律的、人道的利益を守ることを目的とする組織である。信念や資格の違いを問わないすべての労働者たちに対する支援や保護を宣言する」

WZZの仲間はアンナを優秀な活動家と認めていました。アンナは大衆の前で人の心を惹き付ける才能を遺憾なく発揮しました。その過程で、アンナは、地下組織の原則やポーランドの歴史、あるいは労働権について、あるいはポーランド人民共和国の労働者の利益に反する労働・賃金制度について学びとり、社会自治組織の必要性や共産主義に抵抗する思想を身につけていきました。

アンナは言っています。

「WZZのおかげで私は教育の機会を得ました。熱心に講義を聞き、講師が勧める書物を読みました。ボルセヴィッチはポーランドの歴史の講義を行ない、カチンスキは労働権の利用方法をわれわれに教えてくれました。労働者の権利を保障する条項が、雇用者との争いの際にそれがどのように自分たちを守ってくれるのかを明らかにし、討論しました。グヴィアズダ夫妻は、反体制運動および労働者の自衛組織の概念を明らかにしてくれました。聴講者が尋ねるあらゆる問題を共に討議し、解答が導き出され、意欲的に学ぶことができました」

アンナは優秀な生徒であり、思想・主義に忠実で、積極的、献身的、勇敢な女性でした。普段は謙虚で、何か重要なことを伝える時だけ発言する女性でした。このような女性が短期間のうちに自由労働組合組織のリーダーのひとりになったことは、WZZにとって大きな収穫でした。彼女はいくつもの集会に参加、決議や宣言に署名し、職場でWZZを宣伝しました。三市の抵抗運動グループ、WZZのトップリーダーたち（A・ブルツ、M・プウォンスカ、M・ムスカット、S・コヴァルスキ、B・リスなど）、印刷工、ビラ配布人、労働者や学生、人権・市民権擁護運動の活動家や、「若いポーランド運動」など活発に活動する個人、団体と良好な関係をつくりました。各々の見解を守りながら、共に討議し行動するにあたって、思想、人生体験、年齢などの違いは障害にはなりませんでした。七〇年代末の三市の反共産主義運動は、本当にすばらしいものでした。アンナは何よりもまず労働者として、組合のテーマである超過勤務、ベルトコンベア生産の問題点、出来高払い制、労働者の権利などの問題に取り組みました。アンジェイ・グヴィアズダは、不正や搾取のメカニズムを簡明に労働者に解説したWZZのさまざまな声明文を作成しましたが、アンナはそれらに喜んで署名しました。

ごみの山で何かを捜す女？

七八年～八〇年の期間、アンナはWZZのあらゆる「直接行動」に積極的に参加しました。ワルシャワへ協議のために急遽出張したり、職場や町で定期刊行物を配布したり、解雇された同僚たちの裁判の公判にも傍聴に行きました。八〇年三月には、国民評議会やポーランド人民共和国国会選挙をボイコットする行動にも参加しました。八〇年一月、不審死したタデウシュ・シュチェパンスキの死の真相を明らかにするように要求しました。七九年、ローマ法王ヨハネ・パウロ二世に会うためにグニェズノへ出かけ、グダンスクの聖マリア教会で逮捕されたダリウシュ・コブズデイとシュチェパンスキのための祈りに参加しました。

そして、七〇年十二月事件の犠牲者を記憶し追悼するデモ行進の準備にも参加しました。「七〇年の悲劇」は、自由な社会を求めて共産主義者に対抗する労働者の抵抗のシンボルであり、この事件こそWZZ結成のルーツでした。十二月事件はさまざまな境遇の人々、とりわけ「若いポーランド運動（RMP）」の活動家やバルト海沿岸地域WZZのメンバーたちを団結させました。WZZは、七〇年の虐殺記念日に抵抗運動をした沿岸三市の人々が、お互いに協力して共同のデモ行進を行なうよう組織しました。

公安はアンナが七〇年十二月事件を体験したこと、この事件で重要な役割を果たしたことを理由に、ますます彼女を危険な人物とみなしました。紛争の拡大を恐れた公安は、家宅捜査にふみきり、七八年と七九年にはアンナを一時的に予防拘禁しました。容疑はいつも同じもので、自分の家で労働者とWZZの活動家たちとの会合を開き、「反社会主義的資料を保管する地下組織倉庫を所有している」、「反社会主義的活動に労働者たちを引き込み強い影響を及ぼしている」というものでした。七九年には、公安警察はアンナの隣人や造船所の労働者の目の前で彼女に恥をかかせようとしました。大掛かりに準備された作戦名は「標的」とし、同年十一月二一日に、グダンスク公安警察第三課Aの署員たちがアンナをでっち上げ逮捕する計画でした。まず自動車技術者ヤン・ジェロンカが「グダンスクの墓地でごみの山の中から何かを捜している女がいた」ことを警察に密告しました。

この事件はアンナの記憶に永久に残ることになりました。

「私は、十二月十六日に仕事を終え職場から出た造船工たちが、第二ゲートのそばに（十二月事件犠牲者のため）燃えるろうそくを置いたならば、きっときれいだろうと想像しました。そして、ろうそくがたくさんあればあるほどいいと思い、墓場に行きました。墓場には使用済みのろうそくの容器があるからです。それを集めに行ったのです。それを家に持ち帰り、蝋を詰め、翌日、造船所でみんなに配ろうと考えたのです。警察は墓地で私を逮捕しました。そして警察本部に連れて行かれました。翌朝、十二名の警官が私に同行し家宅捜査を行ないました。そして私が墓荒らしで逮捕されたと隣人に触れまわりました。家宅捜査が終わると、私を尋問するために再び警察署に連れ戻しました。不当逮捕には黙秘するのが一番いいと分かっていましたが、ひょっとしたら警官たちを説得できるのでないかと、私はちょっぴり望みを抱いたのです。しかし彼らは説得されるどころか、私の弱さを見つけたとばかりに、高い報酬や外国旅行などを餌にして自分たちの側について協力することを提案してきました。私が病人の世話をしていることを知ると、自分たちは社会保障委員会で後押しができる、と得意げに取り引きを持ちかけてきました。

『そうすればあんたは自分をもっと高く売ることができるだろう』

『私はお金のために活動していません』

『それではあんたは何のためにそんなことをするのか？』

彼らは本当に驚いたようでした。やがて警官たちは乱暴になり始めました。

『もっと厳しくすることだってできるのだぞ。あんたは何がしたいのだ？　みんなあんたのことをあざ笑っていることを知っているのか！』

『だったら、その人たちに説明させてください』

彼らは私の提案を受け入れず、結局、私は釈放されました」

「奴らもきみが怖いのだ」

公安警察は、アンナの自宅で印刷機および印刷道具などを押収したほか、ろうそくの空の容器に詰めるためのパラフィン蝋四キログラムと僅か一〇本のろうそくを押収しました。しかし、アンナはこのことでしばらくの間疑われることになりました。

アンナは回想記に次のように書いています。

「最初に逮捕され釈放された後で、私は泣きながらグヴィアズダ夫妻の所へ走って行きました。そして『これ以上活動を続けられません。悪賢くて乱暴な公安署員たちと付き合うことなんか、私にはできないからです。私はみなさんと一緒に活動できることを誇りに思っていますが、仲間の誰かを傷つけやしないかと思うと何も口にできません』と自分のつらい気持を伝えました。アンジェイは『アンナ、きみを逮捕するということは、つまり奴らもきみが怖いのだ。もしきみが公安警察に何か言いすぎてしまうのを恐れているのなら、黙秘することだ』と言いました。アンジェイはいつも簡潔に私の疑問を取り除きました。もう恐くないと思いました。歯を食いしばり、私たちの目標が達成されるまで耐えようと誓い、職場へ戻り、引き続き自分の活動に戻りました」

以降、アンナは造船工の仲間たちに、十二月十八日のデモ行進に参加するよう精力的に説得してまわりました。まず、同じ作業班で協力してくれている仲間たちに、反体制的イベントにしてほしいと働きかけました。さらにグダンスク造船所で雇用されている他の部門の人々にも同じような働きかけで説得しました。予告されたデモ行進の日の夜明け、公安はアンナを自宅で逮捕しました。

二年の間に五回逮捕

グディニア市警察本部で、ピェンコフスカと一緒にひとつの監房に収監されました。ふたりは経験を積んだ仲間の忠告を思い出し、できるだけ睡眠をとるように努力しました。力を取り戻すため、自由な時間を寝ることに利用したのです。この時からアンナは、弾圧は自由なポーランドを実現する過程での、次の試練なのだと考えるようになりました。迫害の十字架を背負うことに決めたのです。

　審判を下す共産主義者たちにとって、アンナは容易な相手ではありませんでした。レフ・カチンスキの法律の知識を借りて、彼女は逮捕の不当性を訴えました。常に公式な令状を提示することを要求し、逮捕された時には強く抗議の意志を表しました。その結果、彼女は、手を後ろにねじ曲げられたり、殴られたり、無理矢理パトカーに押し込められました。しかしいつもＷＺＺグループが支援してくれました。ＷＺＺグループもまた公安警察の弾圧を受け、工場管理部の言い分を利用して弾圧されました。ＷＺＺ新聞「バルト海沿岸地域労働者（ロボトニック・ヴィブジェジャ）」時事ニュース欄でこれらのことが報道されました。

　共産主義者たちは、アンナを人々から孤立させるためにあらゆることを行ないました。二〇歳のＷＺＺの活動家タデウシュ・シュチェパンスキの、ひざから下が切断された裸の遺体がグダンスクの運河で発見された時も、またしかりでした。公安はアンナが葬式に参列できないようにしたのです。葬式の前日に、彼女をヤン・カランジェイとヤン・ザポルニックと一緒に逮捕するという方法を取ったのです。シュチェパンスキ、カランジェイ、ザポルニックは、グルンヴァルツカ通りの彼女の家で行なわれた地下活動集会で知り合ったＷＺＺの若い仲間たちでした。内務省の公式データによれば、二年間のうちにアンナは五回逮捕されたと書かれており、このうち四回は「四八時間の拘禁」となっていました。ここでは、すべての拘禁、家宅捜査、自宅拘禁、造船所内での逮捕や尋問が考慮されていないので、データの数は控え目な数であることがさまざまな資料から窺えます。

「生まれつきの社会運動活動家」

七九年、アンナはグヴィアズダ夫妻、ピェンコフスカ、ボルセヴィッチ、そしてワレサと一緒にヘンリック・ヴイェッツの「命名日」を祝うためにワルシャワへ出かけました。その時にアンナは「反体制民主派」の「ワルシャワ・サロン」の存在を知り、このグループのなかにいたヤツェク・クーロンに惹かれました。

クーロンはアンナについて語っています。

「アンナ・ヴァレンティノヴィッチは、彼女自身が見て感じたままのことを話します。気取った態度は取らないし、造船所でずっと働けるようにと一晩中祈るような、素朴な〝田舎の子〟でした。そして真面目なポーランド青年同盟の活動家であり、ゲートの前に肖像画を飾られるほどの職場の女性リーダーでもありました。人々のために闘い、人々と共に闘うという生まれつきの社会運動活動家でした。七〇年のストの時には、労働者たちのためにひとりで食べ物を差し入れに行くというような、目立たない支援でも喜んで行なう女性でした」

ヤン・リティンスキは、アンナについてこう語っています。

「アンナは活動家として並外れた人物でした。温かく、いつも笑みを絶やさず、人々に対し親切でした。公安警察の嫌がらせに静かに耐えていました。弾圧下で、一緒に行動することは人々に親密感と強い友情を抱かせます。あの時ほどお互いの絆を強く感じたことはなかったと思います」

ワレサは得々と話した

七八年の夏、アンナの家で開かれた集会にワレサがやって来ました。七〇年十二月事件の直後にアンナは初めてワレサと言葉を交わしましたが、その時のことはよく憶えていませんでした。ワレサはいかにして公安の追及をかわしたかを得々と話し、ありえないような偶然の説明付けを行ない、非合法の宣伝ビラの作戦がどんなに効き目があったかなどを話していました。

一年後、ワレサは自分の娘マグダレナの「教母」〔洗礼式に立ち会って洗礼を受ける子の神に対する約束の証人になる女性・訳注〕に、アンナがなってくれるよう熱心に頼みました。これはワレサがWZZの仲間の信頼を得るために必要だからでした。

当時のワレサの自信満々さを彼自身の自伝の中で確認できます。ワレサは「WZZが実際に力を持っているとは信じていなかったが、当時何も他になかったのでWZZの傘下に留まる決心をした」と書いています。公安警察の取調べ資料の中でも、ワレサの自分に対する自信を読み取ることができます。七八年十二月二〇日付の資料の抜粋にはこんな記載があります。

「七八年十二月二〇日にグダンスクのレーニン造船所第二ゲート近くのワギェブニキとドキ通りの

交差する場所で、ワレサは酔っぱらった状態で侮辱的な言葉を使用し、公共の平穏と秩序を乱した。拘束されパトカーに乗せられたワレサは、その搬送途中でも喧嘩を始めた。搬送中に警官の顔を殴ったが、こうした警官に対して振るった暴力行為は、いかなる罪にも問われることはなかった」

アンナは自伝『過去の闇』の中で述べています。

「ワレサは、常に自分が一番で、何でも知っていることを強調していました。私の家での最初の集会でもそういう態度でした。『みんながここでやってることは話にもならん。これは組織しなければいけない、これはうまくやらなければいけない。これはこうだ、あれはこうだ。まったくもう！』と言いながら」

しかし、ずっと後になってアンナは、これよりも重要な事実をグヴィアズダ夫妻から知らされることになりました。グダンスク・ジャビアンカのヴェイヘラ通りにあるヴィアズダ夫妻の家で、七〇年十二月事件についての討論が行なわれた時のことです。

「それは、ワレサが十二月事件での自分の重要な役割を詳細に語っていた時のことでした。街頭でカメラに撮られた参加者たちの顔のなかから、ストの〝リーダー〟として、ワレサが知っている顔を識別するために、七一年一月、尋問に呼び出されたことを、ワレサはついうっかり口をすべらしたのです。

『ああ、これで分かったわ。どうして七一年にあれほどたくさんの人が逮捕されたのかがね。われわれにとんでもないことをしてくれたのはあんたなのね』とヨアンナ・グヴィアズダが言いました。

するとワレサは答えました。

『馬鹿かあんたは！　一緒に協力しなければいけない連中なんだぞ』

つまり、尋問する警官たちに政治的扇動を行なったのは自分であった、とワレサは主張してわれわれを言いくるめようとしたのです」

ワレサの釈明

ヨアンナ・グヴィアズダは、この出来事をはっきりと記憶しています。

「われわれは、WZZ新聞『ロボトニック・ヴィブジェジャ』に、七〇年十二月事件をテーマにする報告を掲載したかったので集会は録音されました。参加者たちの思い出から出来事の経過を再現したのです。

ワレサも発言し、オコポーヴァ通りの公安本部でどのように写真と映像フィルムの中の友人たちを識別したかを語りました。ワレサが公安に呼ばれたのは、党県本部の建物が焼かれた後のことでした。集会参加者のみんなはワレサの言うことを聞いて愕然としてしまいました。しかし、その時の私の反応が非常に激しかったので、ワレサは釈明し、言ったことを引っ込めてしまいました。もし私があんな風に大声を出さなかったら、もっとたくさんのことをしゃべったのにと後悔しました。もしかしたら協力したことを白状したかもしれません。私の激しい反応でワレサは、本当に取るに足らない単なるひとつの出来事だったんだと説明付けたのです。ワレサは『為政者には支配管理するために把握するということが必要なんだ』と言い、自分の行動を、釈明しました。あるいは、集まった労働者たちの闘志を乱したかったのでしょうか？　彼が耐えることのできなかった、その弾圧とはいったい何だったのかという質問に対して、ワレサは次のように答えました。

『抵抗しようとしたが尋問者が私を窓際に連れて行き言ったのだ。どうだい、さあ何が見えたかね、とね。そこで当局の威力を見せつけられたんだ。装甲輸送車、警察の物資調達車、軍用ジープなどで中庭が埋まっていたじゃないか。車が恐いだろ？』

ワレサは、最初のうちは政治が何であるかわれわれは知らないだの、べらべらしゃべるだけで、あれほどの権力に勝てるわけがないだのと説教を試みましたが、結局、若かったし、恐かったからだったと言って、悪かったとついに認めたのです。だからわれわれもその時は、ＷＺＺの活動からワレサをできるだけはやく排除しなければならないと確信したのでした。

残念ながらボルセヴィッチはこの集会を欠席したのでみんなの言うことを信じませんでした。ボルセヴィッチは録音したテープをもらい、テープを聞いてこの問題を取り上げるはずでしたがそのままになってしまいました。ボルセヴィッチは自分の答えを出さないことにかけて異常な才能を持っていました。状況が不都合になるとぐずぐずして答えを引き延ばし、長い間姿を消すこともありました。それからすっかり忘れたフリをして、何か独自の解釈を提示するというやり方を取るのです。それで唯一の証拠もなくなってしまいました。結局このテープがどこにあるのか分からなくなってしまったのです」

録音テープの内容

この出来事の証人であったアンジェイ・ブルツはこのように言及しています。

「その時ワレサは『何も悪いことはしていない。ただ七〇年十二月事件について話し合い、交渉しただけだ』とずっと主張していました。われわれはその時の様子を詳しく話せとワレサに迫りました。私がそれを録音していました。テープの最後の部分で、ワレサは『家に戻った翌朝に警察が迎えに来て警察署に連れて行かれた。それから、また通って来るように命令されたので出かけたんだ』と述べています。『何のために？』という質問に、『十二月事件の映像と写真を見せられて、知ってる顔を識別させられたんだ』と答えました。これを聞いたとたんにヨアンナ・グヴィアズダが感情を抑えきれず口を出してしまいました。『レフ、自分の友人たちを密告していたのは、あんただったのね！』。これがテープに録音されました。私がテープを持っていたのだから、コピーすべきだった。でも、こんなことになるとは思ってもいなかったのです。

私はそれをトマシュ・ピエンコフスキの家に保管してもらったんです。彼と一緒に聞いて、この件について討論しましたが、トマシュはきちんと終わりの部分まで全部録音されていたかどうかは確信がないと言っていました。僕はこの終わりの部分がちゃんと録音されていたことをはっきりと憶えています。このテープはボルセヴィッチに渡しました。彼はパリだったと思いますが、西側に送ったのだそうです。

テープの内容が記録されて、定期刊行物か何かに発表されましたが、この最後の部分は書かれていませんでした。実際に、録音している間、僕はワレサが自分で語っているのではなく、記憶に付け加えられた内容を言っているような印象を持ちました。人がものごとを語る時、順番を置き換えてしまうこともあるし、思い出しながら語ることもあります。前に言ったことに戻ったりすることもあるでしょう。でもワレサは、最初から最後まで、すべて起こったままの順番できちんと並べて語っていました。その内容は一語一句すべてワレサの自伝『希望への道』に掲載されています」

「警察の連中も人間」

七九年、グダンスク大学の学生で、まれに見る勇敢なWZZの活動家であったアントニ・メンジドウォもこの問題で発言しています。彼もワレサの告白テープを聞いたひとりでした。

「ボルセヴィッチがワレサの声を録音したテープを持ってわれわれ学生たちの所へやって来ました。検閲されていないテープでした。ワレサが七〇年について語ったことがすべて録音されていました。もちろん、ワレサ自身が公安警察のスパイであったとは言っていません。所轄署のバルコニーに出た時に、人々が彼に石を投げたこと、またしばらくして警察が彼を連れて行って、これらの写真のことを問いただしたことなどをかなり熱心に語っていました。そしてワレサは実際に写真の識別をしたのですが、これがよくないことだとは思っていなかったのです。悪いことをしたのだと気づかず、むしろそれを自慢していました。

ヨアンナ・グヴィアズダがこのテープで責めたてていました。

『レフ、あんたが警察に友人たちのことを密告したのね』

『だが警察の連中だって人間じゃないか』とワレサは答えました。僕はこのことを明確に憶えています。ボルセヴィッチと一緒に部屋を出た時、『分別ということがどういうことかをワレサに教えなければいけない』と僕は彼に言いました。『われわれは労働者に教えきかせたり圧力を加えたりすることはできない。彼らにも問題はある。あっち側につくことだってできるからね』とボルセヴィッチは僕をなだめました。この時期からWZZのメンバーの幾人かは、公安警察に従順すぎるワレサを疑い始めました」

「テフモル」に転勤命令

七九年六月、アンナ・ヴァレンティノヴィッチは「グダンスク造船所における政府代表者たち」という記事でWZZ新聞「ロボトニック・ヴィブジェジャ」にデビューしました。そこには、「政府はどんなやり方でWZZの活動家としての彼女を苦しめているのか」について書かれていました。

「昨年の終わりにグダンスク造船所で奇妙で理解しがたい事態が起こり始めました。造船工たちがノルマ達成のため時間を惜しんで作業に奮闘している時だというのに、政府の代表だという、名前も名乗らない男が、従業員をしょっちゅう内容のない話し合いに呼び出したのです。造船所の従業員の間に争いの種を蒔くために、政府側が何かを画策したのだと推測することができます。七八年十一月二八日、私はW―2部門課長アントニ・ブヂシュに呼び出しを受けました。私は課長のところへ喜んで飛んで行きました。退職する前に昇格させてもらえるのだと思ったからです。二八歳の時からずっと同じ所属部門で働いてきた自分の仕事がどのように評価されているのかを考えれば、ちっとも不思議ではありませんでした。しかし予想は外れ、実際はグダンスク県プルシュチュにあるテフメット工場への転勤命令でした。これは冗談ではありませんでした。課長はまじめに『もしテフメットでなければテフモル工場だが、必ず行ってもらう』と断言しました。私は拒否しました。十一月二二日、今度は支部の課長アダム・グミンスキに呼ばれ、テフモルへ転勤、それは撤回権がないと断固とした態度で言われました。そこで私は工場評議会に訴えました。ところが工場評議会代表ザウースキは『労働権法規に違反する』として私を非難したのです。私は転勤命令を撤回するよう要求し、私の作業班は私を弁護するための声明を提出しました。部門内でパニックが起き、結局、転勤が『公務出張』に替えられました」

「十一月二二日、人事部課長ボルコフスキが私の職場に現れました。それは七八年十二月四日から七九年十一月二九日まで、約一年間の『出張辞令』を手渡すためでした。彼は『三ヵ月おとなしく仕事をしていれば、事態はおさまるから』と言いましたが、それはウソでした。十二月十八日に公安は私を逮捕しました。そして警察署で政府の代表といっていた人物たちが公安署員だったことを知りました。彼らは工場幹部の冷酷な待遇に対して非常に私を気の毒がり、課長を罰することもできるし、明日から造船所へ戻れるようにすることもできると言いました。しかし彼らに協力することが条件でした。私は断りました。また翌年一月十一日、造船所にアルコールを持ち込んだという理由で私は正門で持ち物検査をされ、『ロボトニック・ヴィブジェジャ』紙第一号の数冊と造船所へ入る恒久通行証を奪い取られました。数日経ってから通行証は戻ってきましたが、私は造船所へ入れませんでした」

KOR新聞で告発

その後、アンナはKOR新聞「ロボトニック（労働者）」にも記事を書きました。「ぶ厚い肉をめぐる率直な討論」というタイトルの記事です。七九年九月十九日日曜日にグダンスク造船所にエドワルト・ギエレク、ピョトル・ヤロシェヴィッチとエドワルト・バビゥフなど政府官僚たちが訪問したことについて、かなり詳細に書いています。読者に強いインパクトをあたえる記事でした。

アンナは、ギエレクたち官僚がいかに日常生活の現実からかけ離れているかを例を出しながら描写しました。芝を見栄えよくする、新しい歩道をつくる、じゅうたんやカーテンを新しいものに交換するなど、すべてはこの日曜、近隣から集めた党員である造船工員代表たちと「人民政府」から来た幹部との集会がうまくいくようにするためでした。造船所の食堂での食事会は、党第一書記の訪問をさらにおごそかにするものでした。しかしそれはポーランドの労働者の厳しい労働と運命とは全く無関係のものでした。

「最も優れた工場から五〇人の料理人、ウェイター三二名、ウェイトレス十四名が接待を請け負いました。出された料理は、①シトー修道会風カツレツ（マシュルームとパテの豚肉まき）、②若鶏の胸カツ、③ローストポーク、④キャビア添え玉子、⑤薫製サーモン、⑥うなぎの薫製、⑦スープとクリーム（二種類）、⑧ホイップサワークリームと高級果物添え三色アイスクリーム、⑨コニャック、ブランデー、エッグノッグでした。この催し物の費用は約一〇〇万ズウォティかかりました」

弾圧との熾烈な闘い

七九年〜八〇年、WZZの仲間（若いポーランド運動および人権・市民権擁護運動も含む）全体に対して弾圧が強化されました。八〇年四月三〇日に出されたグダンスク県知事の特別行政条例「グダンスク、グディニア、ソポトで起きた違法行為の案件を評議会法廷に至急提出させる手続きについて」が発表されました。これは、弾圧行動に公共行政（公共管理）が取り入れられたことを意味するものでした。この時期に逮捕、捜査、拘禁や集会破壊が増大しました。

スウプスクのWZZの協力者マレク・コズウォフスキに対して行なわれた弾圧は、もっとも厳しいものでした。七月、スウプスクの地方裁判所は、彼に一年七ヵ月の懲役を宣告しました。WZZおよび社会自衛委員会・KORはコズウォフスキを擁護しました。このように多くの案件を抱えることはWZZにとって大きな試練でもありました。ある時期にはふたつの審判でWZZの活動家たちが職場から解雇されるという案件十二件が同時に取り上げられるということもありました。自由労働組合は法的に援助していくよう努力しましたが、職を失った人全員に対して援助するには、人手が不足していました。それでも解雇事件の公判を傍聴することで連帯を表明していきました。これはもっともシンプルな形での基本的な支援だったといえます。

七九年十二月十八日に、造船所の主導のもとで組織された七〇年十二月事件慰霊祭のデモ行進は、反共産主義運動の三市の運動の勢力の強さを示したものでした。造船所の第二ゲート周辺に数千人のデモ隊がやって来ました。このデモの指導者たちの中で、なぜかワレサだけが逮捕を免れていました。デモ行進の成功はWZZの力の大きさを示すものとなりました。

慰霊碑の建設計画

この事実に不安をおぼえたグダンスク市警察、公安のボスたちは行政官庁、党の指導部にお伺いを立てました。つまり七〇年の十二月事件の犠牲者慰霊碑をグダンスクに建設することを検討するようにと申し出をしたのです。それは次のような内容のものでした。

「グダンスク県での反社会主義的分子により展開される追悼の活動を分析すると、これまでの彼らの挑発的（反体制的）イベントの中で、比較的大きな成功を彼らにもたらしたのは十二月事件を記念する挑発行為である。とくに、自由労働組合設立委員会の代表であるレフ・ワレサの演説は危険なものである。ワレサは近づく一〇周年記念祭に言及し、この記念祭には慰霊碑が不可欠であることを主張した。

とりわけ彼の演説の最後の部分は注目に値する。『私は政府に通告したい。今年起きたような違法逮捕は、これが最後だ。また再び違法逮捕が起こったら、われわれは刑務所へ出かけて行き、その扉を開けるだろう。私はレフ・ワレサというものだが、もし来年、私がここに居ないならば、きみたちが私の所へ来てくれ。だがもし私がいて、きみたちの中の誰かがいないようなら、私はその人の所へ行き、その人を見つけ出さねばならないし、実際に見つけ出す』と話は終わる。参加者たちは拍手で受け入れた。同時にこの発言は、彼らがさらに行動を強化していくことを表すものであり、どの方向に進むのかを示しているものだ。挑発的なイベントに見られる目論見とは、現在、主要な活動家たちが『慰霊碑建設委員会』の結成準備を開始しているという事実である。彼らはいくつかの社会グループを誘発して、十二月事件一〇周年慰霊祭に数千人のデモ行進と政治的挑発を拡大することが不可欠であると考えている。われわれの、反社会主義的分子の弾劾で得た経験に則って、彼らの計画やもくろみを考慮すると、現在までの弾劾の形式と方法では、われわれにとって不利な方向にしか向かわないことになると判断する」

そこで、アンジェイ・フスキ大佐やヤヴォルスキ大佐がふたつの解決法を提案しました。前者は「グダンスク造船所内の協力してくれそうな団体などに、造船所内の土地か第二ゲート前などの土地に、オベリスクを建設することを公式に提案させる。そこに十二月事件の犠牲者のすべての名前を記載したプレートも設置する。そうすれば慰霊祭ごとに造船工たちはオベリスクの前に花輪や花束を置くことができよう」というもので、後者は、「グダンスク県ヴジェシュチュのスレブジスコ墓地に慰霊碑オベリスクを建設する」という案でした。

「このような場所に設定すれば、グダンスク県のいろいろな場所に埋葬されている十七名の犠牲者の死体発掘を行ない、彼らの遺体を一ヵ所に安置するための共同墓所にできる。家族が死体発掘に承諾しない場合や他の県に埋葬されている犠牲者たちの場合には、これまで埋葬されていた墓所から『ひとにぎりの土』をもらい受け骨つぼに入れ、それを共同墓所に安置する。事件で死んだすべての人たちの名前を記載したプレートがオベリスクに設置されるだろう」。この文書は、彼らにとっては好ましくない将来を予言するような内容で終わっています。

「いままでの反対派の行動計画や行動をもとにして考えれば、十二月事件一〇周年には、反社会主義的分子たちが第二ゲート前に数万人集まることが予測される。またこの中で造船工が大多数を占めるものと思われる」

転勤命令

このような内務省行政省庁のずるさと欺瞞とは無関係に、八〇年、アンナと造船所の管理部および公安との闘いは決定的な局面に突入しました。ここではポーランド人民共和国の労働者への弾圧、そして工場幹部、党および政治警察の間の連携体制に関する興味深い実例を見てとることができます。

アンナ・ヴァレンティノヴィッチ問題は七八年十二月から続いていました。公安との協議の結果、従業員へのアンナの影響力を弱くし制限する方法が、グダンスク造船所の管理部から提案されました。W―2部門のクレーン工アンナを、造船所の関連企業の職場、つまりグダンスクのレトニツァ地区にある船舶技術器具工場「テフモル」あるいは生産サービス企業「テフメット」に恒久的に派遣することでした。「テフメット」の支社はグダンスクのプルシュチュ地区と、ヴジェシュチュ地区にありました。アンナは造船所から離れたくありませんでしたが、上司が説得したので一時的な派遣に承諾しました。このことについてアンナは「ロボトニック・ヴィブジェジャ」紙に「グダンスク造船所での政府代表者たち」というタイトルで記事にしました。すると、工場の指導部はすぐにクレーン工との話し合いの結果を公安警察に報告しました。

「ヴァレンティノヴィッチは他の工場へ恒久的に行くことには承諾しないし、彼女の住まいから遠いという理由で『テフメット』へ派遣されることにも承諾しないと断言した。拒否して罰せられる方を選ぶと言って断固拒んだ。また、グダンスク造船所では二八年働いている、だからこの工場との絆が強いし、定年退職まであと五年足らずなのでその時までこの職場に居続けたいと付け加えた。しかし、部門管理部に不満を持たれないようにするため、他の工場に応援に行くという理由であれば『テルモル』への一〜二ヵ月間の出向に承諾してもいいという意向を示した」

少し経ってアンナは造船所にいることができないようにされてしまいました。七九年一月十二日、グダンスク造船所人事担当部長はイエジ・フランチコフスキ海軍大佐と第三部門のレフ・コズウォフスキ大佐と話し合い、以下のように決定してしまったのです。

「アンナは昨日第三ゲートで引き止められ、配布用刊行物と造船所に入る通行証を取り上げられた。通行証は造船所に保管することとする。彼女の報酬は派遣先のテフモルへ渡される」

公安署員は諜報連絡員「J・W」との話し合いで、アンナを障害年金受給者にする可能性を示唆し、彼女の健康状態についての極秘情報を伝えました。公安のメモには「アンナが過去に婦人病で手術を受け、現在も一連の病気に悩んでいることが諜報連絡員に伝えられた。したがってアンナが障害年金受給者となるように仕向ける行動を開始する。諜報連絡員はこの提案に関心を示し、近いうちに人事部長と話し合うことを約束した」と記されています。

アンナはテフモル（七八年十二月四日〜七九年三月三一日）へ派遣されてから四ヵ月後、造船所に戻りました。しかしアンナの職場問題はこれで終わったわけではありませんでした。公安は彼女がアルコール中毒であるという噂を広めたのです。公安は彼女の同僚たちを、ポーランド社会主義青年同盟造船所支部に呼びつけ、アンナを擁護することはまったく意味がない、もし擁護すれば職場から追い出されることもありうると彼らを脅しました。八〇年二月一日付けで管理部はアンナを北造船所（軍用）の、在庫管理課（Ｇｓ）へ移動させることを決定しました。これは「公安の提案」によるものでした。移動について一月三〇日にアンナに知らされました。アンナは研修を受けることを要求し、指定された課には行きませんでした。

戒告処分と加俸金のカット

レフ・カチンスキの法的援助のおかげで、アンナはＧｓ部門への転勤決定に対する不服申し立てを、グダンスクの当該区域労働問題関連控訴委員会へ持って行きました。その論拠は、①一〇ヵ月以内に年金生活に入るほうがまだましであること、②労働時間（六時〜十四時から七時十五分〜十五時十五分へ）の不利な変更によって病人の世話を行なうことができなくなること、③仕事場までが著しく遠いこと、④仕事の内容の変化とより大きな責任領域は追加の訓練を必要とすること、の四点でした。しかし委員会は、自分たちはこの申し立てを受理検討する機関ではないとし、三月七日、転勤決定を指示した造船所の工場調停委員会へ回しました。しかし三日後、アンナは講習試験の帰りに「公共の秩序を乱す」という理由で造船所工場警備員たちに引き止められました。

「三月一〇日、試験を受けに行った時、ゲートにいる警備員たちに荷物検査をされました。私は新聞・刊行物を持っていました。彼らの手に渡らないよう、私は新聞をばら撒きました。新聞は鳥のようにひらひらと人々の歩いている方に舞って行きました。私は試験に合格しましたが、ベルリン・ホールと呼ばれる持ち場には私のための仕事はなく、クレーンに上ることは、ほとんどありませんでした」

Ｇｓ部門在庫管理課課長デルヴィフはアンナに対して戒告処分を出しました。さらに、ボーナスの支給を取り止め、多年の精勤に対する加俸金三〇二ズウォティをカットするという罰を加えてきたのです。デルヴィフの決定文にアンナの手書きメモが付されています。そこには「遅れた原因は七名の警備員と署長により十一時一〇分まで閉じ込められていたからだ」と書いてありました。「人事・社会分析事務所」の課長シュチピンスキが公安に協力することになりました。

シュチピンスキについては公安の書類にこのように書かれています。

「シュチピンスキは公安に積極的かつ協力的な態度を示し、正直で控え目である。高い知的水準でしかるべき政治的目的を達成することができる特性を持っている。ポーランド統一労働者党の党員で、ポーランド統一労働者党県委員会の講師でありマルクス主義やレーニン主義大学の党宣伝理論学科長でもある。七一年から課報連絡員と継続して接触している」

八〇年三月十七日、もし、もう一度職場の秩序を乱すならば、造船所から解雇するとシュチピンスキはアンナに警告しました。工場警備員の報告と「人事・社会分析事務所」Ｇｓ部門により出された戒告処分のコピーではこう書かれています。
「該当人はクレーン操縦の集団訓練を終えた同月一〇日、自分の労働場所へただちに戻らず、K—3課に出かけ、ビラを配布し職場の人々を仕事から離れさせ職場秩序を乱した。該当人は従業員の基本的な義務に違反する罪を犯したので、予告なしの雇用契約の破棄ができる。しかしながら、該当人の長年の労働および年令を考慮して、今回は造船所指導部は労働法典第五二条に該当する制裁を施行せず、戒告処分にとどめることとする。該当人が労働秩序を似たようなやり方もしくは他の方法で再度違反した場合には労働契約は予告なしに破棄される」

シュチピンスキの警告からいえることは、アンナが再び「労働秩序を破る」理由で嫌がらせをされるのは確実であり、それも時間の問題だということです。彼女は降伏するつもりはありません。アンナはグダンスク労働問題上告委員会へ控訴し、突然状況は一変しました。八〇年六月十七日、上告委員会は造船所管理部に対して、アンナを以前のW—2部門の職場に戻すことを命令したからです。七月十四日、この決定は造船所とアンナに伝えられました。工場の管理部は、この判断は法的に拘束力がないとして、上告委員会の命令の施行を拒否しました。その結果、状況はますます複雑化しました。七月二八日、アンナは郵便で上告委員会の決定書を受け取りましたが、今回は法的効力を保証する印が押してありました。グダンスク造船所管理部はグダンスク上告委員会が「法律規約」に違反するとして、八月二日、労働・賃金・福利厚生省に抗議しました。同日、上告委員会委員長R・グレツキは法的効力の保証は、その権限を持たない人物により規則違反で行なわれた旨を、対立する両者に報告しました。また彼は「法的効力の保証を通告した書類を、即刻返還するよう」アンナに伝えました。

従業員名簿から削除する

八〇年七月二九日、Gs部門の課長デルヴィフはアンナとの労働契約を破棄する申請書を提出しました。「アンナは仕事に取りかからない、また持ち場を勝手に離れる」ということで彼女を従業員名簿から削除するというのです。アンナはデルヴィフの申請書の存在を、その時は知りませんでした。七月三〇日、アンナが工場のゲートに来た時またもや予期せぬことが起こりました。アンナが造船所入り口に入ったとたん、警備員たちに引き止められたのです。

「触らないで。職場に私を入れないというのなら、その根拠となる書類を出してください」

と署長に要求しました。すると

「そのような書類は出してやらない。あんたはその書類を『自由ヨーロッパ』ラジオ局に提出し、利用するんだろう。そんなことをしたら後悔してもしきれない状況にしてやる！」

と署長は言い放ったのです。

数時間、工場警備室でアンナは拘束されました。同僚、仲間たちに知らせるために窓から叫びましたが、彼女を視界から遮るために、彼らはトラックを窓のそばに配置しました。電話をかけようとしましたが、署長はアンナから受話器をもぎ取りました。それから法律課の課長ジュロフスキが現れ言いました。「もしあんたが職場に行って働かないなら解雇する」と。

「ということは私が勝ったのだ！　警備の建物から出て職場へ急ぎました」

「作業服に着替えようとしましたが、ロッカーが壊され、作業服は持ち去られていることに気づきました。グミンスキは『作業服は工場の所有物だ』と返してくれません。しかし作業服には私の腕時計とポスターが入れてありました。課長は腕時計だけを返し、ポスターは反社会主義的といって奪ってしまいました」

解雇の理由

八〇年八月二日、アンナは再び上告委員会の判断に従ってＷ―２部門での雇用を造船所管理部に申し出ました。同日、アンナはグダンスク地方検察庁に、彼女の上司たちおよび工場警備職員たちによってグダンスク造船所で犯罪行為が行なわれたことを告発する文書を提出しました。しかし、すでにアンナ・ヴァレンティノヴィッチ問題に関する決定は下されていました。数日後、Ｇｓ部門の在庫管理課課長がアンナの即刻解雇を申請する行動を再開しました。デルヴィフの申請書の公式な受け入れは八〇年八月六日に行なわれ、労務担当造船所副所長スワブィが決定書に署名しました。彼も「従業員の基本的な義務に違反したために」解雇することを八月七日にアンナに告げました。

三〇年に及ぶ重労働にもかかわらず年金生活を目前にしてアンナは仕事を失いました。

「九月九日、給料を受け取るために造船所へ行った時、四名の警備員が私に飛びかかり、手をねじったので、私は怪我をしました。彼らは血を見て驚きましたが、ワゴン車ヌィスカに私を押し込めました。そして勝ち誇ったようにその車で私を人事課に連れて行きました。人事課の女性公務員は『勝ち目のない闘いは無駄よ』と言いながら私に給料を渡しました。私は頭を垂れながらグダンスクの町中を歩きました。傷つけられた犬のよう、まったく意気消沈していました。ずっと以前に聞いた『誰にも私を解雇する理由はない』という言葉を思い起こしました。でも今回は第五二条が適応されたのです。サボタージュ、アル中、盗みという理由での解雇でした。これからどうやって造船所なしで生きることができるのでしょうか。万事休すです。グヴィアズダ夫妻の所へ行きました。そこには幾人かの知り合いがいました。みんなに、これからは私なしで活動してもらうことになってしまったと伝えました。私はもういないのです」

起爆装置に点火された

沿岸地域自由労働組合のメンバーは、誰もアンナの屈辱を傍観したままでいるつもりは毛頭ありませんでした。彼らは、何とかしようと、アンナを他の部門へ配置換えする可能性も模索し、それを真剣に検討しました。アンナの解雇が仲間たちの抗議行動を呼び起こすことは確実でした。ボルセヴィッチは造船所のWZZの若い活動家たちに「もしアンナを擁護できなければ、次に解雇されるのはきみたちだぞ」と話したことを述べています。「もし一人ひとりを守ることができなければ、WZZは全体主義国家に敗北してしまう。だからわれわれは一人ひとりを守ろうじゃないか」とピェンコフスカが訴えました。WZZのメンバーたちは自発的にアンナを擁護するビラなどを配布し始めました。

アンナの解雇はかつてない恥知らずな行為でした。だから彼女を擁護するためのスト準備が始まりました。どのようにストを行なうかという説明文がビラにピンで留められました。そのWZZの活動家たちの署名入りビラは三市全土に大量に配布されました。もしグダンスク造船所がストに入れば、さらにいくつかの工場で連帯ストを引き起こすことができると予測しました。

ボルセヴィッチがビラの印刷を担当し、印刷所を経営していたズビグニェフ・ノヴェック、ピョトル・カプチンスキ、マチェイ・カプチンスキに会いに行きました。彼らがアンナを擁護する歴史的なビラ約八〇〇〇枚を印刷したのです。沿岸地域自由労働組合設立委員会と「ロボトニック・ヴィブジェジャ」紙の編集部、ボルセヴィッチ、グヴィアズダ夫妻、カランジェイ、プウォンスカ、ピェンコフスカそしてワレサ等が次のようなストを呼びかける「宣言書」に署名しました。

「アンナ・ヴァレンティノヴィッチの同僚のみなさんに呼びかける。彼女は五〇年から十六年間造船所で溶接工として、その後クレーン工としてW—2部門で働いてきた。常に優秀な労働者であったし、他の人に降りかかった屈辱や不正に対して敏感に反応してきた。そんな彼女は雇用者から独立した労働組合を組織しようとした。その時から職場でさまざまな妨害、嫌がらせが始まった。たとえば、他の工場への数ヵ月に及ぶ出向、『ロボトニック』紙の配布に対して二回の懲戒処分、Gs部門への移動などである。

たとえ不快で苦痛なことがあっても、アンナはこれまでは過激な行動は取っていない。アンナは年金生活に入る五ヵ月前にいることをもう一度触れておく。造船所の管理部は社会の意見も、法律も尊重していないことを、一連の出来事が示している。

アンナは彼らにとって厄介な存在なのだ。彼女は自らの行動をもって例となり他の人に影響を与えているからだ。彼女は他の人々を擁護し仲間を組織するリーダー的存在になってきた。指導的立場に立つ可能性のある人物を孤立化させるというのは、権力者が取る常套手段である。七〇年六月のスト以降、工場で影響力を持つことが、唯一解雇につながる根拠になっていた。もしわれわれがこういう状況を打開しなければ、ノルマの上乗せ、職場衛生管理の劣悪条件、超過勤務の強要に反対し立ち上がる者が誰もいなくなってしまうだろう。われわれはみなさんに、クレーン工アンナ・ヴァレンティノヴィッチの擁護の闘いに参加するように呼びかける。もしみなさんが行動しないならば、みなさんの多くがアンナと似たような状況に陥ることになるだろう。全国に広まるストライキの波が起きつつあるこの時に、工場幹部に彼らの間違いを自覚させるために起ち上がろう！」

WZZの人々は三市すべてにビラを配布しました。西側の国際労働機関に抗議を伝えた社会自衛委員会・KORもアンナ・ヴァレンティノヴィッチの問題に関心を示しました。これらの行動の効果を長く待つ必要はありませんでした。

アンナの解雇は「蓄えられた火薬の起爆装置に点火する」ものでした。アンナの解雇によって「八〇年の偉大な八月」が近づいていました。

第四章　私はポーランドの変革のきっかけとなった人間

「連帯」の母（一九八〇年八月十四〜三一日）

1980年8月グダンスク造船所を取り巻く塀に書かれたスローガン
・自由労働組合（WZZ）を要求しよう。
・工場間ストライキ委員会（MKS）万歳
・人民と一緒のわれわれ、われわれと一緒の人民／われわれは造船所を明け渡さない

早朝のビラ配布、そしてスト突入へ

一九八〇年八月十四日木曜日の明け方、アンナ・ヴァレンティノヴィッチを擁護するバルト海沿岸地域自由労働組合（ＷＺＺ）のビラが、都市鉄道列車内やポーランド国鉄の各駅、さらに大工場の敷地内またその周辺で撒かれました。このＷＺＺの行動は周到に計画されたものでした。

ボグダン・ボルセヴィッチは、イエジ・ボロフチャック、ボグダン・フェルスキやルドヴィク・プロンズィンスキなどのＷＺＺの若い造船工たちとストライキの詳細を決め、組織した人物です。またボルセヴィッチはワレサとも打ち合わせを行ない、早朝から造船所に入ってストを支えて欲しいと頼みました。ボルセヴィッチは、ワレサがそれに対して、あまり乗り気ではなかったと語っています。

「ワレサは『うちの子の洗礼があって祝宴を間もなく行なうから、ストの時間を先に延ばしたい』と言っていたので、私はプロンズィンスキに、ストライキの前に少なくとも二回はワレサを訪ねて説得するように指示しました。スト開始日の八月十四日、ワレサは数時間遅れてやって来ました。ストが失敗しかけたのでＷＺＺの若者たちは、遅れて来たワレサに不満を持ちました。でも、どうして遅れたのかは分かりません」

ワレサが遅れたことを除けば、ストは計画通り実行されました。アンジェイ・グヴィアズダは自分の工場でのストライキを準備しました。

「ストライキ決行時間である朝六時には、署名し、印刷して、すでにでき上がっていたビラ、声明文、そしてスト説明文が配布されました。もし造船所が立ち上がった場合、われわれは何をすべきか分かっていました。翌日には、船舶電気・制御設備工場エルモルやいくつかの工場が立ち上がるはずでした。ストライキ体制を強化し、その他の工場を煽動する。共通のストライキ本部を組織する。しかし、もし造船所が立ち上がらなかったら？　エルモルだけで始めればいいのか？　とにかくわれわれは職場で知らせを待ちました。九時頃、造船所がストに入ったとの連絡を受けました。われわれはただちに電話線で造船所とエルモルの通信網をつなぎました」

八〇年八月十四日早朝、ＷＺＺのこの重要な作戦を実行するため、若いビラ配布係やＷＺＺ活動家は数日前から準備を行なっていました。彼らのうちのひとりヤン・カランジェイは、この様子を次のように述べています。

「ボルセヴィッチの指令で、私は見知らぬ男からビラの束を受け取るために、ひとりでグディニアへ赴きました。男の名前は忘れました。男の住む建物の階段で、一晩中待たされました。男は、朝の四時頃に戻って来ました。ビラを受け取り、カバン一杯に詰めてマトカ・ポルカ通りにある自分の家に戻りました。その時家には、アンナの問題に関するビラの他に、ポーランドで七月に起こったストの経過を日を追って伝えている、ワルシャワからどっさり届いた社会自衛委員会・ＫＯＲ新聞『ロボトニック』、ストライキの実行方法に関する印刷物、そして独立出版社が発行した本が何冊か置いてありました。あの時公安が家宅捜索をしていたなら、彼らはかなりの点数稼ぎができたはずです。

われわれのグループは、オリーヴァ方面から来るポーランド鉄道に八月十四日にビラを配布する任務を任されました。前もって準備された三枚ひと組のビラです。各造船所は六時に仕事を始めます。私とミエテック・クラムロフスキはグダンスク工学技術工場で七時に仕事を始めるし、ミレック・ヴァルキェヴィッチも七時からベアリング製造工場ビメットで働かなくてはなりません。したがって、われわれは早朝から行動を起こしました。プシモージェ駅で電車に乗り込み、各人が違う車両でビラを配布しながら数車両を歩き、三つ目の駅で降りました。そして、反対側の電車に乗って戻ったのです。こうした行動を六時まで幾度か繰り返しました。その後私たちは自分の仕事場に出かけましたが、グダンスク造船所へ行きたくて、仕事が終わるのを待ちきれませんでした。そこで何が起きているのか知りたかったからです。造船所に行く途中で、造船所はストで停止していると人々がひそひそ話をしているのが聞こえてきました。ヴァルキェヴィッチ、クラムロフスキと私の三人で造船所に向かっていました。ところが、着いてみると労働者自警団が造船所の敷地内にわれわれを入れてくれません。そこで私は自分の署名がある『アンナを擁護せよ』というビラを見せ、身分証明書を提示して仲間だと認めてもらって、ようやく中に入ることができました」

WZZの行動は、驚くほど効果を発揮しました。造船所のストの第一日目から、バルト海沿岸三市にある各職場が続々とストに入りました。翌日にはグダンスク沿岸地域で、他の造船所や港湾関係の会社・市交通局・石油精製所など五四の職場の労働者約五万人がストを決行しました。ストを組織した者たちが夢みた「雪だるま効果」が起こり始めたのです。グダンスク造船所のスト代表者たちの中には、自分たちはみんなの合意なしに闘いを終えることはしないと、他の工場に約束する者もありました。

ポーランド統一労働者党中央委員会政治局の会議では、政治局員スタニスワフ・カニアが「状況は良くない。危険な方向へ発展している」とはっきり認めて発言していました。

尾行を巻いて造船所へ

アンナにとっても、八月十四日～十五日の出来事は驚きでした。アンナは、八月十四日木曜日の朝七時、診察を受けるため造船所付属病院に来ていました。ここでグダンスク造船所のK―3部門のストを知ったのです。病院の廊下でWZZの親友、看護婦のアリーナ・ピェンコフスカに会いました。「アリーナ！　いったい何が起きているの」。彼女は返事をしないで私を浴室に引っ張り込みました。そこでどうすべきか私たちは話し合いました。アリーナは電話が通じるかどうかをチェックするために事務室へ行きました。彼女を待っていた一分間は、まるで永遠の時間のように感じられました。しかし彼女はすぐに戻って来て「ストかもしれない。電話が通じないの。すぐにワルシャワに電話しなきゃ」と言いました。

アンナは電話を探しました。しかし、どこにも見つけることができません。ヤツェク・クーロンと連絡を取ろうとしたのです。そのうちにようやく知人と会うことができ、ストに立ち上がった造船工たちが、アンナのW―2部門への復帰を要求していることを知りました。

「私は電話局へ走りました。電話交換手が『あなたの立場は分かるが、取り次ぐのを禁止されているのでできない』と申し訳なさそうに言いました。町に走り電話を探しました。突然、顔に見覚えのある諜報員らの姿が見えました。彼らは私の後をつけていたのです。八百屋に身を隠しました。彼らをうまく巻くことができたと思いました。そこには電話がありました。しかしまだ諜報員たちにつけられています。私はそこから逃げました。今、逮捕されるわけにはいかない。たまたま赤信号の歩道で待っている人混みにまぎれこむことに成功しました。それから、私が身の回りの世話をしているアリツィア・ジュトニックの家に駆け込み、身を隠しました。その老婦人ジュトニックは昔国内軍にいたので、私の状況をよく理解してくれました。窓から見ると途方にくれた諜報員たちが蜘蛛のように広場をうろうろと走り回っていました。

誰かがドアを叩きました。幸いに私の隣人ミーシャでした。彼女の家が連絡場所です。最初彼女は息づかいが荒く喋ることができませんでした。私は『神さまがあなたをここに連れて来てくれたのね。私は家が包囲されて動けなくなってしまったの』と叫びました。ミーシャはやっと息が普通にできるようになり言いました。『あなたを迎えに、造船所から所長の車が来たの』『何ですって、どういうこと？　所長の車に乗ってなんてどこへも行かない』『でも車の中に造船工たちが乗っているのよ』とミーシャは叫びました。

所長の車ポロネーズには、W―2部門におけるアンナの忠実な擁護者ピョトル・マリシェフスキが乗って待っていました。車は同じゲートを通って乗り入れ、私が車に乗り込んだのですが、諜報員たちはまったく気づかなかったようでした。若い造船工たちは非常に興奮していました。『ストライキです。われわれはあなたを見るまでは決して話し合いをしないと所長に言いました』『第二ゲートへ行きましょう』。

造船工たちがゲートを開けるように叫ぶと、工場の警備員が若い労働者たちの言うことをすなおに聞くので非常に驚きました。ゲートが開き、造船所に入りました。

心臓が口から飛び出るほど驚きました。数え切れないほどの数の群衆。パワーショベルが立っていました。人々は私に会いたがって押し寄せてきました。私はパワーショベルの屋根に登りました。誰かが薔薇の花束を差し出してくれました。私は胸に薔薇を抱え、パワーショベルの上に立ち、海のように広がる群衆を見渡しました。ベニヤ板にチョークで『アンナ・ヴァレンティノヴィッチの職場復帰、物価値上げ分の一〇〇〇ズウォティの賃上げ』と書かれていました。私は何か話そうとしましたが、言葉が出ません。頭の中が混乱していました」

造船所の敷地内でこの出来事を観察していた公安署員たちが、アンナの到着とストの状況を次のように詳細に記録しています。

「十一時五〇分、一台の車ポーランド・フィアット125、登録番号GDT―335Bが造船所の敷地から第二ゲートを通って出て行った。作業服を着て、頭にヘルメットを被った三人の造船工が乗っていた。十二時二五分、出入口門を警備している造船工たちに熱狂的に迎えられたこの車は、『ヴァラ』(グダンスク県警察本部B課がアンナに付けた暗号名)を連れて造船所内に再び戻って来た。十二時三〇分、集まった人々に拡声器を通じて前述の人物は挨拶をした。『私は今まで、仕事を解雇され、理由もなく他の職場へ移動させられ、賃金が期限内に支払われなかった』と二言三言で言った。工場の管理部を批判した彼女の演説は拍手喝采で迎えられた。その後、造船所の他の従業員たちは引き続き管理部への要求についての発言を行なった」

他の工場からスト支持が得られるか?

ストライキ実行者の最初の要求は、ベニヤ板数枚に描かれた三つの要求、つまり「アンナ・ヴァレンティノヴィッチの職場復帰」「一〇〇〇ズウォティの賃上げ」と「賃金の物価スライド制」にしぼられていました。後になって、要求項目の数が増えました。スト代表者を選出した後の八月十四日に、ストライキ委員会はさらに五項目の要求を加えました。

ヴァレンティノヴィッチとワレサの職場復帰、七〇年十二月事件犠牲者の記念碑建立、二〇〇〇ズウォティの賃上げ、家族手当を警察家族並みにする、スト参加者のための安全確保。それから、アンジェイ・コウォジェイの造船所職場復帰、政治犯釈放、特権階級のための店舗の廃止や生活必需品の供給改善などの要求も追加されました。

八月十四日から十五日にかけて、WZZの幹部が状況を話し合うために集まりました。この会議について、アンジェイ・コウォジェイは次のように語っています。

「夜更けになってわれわれは、翌日の行動計画をたてるために集まりました。ボルセヴィッチ、グヴィアズダ、ワレサ、ヴァレンティノヴィッチ、ピェンコフスカが参加しました。私や船舶修理工場と北造船所の代表者たちもいました。われわれは、他の工場からストライキの支持を得ることがもっとも重要だと確認し合いました。もし他の工場がストライキに立ち上がるなら、グダンスク造船所内に工場間ストライキ委員会を設立し、要求書の最初の項目に、自由労働組合設立と政治犯の釈放の要求を掲げることを決めました。自分たちの小さな意味しか持たないことのために闘うだけではなく、すべての働く人々にとって大きな意味を持つ根本的なことを求めた闘いであることを分かってもらいたかったのです。話し合いに集まった他の工場の労働者は、それぞれ自分たちの職場でストライキを組織しようとしていました。私はグダンスク造船所で仕事を始めたばかりで、まだ誰も知らなかったにもかかわらず、ストライキを組織することを約束しました」

WZZメンバーの指導のとおりに状況が進んでいると思われました。引き続き、いくつかの工場が工場占拠ストライキを宣言し、それぞれの工場間の連絡方法を探していました。アンジェイ・グヴィアズダとボグダン・リスの行動のおかげで、船舶電気・制御設備工場エルモルが立ち上がりました。リスは、そのエルモルのストライキ委員会委員長になりました。グダンスク造船所では、ストライキ労働者委員会が発足しましたが、それは後に名称を変更してストライキ委員会となりました。ストライキ労働者委員会という名称はＷＺＺの発案ではないものだったからです。ＷＺＺは最初から主導権をとる組織はストライキ委員会と呼ぶことを提案していました。

ストライキ委員会を構成するのは二〇名の委員たちでした。この中でアンナ・ヴァレンティノヴィッチ、レフ・ワレサ、ルドヴィク・プロンズィンスキ、ボグダン・フェルスキ、イエジ・ボロフチャック、ヘンリック・ヤギェルスキがＷＺＺメンバーでしたが、その人数は委員会の大多数を占める数ではありませんでした。ともあれ誰かが、アンナに委員会の先頭に立つよう提案しました。しかし、アンナはこれを断りました。

「みなさん、分かっていないことがひとつだけあります。ようやく実行できたストを潰してはいけないということです。なぜなら、いつでもこのようにうまくいくとは限らないからです。男女同権と言いつつも、働いている大多数が男性である造船所のストの先頭に女性が立ってはやり遂げたことが水の泡になりかねません。今の私たちには必ず達成しなければならないことがあり、こっちのほうが重要なのです」

「ワレサは協力することになった」

間もなく、ボルセヴィッチと彼の造船所の協力者たち（この中にボロフチャックもいた）の取り決めに従い、ワレサがストライキ委員会の先頭に立つことになりました。このすぐ後で彼は公安から恐喝を受けることになります。ワレサは、グダンスク公安により「ボレック」という暗号名の秘密協力者として過去に記録されていました。その諜報機関の恐喝についてワレサ自身が語っています。

「八〇年ストの二日目に公安署員が私の所へ来て、グダンスク・プルシュチュでギエレクと会談することを提案しました。私は今すぐでなければオッケーだといって承知しました。もうちょっと時間をくれとも言いました。その時『ワレサは協力することになった』という報告がギエレクの手元に届いたのです」。実際、内務省の長官はワレサを抱えたことで、造船所の状況が自分たちの管理下にあると言って、エドワルト・ギエレクを安心させました。後に回想録の中でギエレクがこの情報を明らかにしています。

「ポーランド統一労働者党中央委員会政治局の会議で、内務大臣スタニスワフ・コヴァルチックはワレサを味方につけたといって自慢した」

八〇年八月に政府委員会委員および機械工業大臣のアレクサンデル・コペチも自分の回想録の中でこの問題を取り上げています。

「ストは八月十四日に始まった。ワレサは造船所の敷地内にいた。どのような方法で入ったのかは重要ではない。ワレサは公安の長年の秘密協力者およびWZZの活発な非合法活動家としてのふたつの役割を演じていた。ストの第一段階でわれらの英雄ワレサは両サイドに対して申し分なく振舞った。ビラを配布し、それをほうぼうに貼り、そしてストを呼びかけた。反国家の叫び声を上げ、諸要求を受け入れることを要請した。政府諸機関も満足した」

造船所管理部が、造船所各部門代表者たちをストライキ委員会のメンバーに加えることを要請してきました。その各部門代表者たちを入れて四八名にまで数を増やしたストライキ委員会は、ひとつのカラーを持つものではありませんでした。その一方の側にいたのが、クレメンス・グニェフ所長、ユゼフ・ヴォイチック党第一書記および人事担当のズビグニェフ・シュチピンスキ将校を筆頭とするポーランド統一労働者党とポーランド青年社会主義同盟の活動家たちでした。彼らは効果的にストライキ委員会を操作しました。造船所の従業員ではなくなっていたアンナやワレサを委員会から排除することを要求し、また工場管理部の信用のおける各部門の人間を、ストライキ委員会の委員とし、委員の人数を増やすということも行ないました。これは、ポーランド統一労働者党とポーランド青年社会主義同盟が、公安と連携して、WZZのこれまでの立場を弱めようとする巧妙な策略でした。

そもそも、造船所の敷地内には公安や軍人が入り込んでいました。彼らは「作り話」をすることによって、造船所の従業員になりすまし、さまざまな作戦行動を実行し、スパイたちを指揮しました。

ソ連側は、スト開始当初から造船所のストの成りゆきに関心を寄せていました。彼らの報告によれば、アンナはストが始まった瞬間から、七〇年十二月事件についての真実だけでなくカティン事件の究明を求めていました。グダンスクのソ連領事館からモスクワへ送られた報告書には、アンナはカティンで殺されたポーランド人たちの記念碑建設を承諾するよう工場管理部に要請したことが書かれていました。

譲歩と妥協と

七〇年十二月事件犠牲者記念碑に関して、最終的に共産主義者たちは譲歩しました。しかしそれ以外については、問題のないところに問題をつくり出す方法を取ってきました。

労働者の二〇〇〇ズウォティの賃上げは、賃金の原資を超えたために実現不可能だと説明しだしたのです。結局、一五〇〇ズウォティの賃上げに同意しました。その他の賃金条件にも同意しましたが、賃金の物価スライド制に関するいくつかの決定は、いつとも知れぬ遠い将来に延期させられました。

アンナの職場復帰については、工場指導部はなかなか譲ろうとしませんでした。グニェフ所長はすぐに復帰に同意しましたが、W―2部門への復帰を受け入れようとはしませんでした。所長は、ストの最初の三日間、彼女に年金生活に入ることに同意するよう要求していました。アンナはこの交渉段階をはっきり憶えています。

「ＢＨＰホールには約二〇名がすでに座っていました。造船所所長グニェフや工場委員会第一書記ヴォイチック、人事担当将校シュチピンスキ、その他の人がいました。みんなが私の復職についてさまざまな条件を提案してきました。最初にグニェフ所長が、復職を命じた裁判所の決定は無効であると言いました。しかし翌日に彼は、W―2部門ではなく、協同組合部門に行くことを提案してきました。ワレサと私の解雇は撤回するが、その代わり『条件』を出したというわけです。私が八一年一月一日から年金生活に入ることも条件のひとつでした。金曜日にも話し合いは続けられましたが、結論は出ませんでした。土曜日、ワレサと私は断固として譲らないことを伝えました。その後でグニェフ所長がやっと同意したのです。

ワレサはまじめに働くことを約束しましたが、所長自身が希望したとおり書面での約束ではありませんでした。所長は私が新年から年金生活に入るという条件に関しては、あいかわらず固執していました。長い話し合いの後、われわれはある妥協に到達することができました。

しかし、この妥協はまたもや揺らぎ始めたのです。私は『最終的に復職できるのかできないのか』と根本的な質問を投げかけました。すると人事担当将校は半時間も経たないうちに契約書を持って来ました。それだけではありません。所長は、一五〇〇ズウォティずつをわれわれにくれるといってきたのです」

八〇年八月十五日のグニェフ所長の決定では、W―2部門への復帰問題と年金生活に入る問題については、何の結論も出されてはいませんでした。しかしアンナやスト参加者にとってもっとも重要だったことは、グニェフの書類に書き入れられた次の内容でした。

「八〇年八月七日付の予告なしの労働契約破棄を取り消す。労働条件や賃金は変更しない」

これは、二年間のアンナの苦しみを部分的に償うというささやかな勝利でしたが、彼女はこれだけでは満足しませんでした。スト初日から、アンナはすべての労働者たちの権利と、彼らをひとつの人格として尊重することを求めて闘っていたからです。アンナは、官製労働組合の怠惰を批判し、もはやそれは労働者の代表とはいえないと攻撃しました。また賃金やボーナスの着服、タイムカードを押す際に行なわれていたインチキをも批判しました。

八月十四日にも、アンナは、党第一書記ヴォイチック側に次のように怒りの声を浴びせました。

「誰も従業員と話し合いをしようとしない。工場委員会、つまり官製組合は、党と行政機関の延長でしかない。組合費を取り立てるが、その収支を明らかにしていない。そのお金が何に使われたのか、さっぱり分からない。それに対して労働者は、保養施設が利用できるのは三年に一度だけ。サナトリウムに入るのに自分の休暇を使わねばならず、おまけにいつ休暇を取るかは所長が決めている。これが実態ではありませんか」

ストの火を消すな

八月十六日土曜日、アンナはこの勝利では満足できないままでした。しかし次に何をしたらいいのかまったく分かりませんでした。頭の整理がつけられません。「ボーっとして、途方にくれたままＢＨＰホールの前に立っていました」と後にアンナは語っています。

「ＢＨＰの建物を出た時、かぼそいけれど勇気ある女性アリーナ・ピェンコフスカが怒鳴って私に言いました。『あの人たちはどうなるの？　町中で私たちを支持してくれた人たちの目を、あなたは真っ直ぐに見られると思ってるの？　裏切り者！』。これがまさにストのターニングポイントとなった瞬間でした」

十三時三〇分、グニェフ所長が、労働者ひとりにつき一五〇〇ズウォティの賃上げを確約した保証書に署名しました。同時にポーランド統一労働者党県委員会第一書記タデウシュ・フィシュバフが、ストライキ参加者全員に圧力をかけないと保証しました。ストライキ委員会はストの終了を、採決を取って決定しました。十四時十七分に、ワレサが労働者たちに向けてこの決定を発表しました。ＢＨＰホールの交渉テーブルから立ち上がって造船所内放送を通じて造船工たちに呼びかけたのです。

「みなさん、私の声が聞こえますか。拍手で合図してください。ストを終えたと私が発表しても、誰も私に恨みを持たないですか。みなさん、私の声が聞こえますか。ストを終了していいですか(喝采)。造船工、代表団、そしてスト委員会のみなさんが望んだことを手に入れることができました。耐え抜いてくれたみなさんに感謝します。約束したように、私はみなさんの最後にここを出ることにします。基本的な諸問題が解決されたことを発表します。闘いの最後の瞬間がやって来ました。みなさん十八時までに造船所を出てください」

人々は散らばり、作業服を脱ぎゆっくりと帰る用意をしました。それとほとんど同時に造船所所長はメガホンを通して、みんなが冷静沈着に対応し、秩序を守り、造船所の所有物に配慮したことに対して感謝を表明しました。またストの代表たちや造船工たちに別れの挨拶をしました。「十分休養して月曜日に会いましょう。仕事の遅れを取り戻す努力をしましょう。良い仕事ができるように、必需品の供給ができるように私は努力をしていくつもりです」と。拍手喝采を集めました。

この時に誰かが国歌を歌い始めました。ワレサはメガホンを通して歌いました。他方、グダンスク造船所での状況に不安になったアンジェイ・グヴィアズダは、造船工たちが「裏切った」状況の中でも、自分たちはストを続行すべきであると訴えるために自分の工場であるエルモルへ駆け出しました。彼は工場間ストライキ委員会設立とエルモルの職場ストを実行する代表団の会合を招集することを目指して動き回りました。さらに、ワゴン車に乗って、妻のヨアンナ、マリラ・プフォンスカやリスと共に、いくつかの主要な工場を巡回し、ストをするすべての団体は団結することが必須であると説いてまわりました。造船所のストの火が消えることは、他の工場もストをやめてしまうという危険性があったからです。

グヴィアズダはこう言っています。

「われわれは、他の工場でのストを救うために、造船所の裏切り行為のニュースが伝わる前に造船所の第一ゲートを通って最短の道でエルモルへ走りました。

途中、われわれは、頭を垂れ、手にヘルメットを持って立つ労働者たちの小グループを見ながら通り過ぎました。ワレサが国歌を歌っていました。ワレサはひとりで無器用に歌い、誰も一緒に歌おうとしていませんでした。それは劇的な瞬間でしたが、時間を無駄にできません。われわれはスト中の各工場の合意を早急に組織しなければなりませんでした。なぜなら数万人の従業員を雇用する造船所の協力なしに、各工場が個別に大きな勢力をつくることは困難だったからでした。エルモルではみんながすでに何が起きたのか知っていました。ストの初日に電気工たちが造船所の拡声器システム網へ繋いだので、BHPホールでの交渉の様子を生で聞くことができたからです」

勝手にストを中止するな

実際危機的な状況でした。造船所のスト終結は避けがたいと思われました。共産主義者たちは勝ち誇りました。グニェフ所長は自分の執務室へ戻り、機械産業省大臣アレクサンデル・コペチの電話番号をダイヤルし、満足げに報告しました。

「われわれが話し合って決めたようにすべてうまくことが運びました。はい、終わりました。われわれはスムーズに調印を済ませました。月曜日には職場に戻って来ます」

これと時を同じくして、BHPホールの建物前にいた群集の中のひとりが叫んで言いました。

「グダンスク造船所ストライキ委員会は労働者の理想を裏切った！」。スト決行中の工場の代表たちや他の労働者も抗議を表明しました。この時、「あなた方は私たちを裏切った。今度は小さな工場がすべて南京虫のように押し潰される！」とヘンリカ・クシヴォノスがワレサに向かって叫びました。自伝『希望への道』の中で、ワレサは、ある労働者（レオン・ストビェツキ）の報告を引用しています。ワレサはこの内容に対して反論しようとさえしていません。

「ワレサはテーブルから立ち上がる。マイクを通してストライキの終了を発表する。ドアに近づき握りしめた拳を振り上げWZZの同僚たちに言う。『われわれは勝利した』。ところが彼らは勝利だなんて思っていなかった。私はズジスワフ・ズウォトコフスキと一緒に、BHP大ホールの正面出入口で立っていた。真ん中のテーブル（三つのテーブルがありそのテーブルのひとつにWZZ代表と管理部代表の全員が一列になって座った）で合意書に調印された時には、ホールは半分空っぽであった。私とズウォトコフスキを見てワレサは手を上げて『勝った』と繰り返した。

そこで私は言ってやった。『勝ったなんてウソだ。あんたは負けたんだ。造船所の敷地で何が起こっているかよく見てみろよ。電話線は切断され、（交渉を伝える）音響装置は斧で壊されている。塀には、あんたが裏切り者だ、スパイだと書き込まれ、つばが吐きかけられている。ゲートを出る時にあんたは投石されるぞ』。ワレサは困って『まいったなあ、俺がいったい何をしたというんだ』と聞いてきた。ズジフワフは答えた。『あんたがしたことはわれわれみんなに対する裏切りだ。あんたは自分の利益を守るために一五〇〇ズウォティで妥協したのだ』と。『それじゃあ、どうすればいいのだ』とワレサが言い返した。『あんたを支持して、あんたを擁護した小さな各工場を守るために、本当のストをすべきなんじゃないのか』と私は言った。するとワレサは『きみたちが手伝ってくれるのか』と訊いてきた」

WZZの活動家たちや、造船所に到着した他の工場のストの代表者たちは強く怒りを表明しました。この地方だけでなく国内でストが広がっている状況の中、ストライキ委員会が採決したとはいえ、ワレサが勝手にストを終了する権利などありませんでした。

アンナは悩みました。「どうしてワレサはこんなことをしてしまったのか。どうして彼は巨大なチャンスを無駄にしたのか。せっかく一万六〇〇〇名の造船所の労働者と、全ポーランドでわれわれを支持する一〇〇の工場の力を合わせた闘いになったのに」と。「全国の人々が希望を持ってわれわれを支持し、世界がわれわれに注目した時だったのに。われわれは何を実現したというのだろうか。二人の労働者が職場に復帰し、小額の金をもらっただけだ。一番大切なのは自由労働組合ではないか」

連帯ストの続行へ

アンジェイ・コウォジェイはスト中に、バルト海沿岸三市が立ち上がって、WZZを合法化するためのチャンスがやって来たのだとワレサに語りかけたことがありました。するとワレサはかすれ声で「きみたちは何をしたいというんだ。所長はわれわれが要求した以上のことをやってくれたじゃないか」と答えました。

シチュドウォフスキは八月十六日のこの劇的な瞬間をよく憶えていました。

「グダンスク造船所でのストライキ当初の三日間は公安に管理されていました。ストは各部門代表者の先導で終結されることになっていました。各部門の代表者は実際には公安の秘密協力者や党の活動家たちでした。彼らはワレサの同意のもと、ストライキ委員会の主導力を発揮する目的で八月十六日朝、ＢＰＨホールを埋め尽くしていました。合意書が調印された後、ホールは熱狂的な雰囲気に包まれました。もちろんその主な理由は、『各人の一五〇〇ズウォティの賃上げ』でした。またストライキ代表委員とスト実行者が罰せられないことを保証する保証書を、グダンスク県知事イエジ・コウォジェイスキが発行することを要求しました。ホールの窓の外や拡声器のまわりの広場では、すでに激しい議論や抗議が起こっていました。『ワレサは何様だと思っているのか』、『ワレサと所長の取り巻き連中が、われわれのことを決める権限なんてどこにあるんだ』、『あんたらは自分たちの問題を片付けただけだ。あんたらの呼びかけでストライキを始めた他の工場の問題はどうなるんだ』、『七〇年のシナリオを繰り返すのか』、『ストライキに参加する全部の工場と合意することなしに、グダンスク造船所がストライキを終了することは裏切り行為だ』と非難の声が上がったのです。

彼らは全工場が自分たちの要求を勝ち取るまで、ストライキを継続すべきだと主張しました。自分たちの勝ち取った権利を守り続けてくれる自由労働組合を公認させねばならないと考えていました。なぜなら、共産政権はその権利を今日はわれわれに与えたと思うと、その翌日には奪ってしまうからです」

しかし、残念ながらゲートの前に立ち、ストの続行を訴える彼らの呼びかけは功を奏しませんでした。安全保証書をもらって降参してしまった連中にならって、多くの労働者は家へ帰ってしまったのです。しかし、七〇年十二月事件の英雄ショウォフ、そしてザポルニックやアンナのようなWZZ活動家たちのたくみなアジテーションや、エヴァ・オッソフスカとヤヌシュ・ソブトゥカの必死の呼びかけに応えて、造船所にはまだ約八〇〇人が残っていました。彼らは第二ゲート近くでまだ唯一稼働している拡声器を使って訴えたのでした。

しばらくして、ピェンコフスカが「連帯ストを宣言しよう」と言いながらアンナの手をつかみました。ふたりはまず、船体部門の造船工たちの大群が、グダンスク造船所駅へ向かう時に通る造船所の第三ゲートの方向へ走りました。ふたりは出入口の門を閉めました。ピェンコフスカはプラスティック製の樽のような容器の上に立って、労働者たちにストの継続を呼びかけました。「この光景は忘れもしません」とピェンコフスカは語っています。

「造船所内の出口にある橋の上の数千人の労働者たち。私は警備員たちにゲートを無理やり閉めさせました。そして第二ゲートでは、ストが続行されていると言って、みんなも連帯しなければならないと訴えました。これは効き目がありました。大群が出口から引き返したのです。小脇に書類カバンを抱えて『さあここを早く出ようぜ』と声高に叫ぶ三人の男たちがいましたが、その人たちはゲートの外に追い出されました」

その後、ふたりは、他の造船所のゲート（第一と第二）へ走りましたが、このふたつのゲート付近では、スト続行は順調に行なわれていました。アンナが向かったのは旧市街へ出る第一ゲートでした。そこで途方に暮れていたワレサに出会いました。アンナは彼の袖をつかんで、電気カートの上に立ち労働者たちに訴えました。そして連帯ストが宣言されたことを告げました。彼女の様子を観察していた暗号名「アントニ」（グダンスクの作家スタニスワフ・ザウスキ）という秘密協力者は、アンナが造船所を離れた労働者たちを批判したと密告書に書いています。「ワレサが勝ち取った要求はびりびり切り裂くに値する単なる紙切れにすぎない」ともアンナは言ったと報告されています。

その後で第二ゲートへ走りました。そこでも造船工に向かって訴えました。

「みなさん！　所長は沈みかけた船にいるねずみのように造船所から逃げていきました。今われわれだけが、われわれの工場の責任を担っています。可能なかぎりすべての部門の出入口を閉鎖し、そしてＢＨＰホールにあるストライキ委員会へ鍵を持っていきましょう。挑発を受ける可能性があるすべての場所に、三名一組の自警団を当直させるようにお願いします」

劇的なアンナの訴え

アンナはグダンスク船舶修理工場に行きました。ここの労働者たちはストライキ終了を表明したグダンスク造船所ストライキ委員会の決定に憤慨していました。

「われわれ造船工が閉門され溶接されたゲートへ近づいていった時、彼らはわれわれに向かって『おまえたちは裏切り者だ』『スト破りだ』と口汚くののしってきました。彼らが石を投げてくるのではないかと思うほどでした。まったくわれわれと話をしようとしませんでした」とアンナは語っています。グダンスク造船所の「裏切り女」になってしまったので、修理工場の労働者たちを突き動かすことができる状態ではありませんでした。ここでは確かにストは続行されましたが、グダンスク造船所に対する不信感がしばらく残りました。この出来事の証言者K・ヴィシュコフスキは語っています。

「アンナが困惑し、船舶修理工場の労働者たちに使者を送ったのを憶えています。しかしどんなことをしても効き目がありませんでした。船舶修理工場のスト指導者がグダンスク造船所に通じるあちこちのゲートを溶接するように指示しました。そして労働者の間の連絡もすべて禁止しました。アンナは再び断固とした行動を取ろうと心に決めました。船舶修理工場のゲートの前まで工場間ストライキ委員会代表団が電気カートで乗り付けました。ワレサが初めに話をしました。だがゲートの向こうからは不満を表す口笛だけが聞こえてきました。

アンナが電気カートの屋根にのぼりました。彼女が何を話したのか一言も憶えていません。その時に起こったことの方がどんな言葉よりも重要だったからです。私はカートの脇に立ちアンナを見上げました。私の背中に戦慄が走り、目から涙が溢れました。あんな強烈な出来事をその時以来一度も経験したことがありません。巨大なエネルギーを集結させた小さな女性が、カートの屋根に立っていました。それは道徳的信念をまっとうする力を与えられ、ゆるぎない使命感を持つ女性だけが手にできる謎のエネルギーでした。叫び声の力、激しい感情を集中させた時のアンナは劇的でした。ひざを曲げて身をかがめるアンナの表現力は、偉大で素晴らしく、恐ろしいほどの説得力がありました。呼びかけに対して拒否することが自分の良心に反するものだと感じられたのでしょう。ゲートの反対側では沈黙が支配していました。アンナはカートから降りましたが、手応えを感じたかどうか私には定かではありませんでした。

翌朝、若者がBHPホールに駆け込んで来て叫びました。『造船修理工場の仲間が来たぞ』。それは伝説となるに値する歴史的な光景でした。翻る旗を掲げて青い作業服を着た、規律正しく組織された労働者たちの隊列が跳ね橋を渡って行進して来たのです」

他の工場のスト参加者たちの不満は、スト終結や、グダンスク造船所労働者の自分たちだけの利益を守る態度にのみ向けられていたのではありませんでした。彼らには、KORの人々に対する反感がありました。彼らはKORのメンバーたちが自分たちの利益のために、グダンスク造船所でストライキを操作していると考えていました。ポーランド統一労働者党の活動家や公安署員たちが流す情報に煽られたからかもしれません。政府当局は、スト実行者たちの要求をのむ用意がある意向を示しましたが、それが真の労働者の利益に根ざしたものであり、「ワルシャワのKOR」から指示されたものではないことが条件でした。労働者がそれを理解するよう、政府当局はさまざまな方法を取りました。

ストライキが政治的、反共産主義的な側面もあることを労働者は明確に口にはしませんでしたが、これによって彼らは難しい状況に立たされることになりました。ＫＯＲの支援を受け入れることは、ストライキが政治的性格を帯びたものであると判断され、政権の非難を受けることになってしまいます。労働者たちはそれを恐れていたし、そうではないフリをしていることを望みました。加えて、どこにでも存在する公安警察の諜報員を見分けるのが難しく、見知らぬ人々に対する不信感が蔓延していました。造船工たちには、外部の助言なしに、自分たちだけで闘いの方向を決めることができるという自信がありました。ＷＺＺのメンバーへの強い彼らの支持は、ＫＯＲのメンバーだったからではなく、彼らが地元の人間であり、よく知っている人たちで、ストライキをしている労働者である彼らと同じ考えを持つ人間だったからです。この意味でもアンナの存在は大きな意味を持っていました。

工場間ストライキ委員会の結成

グダンスク造船所の状況が安定したと思うと、新たに誰がストライキの指導者になるかで問題が生じました。この状況を、レシェク・ズボロフスキは次のように記憶しています。

「ワレサがスト破りをした。そしてすぐに姿を消してしまった。非常に厳しい状況となった。従業員が徐々に造船所へ戻って来た。他の工場の代表委員たちもやって来た。みんなが必要な情報が入手できないので空虚さが広がっていた。ちょうどその場にいたボルセヴィッチは、状況改善を試みた。時間稼ぎをしながら、急いでストの指導者を探していた。誰が最も優秀な候補者であるかを決定しようとしていた、ちょうどその時、ワレサが現れた。ボルセヴィッチは、この男がストを台無しにしたのだから、自分で立て直すよう要求した。ワレサは断固として拒否した。私はこの状況の証人のひとりだった。われわれは、指導者（ワレサ）が何をしても、もう驚かなかった。現場にいた誰かがワレサをスパイと叫んだ。本当の喧嘩が起こった。ボルセヴィッチはワレサの態度にひどく腹を立て、平静さを保つのもやっとだった。

長く続いた言い争いの後、ボルセヴィッチは大声で叫んだ。WZZの仲間が数年間ずっとワレサを支えてきたのだから、ワレサは彼らに対して借りがあるじゃないか、と。ワレサには彼がぶち壊したストを救う手伝いをさせることになった。するとワレサは再び拒否した。この時、かなりの数の造船工たちがこの出来事を見守っていたが、ほとんどの人は事の次第がはっきり分からなかった。その時、誰かがカートの上に指導者（ワレサ）を押し上げた。すると他の人々は彼の名前をシュプレヒコールした。こうした状況ではいかなる選択肢もないと観念したのか、彼はマイクをつかんで話し始めた。しばらくしてワレサは新たに指導者となった。ワレサがストライキをもう一度駄目にすることを許さないということだけが、われわれに唯一できることだった」

二一ヵ所の工場の代表委員たちが工場間ストライキ委員会（ＭＫＳ）を設立しました。ＭＫＳの幹部会の数百人のメンバーの中に、ワレサ、ヨアンナとアンジェイ・グヴィアズダ夫妻、リスやピェンコフスカの他にアンナもいました。アンナは八月十六日から十七日に満場一致で選ばれました。引き続いて、幹部会に次の人々が選ばれました。

レフ・ボントコフスキ（グダンスクのポーランド文学者連盟）、ヴォイチェフ・グルシェツキ（グダンスク工科大学）、ステファン・イズデブスキ（グディニア港湾局）、レフ・イェンドルシェフスキ（グディニアのパリ・コミューン造船所）、イエジ・クミェチック（グダンスク北造船所）、ズジスワフ・コビリンスキ（グダンスク・自動車輸送業）、ヘンリカ・クシヴォノス（グダンスク県交通局）、ステファン・レヴァンドフスキ（グダンスク港湾局）、ユゼフ・プシビルスキ（グダンスク〝ブディモル〟）、イエジ・シコルスキ（グダンスク船舶修理工場）、レフ・ソビェシェック（グダンスク〝シアルキポル〟）、タデウシュ・スタン（グダンスク石油精製所）、フロリアン・ヴィシニェフスキ（グダンスク電気組立〝エレクトロモンタシュ〟）。

工場間ストライキ委員会幹部会のメンバーの顔ぶれと、WZZのメンバーが演じた役割は、共産主義者たちから独立した自由労働組合の設立という基本的な要求を含めた、彼らが夜中に作成した要求の実現を保証するものでした。工場間ストライキ委員会の最初の声明の中で、ストを行なう人々の目的がはっきり示されました。工場や企業の要求やスト行動を調整することが工場間ストライキ委員会の役割でした。こうして工場間ストライキ委員会の要求文が作成されました。

工場間ストライキ委員会は中央政府との話し合いを行なう権限を与えられました。スト終了の発表は、工場間ストライキ委員会が行なう。工場間ストライキ委員会は、スト終了後も解散せず、要求の実現をチェックする。そして労働組合の県評議会として自由労働組合を組織する。この時から工場間ストライキ委員会は、ストを行なう労働者の代表となっただけではなく、「人民政権」に反する国民全体の代表となったのでした。

隠然とすすむ政府の対抗措置

八〇年八月十六日午後、内務省に「八〇年の夏作戦」を実行するための特別司令部が設置されました。これはグダンスク造船所でのストの再開と工場間ストライキ委員会を組織するという情報を得て設置されたものでした。ボグスワフ・スタフーラ将軍が司令部長になりました。公安の全部署を代表する十三名の高官公安委員で構成されていました。なかんずくアダム・クシシュトポルスキ将軍、ヴワディスワフ・チャストン陸軍大佐そしてコンラット・ストラシェフスキ将軍がいました。行動計画については、遅滞なくワルシャワのKGB公邸に報告されました。

警察と軍隊の専門部隊を始めとする、ポーランド人民共和国の安全保障をつかさどる全国家機関が戦闘準備態勢に入りました（八月十四日、すでにポーランド軍に危機対策作戦部隊総司令部が設置された）。また八月十六日、内務大臣は、各省庁が担うべき作戦遂行事項が詳細に書かれた書類を作成しました。それは、次のような内容でした。七〇年十二月、七六年六月など、過去に「芳しくない行動」に参加した人々の行動の把握、「反社会主義者の諸グループ」の動向をつかみ影響力を持つこと、「脅威の防止と排除」、「国内の安全を脅かす事態発生に備えた行動計画」の準備、「衝突が起きた場合のために兵力と兵器の出動態勢を整えておく」こと、効果的な対抗措置を取るための円滑な情報網を組織しておくことなどでした。スト実行班により占拠された工場を「解放する」という計画は、国防省と内務省でずっと練られていたし、またその計画は相当熟していたにもかかわらず、兵力を使用する決定はなされませんでした。それは、ある程度彼らにとって有利となるスト実行者たちとの合意を実現させるという交渉構想が選択された結果でした。

ストライキを維持し自由労組の理念を実現するための闘いは、この時期、もっとも重要なことでした。工場間ストライキ委員会は、「ポーランド統一労働者党や雇用主から独立した自由労働組合を設立することが最大の目的である。なぜなら、自由労働組合は労働者たちの権利と利益を効果的に守ってくれるからだ。われわれが自由労働組合を持てないならば、ストがわれわれの利益を守る唯一の手段となるが、それは社会的にもっとも打撃を与える交渉の手段である」と絶えず訴え続けました。

工場間ストライキ委員会の断固とした立場には、確固たる理由がありました。共産主義者たちが賃上げを餌に他の工場のストライキ委員会の買収を始めたからです。それは、工場間ストライキ委員会とグダンスク造船所のストを、他の工場から孤立させるという工作でした。八〇年八月十八日の夕方にグダンスクに到着した副首相タデウシュ・ピカはバルト海沿岸三市で「隔離合意」計画を実行に移しました。

各工場の代表委員たちは、八月十六日にストを勝手に終了したグダンスク造船所の造船工たちを許してはいませんでした。スト実行者たちの間に存在するこうした対立感情を共産主義者たちは利用しようとしました。この対立をさらに深める任務を遂行したのが、公安警察やスパイたちでした。彼らは受け手を選んで、適当と思われる噂を広めたのです。たとえば、警察・軍隊が即座に工場を鎮圧に来るだの、司教や神父がこの状況を遺憾に思っているだの、ストの仲間の中には党員がいる（党員であり官製労働組合員だったボグダン・リスのことを問題にしている）だの、その党員は、労働者の利益なんかはどうでもいいと思っているなどの噂を振り撒いたのです。また沿岸自由労組のメンバーと、八月以前の反社会主義運動活動家は全員「ユダヤ人」であり「ＫＯＲ」のメンバーだという話もあちこちで広めました。

副首相ピカの自信と敗北

副首相ピカは一連の提案を示しながら、こうした雰囲気を利用しました。沿岸三市、四六ヵ所の職場の代表たちが彼との話し合いに応じました。副首相はそれぞれの代表が望んだ、福利厚生に関係する大部分の要求を実現すると約束しました。この中には週休二日制の導入、一五〇〇ズウォティの賃上げ、港湾労働者カードの配布、国からのグダンスク県への食肉と油の支給量の二〇％

アップ、フランス企業からライセンスを取得した建築会社をふたつ新設して、バルト海沿岸三市の住宅状況を改善すること、ポーランド統一労働者党中央委員会総会が承認するはずだった、三年の産休・育児有給休暇に同意すること等がありました。ピカは交渉がうまくいったと、自信満々でした。

だから、グダンスク滞在中に沿岸三市の工場労働者の一部が仕事を開始すると確信し、ストライキを継続している労働者たちが妨害する場合には、軍隊の出動をもって「八〇年の夏作戦」を実行するように内務省司令部に要請したのです。実際若干の労働者が工場間ストライキ委員会から離れていきました。公安の書類には以下のように書かれています。

「北造船所は『われわれと共に闘おう』と唱えていた工場間ストライキ委員会代表を中に入れようとしなかった。北造船所の造船工たちは、『ピカが要求項目を検討した時、あなたたち工場間ストライキ委員会の労働者はわれわれと一緒の道を歩まなかった。だったら自分たちだけで行動すればいいではないか。われわれは政治的要求には興味がない』と答えた。北造船所の雰囲気は良好だといえる」

諜報機関を通じて副首相の任務を監視した公安は、他の工場も北造船所の例にならったと報告しました。『秘密協力者』ステファンスキは、グダンスク船舶修理工場、ヴェステルプラッテ英雄記念北造船所、ラドゥン造船所、各発電所のストライキ委員会と、グダンスク造船所の工場間ストライキ委員会との間の調印破棄についての報告を伝えました。

また先の各工場のストライキ委員会は、工場間ストライキ委員会が要求していた政治的要求項目を破棄すると言い出しました。ピカは、グダンスクのスト参加者たちの間に分裂を引き起こすことに成功しました。また、スト実行班の一部は、ポーランド人民共和国副首相と直接交渉し自分たちの要求項目を通すことを決めました。

八月二〇日の夕方から翌日の朝にかけて、突然状況が変化しました。最終的に、沿岸三市の隣接する造船所や工場と工場間ストライキ委員会の連絡のおかげでようやく対立に打ち勝ち、ピカの任務を葬りさることができました。それは北造船所やグダンスク船舶修理工場へ定期的に出かけて、一緒に連帯してこそ成功を達成することができるのだと労働者たちを説得したアンナの功績でした。

船舶修理工場がグダンスク造船所と隣り合わせだったので、直接そこの従業員たちの所へ行けると誰かが思いついたのだとアンジェイ・グヴィアズダは回想しています。

「われわれは蓄電池車を手に入れ、橋を渡りホルム島にある船舶修理工場へ行きました。ブリキ製のメガホンを使って、アンナと私はみんながゲートに集まるように、われわれの意見に耳を傾けるように訴えました。人々が少し集まって来ましたが、彼らはさっさとお金をもらいストライキを終えて家に帰ろうとしていた人たちでした。もはや人々は実利的な意見も思想的な意見も聞きたくはありませんでした。その時、アンナは劇的な訴えで連帯するように呼びかけました。その訴えが強い印象を与え効果をもたらしたことは明らかでした。連帯はストの主要概念になりました。人々に言いたいことのすべてを、この『連帯』という言葉が表現していました。船舶修理工場は他の工場と同じように工場間ストライキ委員会へ戻って来ました。ピカ委員会は失敗しました。その結果、政府委員会と工場間ストライキ委員会の政労交渉の道が開かれました」

八〇年八月二〇日、副首相ピカの一連の提案に反して、続々と各職場が工場間ストライキ委員会に加わりました。数十時間でその数は二〇〇から三〇四まで増えました。たった一週間の間にグダンスク工場間ストライキ委員会に代表される工場の数は六九二まで増えました。個人や社会団体、労働者グループが工場間ストライキ委員会に対する支援を表明しました。

政府と工場間ストライキ委員会の攻防

八月二〇日に、ブロニスワフ・ゲレメック、アダム・ケルステン、タデウシュ・コンヴィツキ、ヤツェク・サリイ神父やイエジ・シャツキなどがいるワルシャワの知識人グループが、対話を開始し両者が歩み寄ることを求めるという特別声明を工場間ストライキ委員会に向けて提出しました。それから二日後に、この声明の発案者であるブロニスワフ・ゲレメックとタデウシュ、マゾヴィェツキが造船所にやって来ました。彼らはワレサに声明文を手渡し、ワレサは次のように答えました。

「あなた方がこの文書を持って来てくれたことを私は非常に嬉しく思う。みんなでこれを読もう。どういう人たちがこれに署名したのかなど、いろいろ思いをめぐらそう。きっと良心的な人たちの手によるものだと思う。この文書を書いたワルシャワのみなさん方がわれわれと共にあることは大きな喜びだ。この意義あるアピールの内容をしっかりと受け止めたいし、話し合いもしたい。しかし、われわれには多くのこうした手紙やアピールが来ているが、実際に助けてくれる人は少ないのだ。あの政府当局はなんでも持っている。われわれが彼らにだまされないようにするにはどうすればいいのか。ここでわれわれを助けることができるのはあなた方だ」

マゾヴィェツキとゲレメックは、助言をする形で協力したいと提案しました。それが、後に専門家顧問グループが形成されるきっかけとなりました。彼らは、アンジェイ・ヴィエロヴィェイスキ、ボグダン・ツィヴィンスキやヴァルデマル・クチンスキのような新米顧問をグダンスクに呼び寄せました。グダンスク知事イエジ・コウォジェイスキが彼らのために飛行機の座席を確保しました。内務省陸軍大佐は、将来の顧問たちに「社会主義国家のために役立つ仕事をしてくれることを期待する」と語り、ワルシャワ・オケンチェ空港で政府の支援を提供することを約束しました。

この時期、政権側にとってピカの任務の失敗がもっとも大きな痛手でした。連帯ストライキが二回目も維持されるという失態を引き起こしたからでした。

政府当局はもうひとりの副首相ミエチスワフ・ヤギェルスキをグダンスク造船所へ派遣する決定を下しました。ポーランド人民共和国政府の代表としてヤギェルスキは政府にできるだけ有利な条件を勝ち取ることを目指して、工場間ストライキ委員会との交渉にのぞむことになりました。彼は、官製労働連合組合である労働組合中央評議会のあり方を死守しろと指示を受けてグダンスクにやって来ました。また、その際、評議会の改革の必要性を強調するのが効果的だと教えられてやって来たのです。

八〇年八月二〇日、工場間ストライキ委員会は、自由労働組合の合法化が絶対に譲れない要求であることを力説して、政府代表団との交渉に入ることを表明しました。ストを行なう労働者は団結していること、スト実施行動に対する政府当局の破壊工作を絶対に許さないことも訴えました。「われわれは、『人間は生まれて自由に生きる』という言葉を実現していきたいと願っている。団結だけがわれわれの力である」と。

公安たちの分析

沿岸三市でのこの一連の出来事に対し、公安が反応してきたのは予想できることでした。すでに八〇年八月十九日には、「沿岸三市の安全と公共秩序の危機」と名づけられた公安の行動計画ができ上がっていました。これは、公安の各部署の連携体制を定めたものでした。各部署は互いに協力し合い、それぞれの工場内の状況の把握に努め、集団行動を組織して公共の平穏と規律を乱すスト指導者たちの活動を記録しました。その他、非合法の印刷所やビラ配布を制限し止めさせることや、反社会主義的グループの集会や会合を行なうことを阻止すること、各ストライキ委員会に影響を及ぼすことができる秘密協力者たちを増やすことが各部署の任務となっていました。

公安署員たちは、標的となる人物の所在と行動を常時監視していると自負していました。実際、公安の調査活動や諜報員によって、スト参加者の中でもっとも重要な人々の監視がなされていました。公安の行なった分析結果は、一部プロパガンダの様相を呈したものでした。すなわち、WZZの活動家たちとは、社会自衛委員会・KORのメンバーであり、沿岸三市におけるこの組織の支部であるという説でした。また、「WZZは、KORにより作成された長期的な政治的計画をここで実行する組織であり、働く人々の自衛体制を確立し、何よりもまず自主・独立労働組合を設立することがKORの目的である」とされていました。ところが実際には、WZZのメンバーは沿岸三市の出身者たちでした。

公安の見方によれば、「若いポーランド運動」「人権・市民擁護運動」や「ポーランド独立同盟」などの反共産主義組織は、自由労働組合を使って労働者階層を中心とする社会全般に緊迫感を生み出すことによって、自分たちの政治的目的の実現を図っているとされていました。グダンスクのオコポーヴァ通りにある公安警察本部で、「労働の妨害を積極的に支持する人々の一覧表」と、「工場間ストライキ委員会幹部会についての詳細な情報報告書」が作成されていました。これらふたつの作成書類に、アンナの特徴が記載されていました。三番目の記載事項に彼女はこう書かれていました。

「記載の人物は、バルト海沿岸地域自由労働組合で七八年に反社会主義活動を企てた。バルト海沿岸地域の工場の若い労働者たちと一緒にWZZの活動家たちの会合を組織し個人の住居を提供している。ボルセヴィッチ、ヨアンナ・アンジェイ・グヴィアズダ夫妻、アレクサンデル・ハルなどのバルト海沿岸地域の社会自衛委員会・KORの活動家たちと親しい関係を保っている。またとくにワレサと親しく接触をしている。バルト海沿岸地域での反社会主義活動家が組織した活動や催し物（十一月十一日、五月三日、十二月事件の記念日）に参加した。さらに反社会主義的な資料の配布を仲介した。職場で攻撃的態度を取り反抗的な性格を示した。労働の規則を破り一連の懲戒処分を受けるに至った。論理的な議論を尊重しない衝動的な態度が討論中に見られた。破壊工作を目論む組織などの情報を、すべて無批判に受け入れている」

この文章は、アンナにとって確かに侮辱的な内容の分析ではありましたが、グダンスク造船所の不屈の女性アンナを「静かにさせる」ことを試みた公安とその署員たちの無力さを示しているともいえるでしょう。「反社会主義的活動」を止めて自分たちに協力するようにアンナを説得する公安署員たちの「論理的見解」に対して、アンナはすでに慣れており免疫がついていました。また、上司や工場管理部が会社の労務管理を通しアンナに弾圧をかけてきましたが、それは彼女の高い職業能力を理由にしたり（例えば「テルモル」への出向）、「ビラ配布で公共の秩序を乱した」ことなどを理由とするさまざまなやり方でした。しかしこれに対してもアンナはもう動じなくなっていました。

迫害してくるすべての人間に対して、アンナは何も期待などしていませんでした。ただ単に彼らを悪に仕える人々と考えていたからです。また、八月のあのストの数日間で弾圧していたのに急に支持者に変わったような人も信じませんでした。

暴かれたレシニャックの正体

そういう急変した人の具体例として、八〇年八月二一日に起こった、ＢＨＰホールでの出来事を挙げることができます。この日の夜（二一時ごろ）、イレネウシュ・レシニャックが発言を求めました。彼はポーランド統一労働者党の活動家でありグダンスク造船所人事・社会分析事務所の課長でもありました。ほんの十数日前まで、アンナの解雇案件を担当していた男です。ＢＨＰホールでレシニャックは造船工たちとエドワルト・ギエレクに宛てた自らの手紙を読み上げました。

「空っぽな約束で国民を欺く時は終わった。なぜならばこの私、すなわちポーランド人民共和国の市民であるイレネウシュ・レシニャックは、子供の時から人民の幸福と真実を求めて堂々と生きてきた男であり、ポーランド統一労働者党党員である。三四年の人生のうち二〇年間はパン職人、炭坑夫、運転手、職業軍人として働いてきたし、そして現在は頭脳労働者として祖国に身を捧げ祖国のために働いている。これからも、あなた方と同じく、ポーランド国民としてポーランドのために引き続きねばり強く効果的に働いていきたい。われわれを愛するもの、われわれの愛する祖父、父、兄弟や姉妹たち、母や妻たちがこれまで手に入れ築いてきたものをほんの少しであっても絶対失いたくない。

同志エドワルト・ギエレクよ。ポーランド人を代表して心からお願いするが、どうかあなたにここに来てほしい。そして一刻も早くわれわれと話し合いを行なってほしい。われわれはあなただけを完全に信頼しているからだ。法王ヨハネ・パウロ二世の他に、現在の窮地からこの国を救い出す力を持つ唯一の人物はあなたなのだ。あなたは労働者や革命家の人生を知っているからである。他の誰よりもよく革命家を理解している。われわれは、あなたや、党あるいは体制に反対しているのではない。あなた方が掲げた理念を実現する方法とやり方に反対しているのだ（弱い拍手）。国民をいらだたせる態度に反対しているのである。

あなたはそのことに気づいていないし、すべてを知っているわけでない。なぜなら親切なペンキ屋のような連中が、あなたの目に入らぬようにと、こうしたすべての欠陥をかいがいしく塗りつぶしてくれてしまったからである。彼らは、こうした完全な敗北に直面している現在でさえも、あいもかわらず塗りつぶす努力を続けている（拍手）。あなたは本質的には誠実な人間であり、現況から国を救い出すことができる人間である。だからわれわれはあなた、同志ギエレクと共に歩むのである。あなたの分別と政治的経験に期待する。あなたに会うためにここで待っているのは、つまらぬことで喧嘩騒ぎを起こす人々や放埒な青二才ではないのだということを分かってほしい。そうではなく、あなたは正真正銘の労働者の代表と会うのだ（拍手、〝ブラボー、ブラボー！〟の叫び声）。最後に、この場所から、ソ連、南北のアメリカ、中国、オーストラリア、そして全世界の労働者に心からの挨拶を贈りたい。なぜなら彼ら労働者の汗と苦労が、より良い明日を築くからだ（拍手）」

アンナはレシニャックの演説に耳を傾け発言を申し出ました。マイクを手に取り話し始めました。

「レシニャックさんは大変立派な話をしましたが、真実を語ったとは思いません。二週間前の証人たちの供述は重要ではなかったのですか？『アンナの問題は、放っておけ。罰を与えろ』というすばらしい言葉を使うためにあんなことをしたのですか。私がたったひとりで闘った時のことですよ。ある時は四時間、また別の時は二時間、三時間と、所長の部屋に座らされました。あの時にレシニャックさんは調停委員会で法律顧問だと私に自己紹介しましたよね。その後であなたが人事課課長補佐であることを知りました。あの時、私はひとりだったので理解してもらうことができませんでした。今日、ここにたくさんの人がいますが、さらに計り知れない数の人々がわれわれに連帯の気持ちを持ってくれています。レシニャックさんが、平和を尊重するよう教育されたのならば、なぜ私にあのような嫌がらせをしたのでしょうか。今、私に答えてください（ホールでの叫び声「そうだ！」）。あなたは、われわれに破壊工作をしかけてきました。きっと偽りの情報を掲載したビラを撒いてはみたけれど、それが功を奏さなかったからだと思います。行政省庁の大臣たちは、それぞれの工場の方へ向かって行きましたが、レシニャックさんはここに来ています。私は本当に辛い目に合わされましたが、それはすべてレシニャックさんがやったことなのです。ですから今日レシニャックさんが話されたことを信じる理由などどこにもありません。あの時あなたは、今日と同じように確固たる信念を持って私に話をしていましたね。ただ、あの時と今日との違いは、内容がまったく正反対だということです。みなさんは自分自身で、誰が本当のことを言っているのか判断してください。この経験は、あまりにも私にとって辛すぎるので、もう話を止めさせていただきます」（拍手、ホールでの人々の感動）

「集まった群衆は（レシニャックに対し抗議の）口笛を吹いたものもいたし、あざ笑っているものもいた。その結果、レシニャックは造船所を出て行かなければならなくなった」と公安は報告しました。

西側メディアの注目

レシニャックとの出来事は、スト中のアンナの姿勢をよく示しています。WZZ時代も、そして今も、アンナは自分が熟知し、彼女がとくに大切だと判断する重要な問題についてだけ意見を述べました。八〇年八月二三日からの政労交渉中も、熱意を持って産休問題、労働法規、労働者の権利や出来高払い制など、交渉すべき課題を提示しました。

アンナは、大きな尺度を持つ問題からも逃げようとはしませんでした。公然と副首相ミエチスワフ・ヤギェルスキに対して、社会自衛委員会・KOR、自由労働組合、人権・市民擁護運動や若いポーランド運動の逮捕された活動家たちを擁護する発言を行ない、ポーランド人民共和国における人権の尊重を要求しました。そのほか、七〇年十二月事件の犠牲者慰霊碑建設、自由労働組合の合法化を当然の自分たちの権利として求め、検閲廃止までをも要求しました。

アンナは恐れませんでした。ソ連の介入を恐れる顧問たちの懸念さえも、彼女を抑えるものにはなりませんでした。彼女は多くの人たちの賞賛と高い評価を受けました。アンナは造船所にやって来る代表団と会うために律儀に時間をつくり、誰に対しても心を開いて対応しました。「世界各国のジャーナリストたち、テレビ局のカメラマンたちの群れ。彼らは私の後ろに続き、椅子を探したりしていました。私は彼らのインタビューにきちんと受け答えをしていたかどうか分からないし、何を言ったのか、よく憶えていないのです」と数年後にアンナは語っています。『いつものようにアンナは、きちんと話してましたよ』と笑みを浮かべながらボルセヴィッチが言いました」とアンナの伝記には記述があります。

すでに、アンナは世界中で知られる存在になっていました。西側の労働組合は、スト参加者たちへの支援表明メッセージを、しばしば彼女宛に送って来ました。たとえば、英国造船工労働組合の八月二二日付の電報も、そのひとつでした。この電報には、工場間ストライキ委員会のためにあらゆる支援を行ないたいと書かれていました。

『八〇年の労働者たち』というドキュメンタリー映画に記録されているとおり、アンナは突然与えられた名声に見事に対応していました。落ち着いていて、コンプレックスなどを持つこともなく、ポーランド人民共和国政府のヤギェルスキ副首相の目をまっすぐ見ながら、逮捕され刑務所に拘置されて殴られたこと、職場で弾圧されたこと、三〇年間働いた後に違法に解雇されたことなど、ポーランド人民共和国の真実を述べました。殴られた人々、おとしめられた人々、公安や警察によって逮捕された人々のための正義を、アンナと同じように要求したピェンコフスカやグヴィアズダが彼女をしっかりと支えました。

また、圧力をかけるのをやめることと、政治犯の釈放を訴えたシュチュドウォフスキの手紙や「共産主義体制打倒がストライキの目的である」ことを率直にジャーナリストのひとりに打ち明けたプウォンスカも、アンナの支えとなりました。

ヤギェルスキはショックを受けました。彼は今まで、このような形で真実に面と向かったことがありませんでした。ヤギェルスキは汗をかき、「ヴァレンティノヴィッチさん」の名前をノートに書き留めただの、合法性が大事だなどと、混乱して訳の分からないことを口ごもり気味で言っていました。

政労交渉の焦点、自由労働組合の承認

アンナは、自由労働組合の承認・登記を共産主義者たちに認めさせることが国の状況を改善する唯一の道だと確信していました。すべてのWZZ活動家たちにとってそれがもっとも重要な問題でした。どの要求項目がもっとも重要と考えるかと、ジャーナリストのひとりに尋ねられたアンナは「自由労働組合の承認です。二番目が政治犯の釈放です」と即座に答えています。

共産主義者たちや公安も、このひとつ目の彼らの要求が大切であることを認識していました。陸軍大佐ヴワディスワフ・ヤヴォルスキは内務省へ報告しています。

「グダンスク造船所ではスト参加者たちの強い求めにより、WZZ設立問題が政労交渉の支配的

テーマになった。ＷＺＺの設立、または設立の承認は、スト参加者の勝利と力の象徴となる。この問題の背後に賃上げ問題が存在していた」「工場間ストライキ委員会はＷＺＺの設立要求を諦めないし、われわれがそれを受け入れない場合、ストライキを続行する準備がなされていることが入手された情報から明らかになった。この問題の解決は、紛争全体を解決するための鍵である。約束ごとを実行しなかったり、実行過程でその内容を変更してしまうということを繰り返してきた党や政府に対する不信感が長年に渡り積もり積もってきたことが、この要求に固執させる原因となっている」

秘密協力者たちの暗躍

残念ながら、ＷＺＺの承認という最初の要求項目を排除しようとする試みは、一部、工場間ストライキ委員会の顧問を通して行なわれていました。その専門家顧問たちが、労働組合の設立に関する要求項目と、政治犯釈放に関する項目を断念するよう工場間ストライキ委員会に働きかけた時のやりとりをアンナは憶えています。アンナは交渉の最終日までミロスワフ・ホイェツキの釈放要求を副首相ヤギェルスキに願い出て、政治犯釈放を要求し続けました。

自由労働組合を承認させる闘いも、最終まで続けられました。その種の報告を確認できる記録文書が残されています。八〇年八月二五日に（秘密協力者、暗号名「漁師」または「ヤン・レヴァンドフスキ」として登録された）パヴェウ・ミクワシュにより、公安に密告された情報もそのひとつです。工場間ストライキ委員会の専門家顧問たちは、ＷＺＺの仮登記を行ない、後ポーランド人民共和国の国会に承認してもらうというやり方を提案しました。

「専門家顧問団は、政府がこの方法を受け入れることを重視している。それは、この問題を正式に処理することを数ヵ月延期させることができるし、同時に他の要求項目について具体的に交渉を始めることができるからである」と秘密協力者暗号名漁師は密告していました。

その上、八月二八日付のグダンスクの公安第二課（防諜担当）の報告では、工場間ストライキ委員会の専門家顧問団長タデウシュ・マゾヴィェツキの見解について記載しています。彼は政労合意書調印の数日前の段階で、共産政権から独立した労働組合の合法化をバルト海沿岸三市に限ることを提案してきました。

「沿岸三市に、政府が承認した自由・独立労働組合が設立されるべきである。そしてこの組合は規約に従い社会の管理を行ない、国家行政の要求することがらを履行すべきである。（沿岸三市に限った場合の）グダンスク県のこの特殊な状況は、労働組合つまりＷＺＺから離脱する必要性を持つものである」というマゾヴィェツキの見解をこの記録文書で読み取ることができます。

八〇年八月二八日に発行されたストライキの記録日誌には、第一番目の要求に関する上述の内容で、政府委員会と工場間ストライキ委員会専門家顧問たちの立場が接近したことを臭わせる内容がありました。これについて工場間ストライキ委員会顧問のひとり、クチンスキも記録しています。

クチンスキは、第一の要求項目について、マゾヴィェツキたちがいろいろに検討し、自由労働組合を認めるA案と、既成労働組合を何らかの形で改革した後、新しい組合を労働組合中央評議会に組み込むB案を提案したと書いています。しかし、B案は問題外でした。クチンスキは「B案は新しい自分たちの組合を組織するという要求とまったく相容れず、工場間ストライキ委員会幹部会では反対の意見が圧倒的だった。それはストに対する重大な背信行為と見なされた」と書いています。

ストと工場間ストライキ委員会幹部会を指導するバルト海沿岸地域WZZのメンバーたちは、この問題に関するあらゆる妥協を拒否しました。彼らは、職種別の新しい組合をつくることも、組合の役割を賃金と労働条件問題だけに限定することも、とうてい聞き入れることはできませんでした。

顧問たちはMKSのメンバーに「古い労働組合の抜本的改革ということで妥協することはできないか」と尋ねました。「われわれの準備した短い原稿が討議されました。しかし、その内容はすべての代表委員たちによって断固としてはねつけられました」とコヴァリックは語っています。さらに付け加えるなら、一週間の折衝中、この問題で何らかの妥協を図ってもいいという者はスト実行者や代表委員の中にはひとりも出なかったのです。これに関してアンジェイ・グヴィアズダが興味深い報告をしています。

「第一の要求項目、つまりWZZの承認に関して、顧問たちは職業別官製組合員の新たな選挙による選出を提案しました。びっくりした私の顔色を見てすぐに、自分たちはこの案を放棄してもよいと言いました。さらに、自分たちはあなた方にこれを提示する義務を負わされているのだと弁明するのです。いったい、誰が彼らに義務づけているというのでしょう。次に彼らは、WZZを労働組合中央評議会に登録するように提案しました。登録すればWZZは自動的に労働組合中央評議会の指導権を引き継ぐことになるだろうというのです。マゾヴィェツキは私に、これが自分のグループ全体の誰の介入も受けていない意見であると言いました。これに対して、私は顧問たちに、『ご厚意は大変にありがたいのですが』と切り出した後で『もし学者としてストを観察なさりたいのならば、造船所への通行証を手配して差し上げますよ』とわざと礼儀正しく丁寧に言ってやったのです。そうしたら翌日マゾヴィェツキは、正確に根拠を説明づけた裁判所への登録案を提出したのです。それはストを実行する人々の立場に合致していたので、マゾヴィェツキ集団も顧問の地位を維持することができたのでした」

内務省筋の見方

クーロンは後年になって、「マゾヴィェツキを中心とした顧問たちは、自由労働組合の承認に関して欲張りすぎた交渉条件であり、取り下げるべきだという確信を持っていた。しかし造船所と沿岸都市の労働者の妥協しない態度に折れたというわけだ」と書いています。

マゾヴィェツキを批判したクーロンは、自分が管理していたKORの新聞「ロボトニック」の八〇年八月十五日付の記事に「何を要求するのか」というタイトルの記事を掲載しました。そこで彼自身も、ストを実行する労働者たちに、工場評議会選挙を行なうこと、または労働者委員会を組織することを指示していたのですが、それをすっかりと忘れてしまったようです。

一方、第一の要求項目に対する共産主義者たちの対策がどんなものであったか、それを明かす興味深い記録資料が存在します。八〇年八月二九日の内務省第三局の情報によれば、政府側が、この要求項目の排除を試みる過程で、ＫＯＲ左派が第一項目を要求することに反対であること、この件に関するワレサの優柔不断な態度を利用しようとしていたことが明らかにされています。その内務省の情報は、次のようなものでした。

「以下、カロル・モゼレフスキが八月二七日、グラジーナ・クーロンとエヴァ・クリックと共に行なった話し合いで語っている内容である。政府は第一の要求項目つまり自主労働組合を組織することを実現する状況にはない。ところが造船工たちは『自由な造船共和国』をつくり上げたと思い込み、この地方全体を従えていると考えているため、政治的な状況、とりわけ国際的な政治状況を理解していない。ＷＺＺ問題で妥協を受け入れなければいけないと工場間ストライキ委員会幹部会を説得できるのはワレサしかいないというのが、専門家たちの見解だった。ワレサ自身が自分たちと同じ考えである場合に限ってのことだが、そのワレサも、代表団を説得することはできないだろう。できるだけ早く国を平穏にする必要があるため、政府は大幅に妥協するだろう。今のところは静かであるが、政府により社会的契約が破られた場合には、心理的にも社会的にも爆発を抑えられないだろう。また軍隊による造船所占拠の試みは流血を招く。他方、自主管理労働組合に政府が同意するとしても、その組合は大きなふたつの欠陥を持つものとなる。

ひとつは、この組合は現体制の枠組みを越えたものであるがゆえに、不安定なものとなるし、危険にさらされるだろう。もうひとつは、地方色を帯びた組合にしかならないということだ。他の地方ではポーランド統一労働者党中央委員会第五回総会で提案したような組合だけになるだろう。この話し合いでは、専門家集団がグダンスクの工場間ストライキ委員会に妥協するように説得したことが明らかにされている。そしてストライキ委員会に官製労組を受け入れ、さらにストライキ委員を選挙によって選んだ時と同様に、委員を選挙で選んだ労働者委員会を設立することを勧めたことが確認された。それは、公式な組合と同様の力を持つものであることも語られた。労働者委員会の権限は自由な労働組合と何の違いもないものであり、それは議論の余地ある諸問題を解決するであろうというのだ。話し合いを行なったこの三人の見解によれば、造船工たちは彼らの行動が社会自衛委員会・KORとは無関係であると考えている。しかし、工場間ストライキ委員会が自分の要求を獲得した場合、社会自衛委員会・KORの影響力を拡大できるはずだと話し合った」

さまざまな駆け引き

八〇年八月ストの後に「グウォス」紙とアントニ・マチェレヴィッチのまわりに集まった社会自衛委員会・KOR内の活動家グループが、クーロンや彼の仲間の構想に反対して登場しました。西側の新聞に対して、自由労働組合の「誕生の必要性」を語るマチェレヴィッチの発言を、八〇年八月十六日すでにワルシャワの公安は記録しました。また八〇年八月二〇日付の「自由労働組合」の綱領に関する記事で、マチェレヴィッチはポーランドの独立の展望の見地から、組合の自主管理運動の概念を提示しました。数日後彼は、グダンスク造船所におけるグダンスク工場間ストライキ委員会が正式に決定した綱領の実現を「保障」するものは自由労働組合だけだと力説した記事「解決への道」を書き、自分の立場を明確にしました。

こうして自由労働組合の周辺では、秘密裡にもしくは半秘密裡にさまざまな駆け引きが展開されていましたが、ストに参加する人々は、もっとも重要な要求を実現するための勇気と断固とした姿勢を持ち続けました。工場間ストライキ委員会全体と労働者一人ひとりが一体となったことが、それを可能にすることができたのです。そして、ついに共産主義者たちが降伏しなければならなくなったのです。

工場間ストライキ委員会付属の専門家顧問団に当初所属していたヤドヴィガ・スタニシュキスはこの問題を正しく把握していた人でしたが、彼女はマゾヴィエツキと党の指導的な役割に関して言い争いをした後グダンスクを去っていきました。彼女は言っていました。「スト実行者の信頼を失わずに、WZZ設立の要求を放棄させられるような力のある者は誰もいない。WZZの要求を放棄する場合には、スト参加者たちの支持を失い、同時にすべてを最初からやり直すことになる」と。

しかし、八〇年八月三一日の合意で、ある妥協が行なわれました。自由労働組合（WZZ）の名称が放棄され、自主管理労働組合という名称になったのです。

アンジェイ・グヴィアズダは次の見解を示しました。

「合意書に記載された〝自主管理労働組合〟という名称で妥協することは、内容的には何も変わるものではありませんでしたが、ポーランド統一労働者党にとっては、彼らの威信を保つために非常に重要でした。この妥協のおかげで、交渉で勝ち取れたことも多かったのですが、その反面、私は内心、もし新しい組合が独立性を失い最初からやり直しをしなければならなくなった場合、WZZの名前が、きっと役立つだろうと考えました。しかし、あの時あれ以上の何かを勝ち取ることが可能だったのかどうか、今でも分かりません。政府側に聞いてみたとしても、やはり、それでも答えを見つけることはできないでしょう。なぜなら政府側は全員一致の態勢ではなかったからです。政府側の合意を支持した人々の中には、公安がどんなに強い破壊手段を持っているかを知っていた人がいたでしょうし、また体制の変革の計画が、その当時かなり熟していた段階に入っていたことを、こっそりと知らされていた人がいたのかもしれません」

ソ連官僚の危機感

しかし、その時すでに、ポーランド人民共和国政府がソ連の「体制変革」＝ペレストロイカをすでに知っていたのかは疑わしいところです。政府中枢や党内は、落胆的な空気と、好戦的・楽観的ムードとで極端に分かれていました。後者は「何も終わったわけではない。むしろ新しい闘いが始まったのだ。イデオロギー闘争の幕が開いたのだ。われわれはこの闘いに勝たねばならない」とポーランド統一労働者党ワルシャワ委員会の活動家たちは心を落ち着かせました。

ソ連の文書には、このような楽観主義はありません。数年前に明らかにされた八〇年九月三日付のソ連共産党中央委員会政治局がソ連国家保安委員会（ＫＧＢ）のために作成した議事録の写しはいかなる疑問も残していません。

「合意書は、反社会主義対抗派の合法化を意味している。国中に政治的影響力を手に入れる権利を主張する組織が生まれているということだ。この組織との闘いは複雑である。なぜなら対抗派たちが、働く人々、すなわち労働階級の擁護者として偽装しているからだ。対抗派勢力は、その目的の達成のために闘いを継続するだろうが、党や社会の健全な勢力は、ポーランド社会を後退させる運動に甘んじることができない。よって、達成された妥協は、過渡的なものでしかない。対抗派は外国勢力の援助を期待しているし、それを受け取るだろう。多くの労働者階級をまちがった方向に導く力を持つ反社会主義的勢力の圧力によって、ポーランド統一労働者党は防衛することを余儀なくされた。今、反撃を準備し、そして労働者階級と社会の中で失われた地位を取り戻すことが課題である」

ソ連政治局の状況分析は、「友好的な」公安警察の活動に置き換えられました。準備状況としてＫＧＢの「ポーランド支部」が置かれました。またグダンスク、クラクフ、ポズナンやシュチェチンのソ連領事館に、ポーランド語を話す将校たちが増員されました。ポーランド国内には「密入国諜報員」と呼ばれる者たちが出没しました。彼らは、上手にカムフラージュされた「チェーカー（KGBの前身組織）要員」であり、西側の旅行者のふりをし、ポーランド反革命勢力に対する諜報活動を担っていました。東ドイツ秘密諜報部職員の活動も活発化しました。そして彼らはグダンスク調印合意書の後、「ワルシャワグループ作戦」といわれる行動を開始しました。

八〇年八月三一日付合意書の調印者たち（この中にアンナもいた）は、ソ連帝国全体ではゆゆしい背信行為を行なったことになります。調印者たちは国家におけるポーランド統一労働者党の指導的役割に異論を唱えたのです。ある意味、グダンスクのポーランド統一労働者党本部を焼いた七〇年十二月事件の労働者たちの遺言を、より効果的なやり方で実現したともいえるでしょう。自分たちの目的は独立と民主主義であると公言することはできないので、体制との正面衝突を避けて、共産主義者たちとの「合意」に基づく妥協の道を選んだのだといえるでしょう。

八〇年八月事件は、これまで党や行政機関が生産過程における管理者になっていた体制での抜け道をつくった行為でもありました。官製労働組合はこの体制を手伝う単なる飾り物になっていました。共産主義者たちから自主・独立した労働組合を闘い取ることは、エドワルト・ギエレクを打倒しスタニスワフ・カニア政権へ導いただけでなく、これまでの「社会主義的秩序」を崩壊させることになりました。

この時期党員の中には、「八〇年の夏」が起こってしまった原因を探ろうとする者も出て来ました。その答えを「西側から輸入された『反革命』」思想の中に求める党員もいましたが、政府当局の高慢さや「労働者階級」への裏切りの中に求めるほうが妥当だという考え方が多くなりました。グダンスク合意書の調印から一ヵ月が経過したころ、造船所所長グニェフは、工場間ストライキ委員会の綱領は党の綱領になるべきだと発言しました。そんな中、党員の人数がどんどんと少なくなっていきました。

「誰かの微笑がもうひとつ増えるように」

ようやくグダンスク・ヴジェシュチュにある自分の小さな住居へ戻って来たアンナは、非常に疲れていましたが幸せでもありました。造船所を最後に去ったのが、アンナでした。「私が最後に造船所を出ました。残された大量の紙類、マットや毛布を何とかしなくてはと、女性として責任を感じました。ともかくこれらをどこかに持って行き、保管しなくてはいけません。いつものようにピェンコフスカが私に同伴しました。所長のところへ行きました。所長がどこかに電話をかけ、『車がすぐに来ますよ。どうぞ使ってください』と私に言いました。こんなことが、あとどのくらい続くのか。必要ではなくなる時まで続くのだろう。とにかく何事かが起きたということです。もはや以前の世界ではなくなりました。車を使ってくださいという所長、その所長が、軽蔑ではなく、敬意をこめて私の名前を呼ぶなんて。私はゲートに掛けられていた法王の肖像画二枚と、小さめの聖母マリア像をひとつ運び出し、工場間ストライキ委員会へ持って行きました。二一時でした。雨が降っていました」

大ストライキは終わりました。「もう恐れる必要はないんだ」とアンナはため息をつきました。一つの道のりの、ある段階を終えたように感じました。

後になって、アンナは次のように語っていますが、彼女には自分をそう語る権利が十分にあると思います。

「私は、ポーランドの変革のきっかけとなった人間です。しかし、実際には、それは私だけではありません。私が英雄だとすれば、それは耐えることができたからだと思います。降参しなかったからです。バルト海沿岸地域自由労働組合が誕生したから、仲間がいたから、私は耐えることができたのです」。本当です。彼女がポーランド変革のきっかけとなった女性なのです。

クーロンは後年語っています。

「アンナを追放しようとしたことがストのきっかけのひとつでした。特別な状況の中、アンナは運動の渦の中に投げ込まれることとなりました。機械産業工場でのノルマが引き上げられ、調理済み加工食品が値上げされ、アンナ・ヴァレンティノヴィッチが解雇されることが発表されたのをきっかけに、このストライキが勃発しました」

たとえ八〇年八月事件以後内部分裂したにしても、沿岸三市のWZZの仲間は自らの目的を実現しました。厳密に言えば、仲間のひとりであったワレサが離れただけでした。彼は、WZZのおかげで公に知られるようになったにもかかわらず、スト決行中徐々に仲間に対して自分の自主・独立性を強調するようになりました。大多数のWZZメンバーの信頼を失い、ゴマすり連中に取り巻かれました。ストライキ直後、若いポーランド運動の雑誌「ブラトニャック」の欄では、ワレサが「指導者の役割を担うにふさわしい人間に成長した」「国民的英雄だ」と紹介されました。こうした讃美を読んだワレサは「自分が指導者である」と思い込みました。しかしアンナはこのようなことを気にとめませんでした。

アンナは自分にも他人にも繰り返し言いました。

「何よりも、不当に扱われた人々がいないように、目を光らせていなければならない。困っている人々に手を差しのべたい。人生の中で、私は数知れぬ多くの涙を流してきた。だからこそ私自身が人を助けることで、誰かの微笑がもうひとつ増えるようにしたいのだ」

第五章　ヤツェク・クーロンは私の家で暮らしていた

「連帯」の誕生（一九八〇年九月一日〜十七日）

レフ・ワレサ、アンナ・ヴァレンティノヴィッチ、ヘンリカ・クシヴォノス（左から）

職場復帰、組合の専従に

一九八〇年九月一日月曜日朝六時、アンナは造船所に出勤しました。その日は再びグダンスク造船所の正規の労働者となる日となりました。工場管理部の決定で八〇年二月一日（資材管理・倉庫部へ転勤した日付）以前の条件でW―2部門の仕事に復帰したのです。W―2部門のロッカールームでアンナは作業服に着替え、クレーンのある自分の持ち場へ向かいました。

しかし、クレーンを稼働させる時間はありませんでした。なぜなら、その前日の、政労交渉合意書の調印に関するテレビ・ラジオが伝えた報道を信じられないというシロンスク地方の労働者代表団が、実際はどうなのかを確かめるために、グダンスク造船所にやって来たからです。アンナは、合意書が調印されたのは事実であり、共産主義政権から独立した自主管理労働組合が誕生することになったのだと彼らに説明し、同時に八月の政労合意の議事録の原本を見せました。

この時アンナは、彼女が組合の仕事やその組織づくりに不可欠な存在だと説得したWZZの仲間の言葉を思い出し、ひょっとすると彼らは正しいのではないかと考えました。アンナは自分の居場所はクレーンのある作業場だと思っていたので、最初は仲間の勧めを断っていました。それに自分が重要な人間だなどとは夢にも思っていなかったし、何より作業の現場で仕事をすることを望んでいたのです。そこでアンナは、愛する夫の眠る墓の前で、この件についてよく考えてみようと墓地に向かいました。

その翌日、アンナはもう造船所W―2部門には戻りませんでした。組合の専従として正式に働くことにしたからです。九月三日、工場間設立委員会が手配してくれたおかげで、本来の職場では無給休暇を取ることが可能になり、その結果組合の仕事に専念できることになりました。

もっとも、これは当然の成り行きでもありました。なぜならこれまでの工場間ストライキ委員会幹部会のメンバーは、九月一日付で自動的にグダンスク独立自主管理労働組合工場間設立委員会（MKZ）幹部会のメンバーとなることに決まっていたからです（グダンスク合意書第四条）。また、それと同じ原則に則って、グダンスク造船所の自主管理労組設立委員会の幹部会メンバーにもなりました。

グダンスク工場間設立委員会の設立間もない時期、幹部会のメンバー全員十九名、連日朝方から夜中まで委員会の仕事に従事するという毎日が続きましたが、その間一日二回の正式討議が行なわれていました。そこでは、八月三一日の「グダンスク政労合意書が実際に守られているかどうかを監視すること」、将来の組合規約を作成することがもっとも重要な課題となっていました。九月四日、MKZ幹部会は、「組合の組織の編制を上から指揮する役割を担うことはしないが、自分たちの考えや提案を提起し、さまざまに寄せられてくるアイデアを調整してまとめていくことに尽力する意向である」と表明しました。その出発点となったのは、八月三一日付「連帯ストライキ情報」の特別付録に掲載された、独立自主管理労働組合の規約の草案でした。この付録では、グダンスク・バルト海沿岸地域以外の場所に拠点があり、八月ストの際に各工場を代表した設立委員会すべてが加盟できる工場間組合組織が誕生したことも報告されています。

「組合指導マニュアル」、役割分担

この時期、共産主義政権から独立した労働組合は全国に普及し、すでに一般的な現象となっていました。政府当局はこうした動きに慌てましたが、もはや、この流れに歯止めをかけることはできない状態でした。党の報告書には「工場間設立委員会の扇動行為に拍車がかかっている。工場間ストライキ委員会（ＭＫＳ）の人間は、新しい組合への加入を希望する者の名簿に署名を集めるため、すべての工場に潜入している模様である（加入宣言署名は、ＭＫＺの決定により、公式のものと認められ法的効力を持つとされていた）。ストライキ委員会は、いまだ活発な活動を続けている。このストライキ委員会の影響の下、新しい組合への加入を表明する目的で、勤務時間内に大人数の集会やデモを組織している」と書かれています。

工場間設立委員会は、特別な「組合指導マニュアル」を作成して、組合組織や規約に関する留点や提案を提出するよう呼びかけました。また同時に、政府から独立した組合を各職場で組織する方法、工場内の設立委員会の選挙による選出方法が説明されており、新しい組合と労働組合中央評議会（ＣＲＺＺ）との関係も定義されていました。さらに国際労働機関の労働組合に関する条約の解説、また、八月に勝ち取ったスト権の内容や、賃上げ要求の闘争方法、そして団体交渉の内容説明が掲載されていました。

このマニュアルは非常に大切なものでした。なぜなら工場の管理部が、自主労働組合を妨害しているという情報がMKZに伝わってきたからです。しかし、このように多岐にわたった課題・問題をこなしていくには、多くの人手が必要であるだけでなく、MKZ内で役割分担を決めることが必須という状況になってきました。

そこでさっそく九月四日、工場間設立委員会幹部会で、それぞれのメンバーの役割分担が次のように決定されました。アンナは組合財政と問題解決のため介入を行なう部門の担当、ヨアンナ・グヴィアズダはメディアと宣伝担当、ピェンコフスカは事務局と資料管理担当、クシヴォノスは経済担当、アンジェイ・グヴィアズダとアンジェイ・コウォジェイは各工場設立委員会との連絡調整担当、グルシェツキは労働者文化センター担当、リスは政府と調印した合意書の実現の担当でした。

今後は、レフ・ワレサ（委員長）、アンジェイ・グヴィアズダ（副委員長）、ボグダン・リス（副委員長）、そしてレフ・ソビエシェックが、ポーランド人民共和国政府当局との交渉というもっとも重要な任務に従事することになりました。その他、レフ・ボントコフスキには引き続きメディアスポークスマンの任務をゆだね、MKZへの助言者レフ・カチンスキやマリウシュ・ムスカットには、社会調査センターの設立のための業務を依頼することになりました。

こうして、ワレサ、コウォジェイ、リス、グヴィアズダ夫妻、ボルセヴィッチ等と並んでアンナはやがて誕生する「連帯」の精鋭指導者のひとりとなりました。彼女は、バルト海沿岸三市だけでなく全国の人々から敬愛されていました。誰もがみんな、すべての始まりとなった女性であるアンナと知り合いになりたいと願ったのです。彼女自身は自分に優れた政治的才覚があるとは思わなかったし、自分のために名誉や組合内での地位を手に入れたいなどと望んではいませんでした。つまりは控えめなクレーン工のままだったのです。アンナは、自分の住まいや、グダンスク・ヴジェシュチュ地区にある、決して大きいとはいえない工場間設立委員会の部屋で、全国からグダンスクにやって来る数百人の訪問者を受け入れていました。

ヤストルンが執筆したアンナの伝記の中には次のように書かれています。「彼女の住まいや工場間設立委員会の部屋はいつも人の出入りが絶えず、もらった花束でいっぱいでした。グルンヴァルツカ通りのピカピカに掃除されたアンナの家では、ドアがいつも開けっ放しの状態でした。アンナは好んで自分の人生について語っていたように思います。彼女はいつも本当に正直に自ら歩んできた道を語り、そこにはコンプレックスなどかけらも感じていないことがよく分かりました」

ヤストルン自身も彼女の心を開いて語ることができる人柄に強い感銘を受けたと書いています。「自分の話をしている時、泣いてしまうこともしばしばでした。自分の人生で恥じることなどなかったように、涙を流すことも恥じる必要などないと思っていたからだと思います」

非常に厳しいワレサの立場

しかし、二年前から引きずっていた「仲間内の人間関係の問題」が起因して、八〇年九月、すでにアンナは政治的な駆け引きやさまざまな出来事の真っ只中に立たされることになってしまいました。この一連の出来事は、「連帯」の「その後」に大きな意味を持つことになったのです。これから設立しようとしていた組合の将来を左右するようなことでした。自伝の中でワレサは八〇年九月初めの出来事に言及しています。

「スト終了後、数日してから、娘マグダの教母になる予定のアンナが私の家にやって来た。アンナは、同僚として言わせてもらうのだがと前置きして、非常に具体的な提案を私にしてきた。『工場間設立委員会委員長の辞任を表明してほしい。あなたでは無理だ。グヴィアズダ、クーロンあるいはモゼレフスキのような人、あるいはもっと他の人でもよいが、新しい発展段階にふさわしい人がトップに立つべきだ』と言ったのだ。なぜ彼らを推薦するのかその理由は定かではなかったが、彼女の言いたいことは明らかであった。私には、その能力がない、多くの要求に対して革命的ではないと言いたかったのだろう。

彼女によれば、私が当局の言いなりになっているのだそうだ。こうした意見はアンナだけの考えではなく、バルト海沿岸地域WZZメンバーでも影響力を持っている一部の人たちが言っていることだと思われた。彼らは果たして正しいのであろうか。私は時間がその答えを出してくれるはずだと思った。私の地位に異論を唱える者たちが、たえずグダンスク工場間設立委員会でくすぶっていた。私はストを勝利に導いたからこそ、この地位を手に入れることができたのだが、そうではなく私がそれを『横取りした』と彼らは言っているのだ。

こうした傾向は、閉鎖的な少数グループの中だけにあったものだ。私を批判している者たちは、そのグループ以外では公言はしていない。なぜなら、私の指導者としての立場を検討する余地があるなどとはまったく考えていない造船所の連中や、多くの組合員の反応を恐れているからだ。私はみんなに対して責任を感じていたし、みんなが支えてくれると確信していたので、こうした傾向を無視することもできたわけだ。だが、その反面、彼らの存在を忘れることもできなかった」

二〇〇五年、ワレサが筆者に送ってきた手紙では、アンナはクーロンが仕掛けてきたワレサとの闘いに「利用」されたのだと書いてきました。さらに「トップ争いが行なわれていた当時、私はまだあまり知られていなかったので、みんなはグヴィアズダが指導者になると思っていた」と書いてありました。

自伝と手紙の中でワレサは、連帯が発足しようとしていた八〇年九月の初旬からもうすでに、自分の地位を守るために闘わなければならなかったと断言しています。また、WZZグループの中で彼に対する陰謀が企てられ、その目的は工場間設立委員会・自主管理労働組合「連帯」委員長の地位をワレサから剥奪することであったと言っています。アンナはその陰謀者たちの「郵便配達人」の役目を負わされていたにすぎないと、ワレサは信じて疑わないのです。ワレサはこれについて、さらに具体的に述べています。

「私を退却させる試みはストの後、九月三日にすでにヤツェク・タイロルの家での会合で行なわれました。この会合にはグヴィアズダ夫妻、ヴィシュコフスキ、ボルセヴィッチとクーロンが参加していました。誰かが言いました。『軍曹たちは戦争に勝った。今度は将軍の時が来たのだ』。軍曹つまりレフ・ワレサです。軍曹は出る幕ではないというのです。そこで私は思案しました。ああそうだ、彼らは七〇年代の古い出来事にまだこだわっているのだと。いわゆる私のスパイ説を彼らはまだ信じていたのです」

「塹壕の軍曹」

ここでワレサの話に「軍曹」という言葉が出てくるのは、ドイツ週刊誌「デア・シュピーゲル」の記者ジークフリート・コゲルフランツが書いた、八〇年九月八日付の記事に関係づけて語ったからです。コゲルフランツは、工場間ストライキ委員会・工場間設立委員会幹部会委員長であるワレサをさして言ったヤツェック・クーロンの「塹壕の中の軍曹」という言葉とカトリック民族主義者という言葉を引用しました。

これはクーロンの許可を受けずに掲載されたものでした。この記事によれば、ストライキを指揮したのはクーロン派の人間であり、労働者たち（ワレサを含む）は単に社会自衛委員会・ＫＯＲの命令を実行したにすぎないとクーロン自身が述べたことになっていました。これ幸いと直ちに共産主義者たちは、社会自衛委員会・ＫＯＲのメンバーが、労働者たちを操作していたことを広めようと、あちこちでコゲルフランツの記事の抜粋を公表しました。「デア・シュピーゲル」誌の記事の一部は翻訳され、弁護士であるヴワディスワフ・シーワ・ノヴィッキによってワレサの手元に届けられました。

ワレサの自伝では、WZZグループ（指導者たちやボルセヴィッチと繋がっていたビラ配布人や印刷工たち）のほとんどの者が反ワレサだったということが明確に記述されています。それは、七〇年十二月グディニア事件の後の、公安との関係についての不明瞭な言い訳が、彼らの記憶にまだあること、また八月のグダンスク造船所ストの際の不誠実な態度などが原因だろうと書いています。

ワレサの人生の知られたくない汚点と彼の独特な性格は、これから誕生しようとしている労働組合にとって致命的なのではないかと警戒されていました。また、ボルセヴィッチ、グヴィアズダ夫妻などのように、WZZの活動を継続させて、ワレサが先頭に立つ組合からは手を引くほうが無難かもしれないと考えている人もいました。ストの後、夫アンジェイに活動をやめた方がいいと勧めたヨアンナ・グヴィアズダは次のように述べています。

「私はワレサが先頭に立っているかぎり、直ちにすべて失敗に終わってしまうのではないかと恐れていました。アンジェイも同じ意見でした。しかし一生懸命やってくれている人がいて、幹部だけではなく労働者のみんなで民主的な姿勢を維持していく限りは、ワレサの破壊的な行動は効力を持つことはないだろうと、アンジェイは考えを変えました。したがって私たちは組合に残る決心をし、それで話し合いを終わりにしました。人々の目には、ワレサは不屈の指導者だと映っていましたが、私たちにはそれが理解できませんでした。だからといって『王様は裸だ』と叫ぶことはまったく無意味でした。人間とは自分に見えるもの意外は何も見ようとはしないからです。公安はワレサを支え、良いことだけを謳いあげる一方で、自主独立を求める活動家たちを抹殺しようとしていたことは丸見えでした。ワレサはそのお返しに、政府当局が厳しい状況にあるとこれを助けていました。それは目的を共有している者同士が結ぶ自然な形での同盟でした。そうしてワレサは自分の競争相手となりうる人間や自分の邪魔となる人たちを次々に消していったのでした」

ワレサが邪魔できないように

当時工場間設立委員会で印刷の仕事を担当したりビラ配りの役目を果したりしていた、ＷＺＺを直接に後方から支援していた活動家の間でも、同じような議論が沸き起こっていました。八〇年九月の第一週のことです。ヤン・カランジェイとミエチスワフ・クラムロフスキが借りていた、グダンスクのマトカ・ポルカ通りにあるアパートで、グループの今後の方針を決定するための会合が開かれました。このふたりの他にブキェヴィッチ、ニェズゴダ、ズボロフスキ兄弟、ジャブチンスキが話し合いに参加しました。ＷＺＺのリーダーではアンナ、ピェンコフスカとボルセヴィッチが来ていました。レシェク・ズボロフスキがこの会合について書いています。

「大部分のＷＺＺのメンバーにとって、今回はもう軌道修正がむずかしい状況であるというのは明らかでした。あの時われわれがワレサのことをどう思っていたかを表す、ふたつの出来事がありました。ストのすぐ後、ＷＺＺの活動家の大多数がマトカ・ポルカ通りにある家へ行きました。会合は下部からのイニシアチブで開催されたものでした。かなり前から状況が緊迫していたので、本当に来られないというメンバーだけが欠席していました。ワレサが来ないことは予想できました。この会合が、自分自身について話し合われるのだということをワレサは十分承知していたからです。アパートの隅までぎっしり詰まっている仲間たちは、現在準備段階にある『連帯』の指導者としての役割から、ワレサを直ちに退任させる方策を取るよう、声をそろえてＷＺＺのリーダーに要求しました。当時もっともワレサをよく知っていた人々がワレサのことをどう思っていたのかが、この要求に反映されています。

ワレサは何者であり、何をしている人間なのかを知る数十人のグループが存在するその一方で、彼を突如として出現した、時の革命家だと信じている数百万の群衆がいたのです。話し合いは夜遅くまで続き、最終的に結論を出しました。この段階でワレサの真実を暴露することは『連帯』結成問題に傷を付けるだけであるという結論でした。唯一できることは、今実現しようとしていることをワレサが邪魔することができないように、できるだけワレサのそばにぴったりとくっついているしかないという意見でまとまったのです。したがってＷＺＺの活動を一時的に中断し、新しく誕生する『連帯』結成のための行動へ移行することを決めました。

この時期『連帯』は希望であると同時に、政権側にとってはいつわりの約束であったことを憶えておかねばなりません。冷静にものを見ていた人たちは、政府は『連帯』を許容しているものの、潰しにかかってくるのは時間の問題だと確信していました。だからこそ、短い雪解けの時間を有効に利用するために、刻々と移っていく一連の出来事になるべく近くから関わることが、賢いやり方であったといえるでしょう」

ワレサをささえた専門家顧問団

クーロンは、ワレサに関するさまざまな疑惑をすべて聞いて知っていました。ずっと以前から共に活動をしてきたボルセヴィッチが、バルト海沿岸三市で何が起きているか、詳細をクーロンに知らせていたからです。公安の見解では、ボルセヴィッチはWZZ発足当初から、社会自衛委員会・KORの指示でWZZに「指示を与える」役割を果たしてきたことになっていました。

スパイ「ボレック」(ワレサの暗号名)の問題について、九二年にクーロンは「最初から知っていた」と書いています。ボルセヴィッチの他に、クーロンはWZZの仲間ほとんど全員(ムィシュク、ヴィシュコフスキ、アンナ、ワレサ、グヴィアズダ夫妻など)と親交を保っていました。こうしたワレサの秘密については八月事件以前にWZZで幅広く話し合いがなされていたので、クーロンが知っていたのはむしろ当然のことでもありました。八〇年の出来事を回想した際に、アンナは、クーロンが、ワレサの経歴にスパイ疑惑があることに関心を持っていたと述べています。またクーロンが、内輪だけの会合では、ワレサは過去に「密告していた」と断言していたことも憶えていました。実際クーロンは、第一次「連帯」期（八〇〜八一年）に、ワレサの経歴の知られていない汚点に強い関心を寄せていました。

公安に記録された情報によれば、社会自衛委員会・KORはワレサを告発する材料を所有しており、KORにとって必要な時（ワレサがKORを攻撃してきた場合）には使われることとなるだろうと書かれていました。この時成立しつつあった社会運動に関するクーロンの方針は、何よりもまずKOR左派の思想にその社会運動を従属させることでした。WZZから自由になろうとしていたワレサこそ、自分の思想実現を邪魔する人物であったと考えていたのです。そのワレサを支えていたのが、タデウシュ・マゾヴィエツキを筆頭とした専門家顧問団でした。マゾヴィエツキと彼の側近たち（ブロニスワフ・ゲレメック、アンジェイ・ヴィエロヴィエイスキやヴァルデマル・クチンスキ）は団結の固いグループを形成しており、グダンスク工場間設立委員会の専門家顧問団になっていました。

しかし工場間設立委員会幹部会は、顧問団を完全に受け入れていたわけではありませんでした。幹部会の多くはマゾヴィエツキ顧問団に対しては慎重な姿勢で臨む一方で、クーロンに対しては、それほどの警戒心を持っていませんでした。これにはそれなりの理由がありました。クーロンが刑務所に入っていた八〇年、マゾヴィエツキ、ゲレメック、クチンスキらは、自由にグダンスクへやって来れたことを、WZZのメンバーたちは憶えていたのです。この時期、専門家顧問団やワレサ自身もクーロンを批判し、「反体制派の人（クーロンのこと）がMKZの正式な顧問となることに賛成できない」と言っていました。

WZZは八〇年九月初め、マゾヴィェツキやワレサの立場に対抗して、追加補充という形をもってレフ・カチンスキとクーロンを工場間設立委員会付き専門家顧問団に選出しました。これは、工場間設立委員会幹部会に属しているWZZのメンバーのとったイニシアチブで行なわれたことでした。

「このふたりの組合顧問だけが実質的に役立ちました。なぜならマゾヴィェツキ顧問団の全員が組合活動に関して全くの無知であったし、ワレサを通して『連帯』に対する自分たちの影響力を強め、WZZのメンバーを排除することにひたすら専念したからです。マゾヴィェツキとクーロンは『後方から』組合を指導することを狙っていたのです」とヨアンナ・グヴィアズダは語っています。

クーロンの計画と夜の転機

ヴァルデマル・クチンスキは、この時期グダンスクを中心に新しい労働組合の主導権争いが展開され、全国規模に及んだと述べています。この内部闘争に勝利を収めるため、クーロンは、昔のバルト海沿岸三市の出来事や、WZZ仲間とワレサの顧問団との間に存在した、理念と方針の対立を利用することにしたのでしょう。

八〇年九月二日、クーロンはグダンスクへ向かう途中、自分の組合への影響力を掌握して、その中央集権化を阻止し、マゾヴィェツキを追いやる試みを展開していこうと考えていました。マゾヴィェツキも中央集権化された組合構造に反対はしていましたが、クーロンとはことごとく衝突していました。しかし自然の流れの中で、これから誕生しようとしていた組合の中心拠点になった沿岸三市の地で、クーロンひとりだけでこの計画を実現することは不可能でした。

したがってクーロンがWZZを同盟者として選んだのは当然の成り行きでした。まず、WZZはワレサに批判的でした。また体制側の人間によって上から組合を抑え込まれてしまうことを恐れ、組合の中央集権化に疑問を持っていました。そしてその抑え込みは、地方に存在する民主主義をも制限してしまうことになると考えていました。

組合の全国組織をつくることとは、それ自体がある問題をはらんでいました。それはグダンスク政労合意書第四条に「単一の組合の設立か、または沿岸地域規模での組合設立にするか、どちらかを選ぶ自由」という条文があったからです。予定されている工場間設立委員会全国大会の前に全国組織の組合をつくる構想を強調することは、共産主義者たちに不必要に騒がれてしまう可能性がありました。共産主義者たちが、これは独立自主管理労働組合(NSZZ)の八月合意に反すると不要な口実を与えかねないものだったのです。実際、グダンスク工場間設立委員会との話し合いで、政府当局の代表者たちは八月三一日の合意書第四条を指摘し、この合意書が地方にだけに適用することになっていることを強調してきました。

「八月ストの後、指導者になったことによって、ワレサの国と自分自身に対する態度は、別人になったように変わった。それを誰も理解していない」とマゾヴィェツキは発言しています。そしてクーロンがグダンスクに到着してから状況がかなり劇的に変わったと付け加えました。「私が風邪で倒れていた時クーロンがグダンスクへ行った。クーロンはこれまでとは違った影響下で動き始めたような気がした。新たな内部闘争が起こり始め、幹部会の中でワレサは非常に厳しい立場に置かれることとなった」

工場間設立委員会の話し合いでレフ・ボントコフスキは、クーロンについて「彼は多くの問題を理解していない。おまけに自分の政治的リーダーシップを押し付けたがる。党で教え込まれた共産主義方式を使いたがる」と語っています。WZZの活動家であり、グダンスク造船所のストライキを組織した「連帯」共同設立者のアンジェイ・コウォジェイも、八〇年九月に、ワレサを追い出し、彼が公安のスパイであることも暴露しようという計画があったことを述べています。「ワレサがスパイである事実を明るみに出す計画があったが、残念ながらわれわれは合意に至らなかった。リスが反対したのだ。ヨアンナ・グヴィアズダは賛成していた。反対者の中には、そんなことをしたら今後の人生の成功に関わるという者もいた。一体誰の成功だというのだ？　こうして計画は話し合いだけで終わってしまった」

ヴィシュコフスキは、その当時マゾヴィェツキ側についていたように見えましたが、ヤツェク・

タイロルの家での話し合いに参加していました。その九月四日から五日にかけての深夜、クーロンが自分の方針を発表しました。これは、後になって出版されたヴィシュコフスキによるクーロン草案です。

一、レフ・ワレサを公安のスパイであると公表しMKZの委員長職を解任させること。
二、MKZ幹部会のすべてのメンバーはそれぞれの自分の職場に戻ること。
三、クーロン派の活動家で構成されている機関に組合管理を譲渡すること（たとえばボグダン・ボルセヴィッチはMKZ事務所の所長になる。ヘレーナ・ウチーヴォは雑誌「連帯」の編集長、ヤツェク・クーロンはズルをしたのが功を奏して、顧問委員を続けることになった。ヴィシュコフスキは出版社の編集長に留まることになった）。
四、組合は「戦後まもない時期に受け入れられた解決法に則って」綱領に記載されている権利を、新組織となる工場評議会に譲渡するために放棄すること。

クーロン自身は新しい職場をチェックし「安全と衛生の必要性を満たしているかどうかの確認を行ない、従業員と雇用主の立場を同等にするために労働権の変革を要求することに従事すると書いてあった」

ヴィシュコフスキは回想しています。「クーロンは話し合いの参加者たちが自分の計画を受け入れることを望んでいました。グダンスク工場間設立委員会幹部会で大多数の支持を受けたのをいいことに、翌日、この計画を実行に移し始めました。私は夜中の会議中、ずっとクーロンの提案に反対し続けました。明け方近くになって、クーロンの本当の目的が何であるかが分かってきたので、労働者の利益を口にしてるが本当は権力が欲しいだけじゃないかと彼を非難しました。しかしクーロンはソファにうずくまり、何も答えようとはしませんでした」

クーロンは顧問に

タイロル家の会合は公安に盗聴されていました。それなのに地下活動のベテランたちが非常に重要な問題についてここで討議したことに驚かされます。今現在、グヴィアズダ夫妻はヴィシュコフスキ報告に異論を唱えています。

「ヴィシュコフスキは、組合の方針についての話し合いの内容を、政治的闘争や人間関係のプリズムを通して歪んで捉えていました。討議の実際の内容、その組合活動に対する意味などの問題には触れず、クーロンが職場で『安全と衛生』の必要性が満たされているかを調べるために職場の評価に従事するなど、風刺をきかせておもしろおかしく報告を行なっています。会合では自由に討論が行なわれていたし、いかなる決定も下されませんでした。それは組合規約に則った集会ではなかったからです。ヴィシュコフスキは、われわれがクーロンから適切な示唆を与えられて、マゾヴィェツキが立場を失うような事態になるのを恐れたのではないかと思います」

クーロンの回想記を読むと、八〇年八月ストの後初めてグダンスクに行った時の工場間設立委員会の会議について次のような記述があります。

「幹部会では私が顧問候補に挙がりました。そこでアンナは熱弁を振るい私を応援しました。彼女は、演説だというのに少しばかり行きすぎたことをしゃべってしまい、それが後に、波紋を投げかけることになっていきました。彼女はワレサでなく私が委員長になるべきであると言ってしまったのです。私は彼女にブレーキをかけましたが、この彼女の言葉が影を落とすことになってしまいました。私が顧問になることは満場一致で採択され、そして一枚の紙が手渡されました。今でも私にとって、その紙は最大の名誉だったと思います。そこには八月の合意書の、何条だったか忘れましたが、その条項に基づいて、過去においても、現在もクーロンは工場間設立委員会の協力者であり、したがって、上記の条項により弾圧されてはならないと書かれていました。私は心底から嬉しく思いました。それは何物にもたとえられない嬉しさでした。誇りに思いました。私の人生を認めてくれたメダルだと思いました」

グルンヴァルスカ通りの宿泊所

ここに引用された報告の内容が部分的に本当であることを、アンナは九〇年代の初めに次のように語って認めています。

「九月三日の集会で、私たちはワレサを解任させようと相談し、その代わりにワルシャワから来たクーロンが委員長になるべきだと話し合いました。ワレサは適任でないという理由です」

アンナは、自分がグダンスク造船所のBHPホールで、設立される予定になっている組合の指導者にクーロンが立候補すべきだと発言したことも憶えていました。前述のクーロンの報告からみてもまちがいないことでしょう。

八〇年九月二日、クーロンは自分の計画を携えてグダンスクにやって来ました。MKZリーダーの地位から退くようワレサに勧めたアンナの行動は、どの程度クーロンの計画を実現する上で役割を果たしたのでしょうか？　グダンスクのMKZ幹部会会議でアンナが行なった演説もその一端を担ったのでしょうか。ここでMKZ（後に独立自主管理労組「連帯」交渉委員会）顧問として、クーロンが沿岸三市に滞在した時に、アンナの家に宿泊していたことについて触れる必要があります。ヴィエスワフ・フシャノフスキは「大司教に謁見した後、ワレサはクーロンに組合本部に入ることを禁じた」と書いています。

アンナは後に語っています。

「クーロンは私の家の鍵を持ち、私の家で寝ていました。なぜならスト中の造船所でも、その後の組合の登録準備が続いた時にも、クーロンも他のKORのメンバーも歓迎されていなかったからです」

こうした状態がおよそ二ヵ月以上続きました。「だからアンナの家に住んだのです。また幹部会のメンバーたちは会議前や会議後も私のところにやって来ました」と、クーロンは後に話しています。

アンナが彼の世話役を務めたのです。彼のために食事をつくり洗濯もしました。アンナがクーロンに卵焼きをつくっている時、クーロンが「あのワレサはどうすればいいんだ」と、何度もつぶやきながら部屋を歩き回っていた光景に、作家トマシュ・ヤストルンは居合わせたことがありました。グルンヴァルツカ通りの質素なアンナの住まいは、クーロンの事務所のようになってしまったのです。アンナは語っています。

「私が家に戻ると、歩いて通るスペースもないことが時々ありました。みんなが並んで床に寝ていたのです。そんな時は台所で座って夜を明かし、そして朝再び出かけて行きました。昔、リティンスキがもうひとりの人物を連れて私のところにやって来て、ここに泊まることができるかと訪ねて来たことがありました。それに加えて夜中にもうふたり来るというのです。私はもちろんだと言って、ひとりをソファーベッドに、もうひとりをキャンプ用ベッドに寝かせました。みんなが他に泊まる場所を見つけたのか、いつになく広々としています。夜中に誰かがドアをノックしました。誰ですかと尋ねるとリティンスカでした。彼女はソファに横になり、もうひとりの人にはマットレスを渡しました」

この状況の中で、アンナはクーロンの話し合いや政治的会合に居合わせて、その話を耳にすることがしばしばでした。クーロンは八〇年九月の終わり頃、アンナの家で、ある「連帯」活動家（イニシャル「M・X」と表示された）と話し合いを行ないました（これは盗聴されていた）。この話し合いについての公安の「覚え書き」には次のような記述があります。
「ボルセヴィッチはワレサと対立しているので、ワレサ退任に大賛成であった。M・Xはボルセヴィッチとワレサの違いを説明している。ボルセヴィッチはすでに生理的に嫌いなワレサを見るのも嫌だと言っており、M・Xはもっともであると認めている。クーロンもそれに対して理解を示している。また、ボルセヴィッチはワレサにはもううんざりしており、絶対にワレサを追い出さねばならないと言っている。クーロンもその意見には…（文字読み取れず）」

アンナがあの演説の時、大勢の前で言ったことは、うっかりして口に出してしまったのかもしれませんし、あるいはクーロンと相談したのかもしれません。それともクーロンの考えに影響されて、意識せずに公言したものだったのでしょうか。アンナはこの時期、クーロンの強い影響のもとで彼の魅力に取りつかれていました。彼女は思想・主義に忠実でしたが少し幼稚すぎました。クーロンが良かれと思って行動していると信じて、彼の行動を綿密に分析しなかったのです。レフ・カチンスキによれば、クーロンはアンナの神話を利用したのだと言います。「アンナは神話性のある人物であったので、クーロンにとっては非常に便利な存在だったのです。『連帯』内部の権力闘争は、壮絶なものでした。はっきり言えば、クーロンにとってアンナは都合のいい道具だったということです」と。

隠されたワレサ退任の計画

こうしたワレサ退任「クーデター」に関する九月の計画については、後に「連帯」の歴史研究家に無視されました。それには、資料・文献の乏しさが影響していると同時に、クーロンと話し合いをした人たちや、この計画を実行しようとしていた人たちが、その事実を否定し、あるいは沈黙したという原因があったのでしょう。

政治上、発言に慎重にならなければいけないことや、さまざまな利益が絡んでいるため、「連帯」の成立直後にワレサを排除する計画が存在したことや、クーロンが選んだ人間による組合管理の構想が存在していたこと、また工場評議会や地方連合に基づく組合結成の計画があったことを、今日声高に語ることは無理な話です。これは非常に残念なことだと言わねばなりません。なぜなら「連帯」成立後の八〇年九月における主導権争いや、組合方針に関する抗争は、「連帯」のその後の分裂を理解し、後の状況を理解する上で重要な意味を持っているからです。

しかし、その時代の出来事の真実を究明する上で役立つのが、共産主義体制下の公安が作成した資料です。『「連帯」カーニバル』の十六ヵ月間、組合内部はさまざまなグループと政治的潮流が存在し、「連帯」における影響力とそのあり方とをめぐって熾烈な闘いを展開しました。公安警察はその様子をずっと観察していました。八〇年九月のワレサをめぐる一件は、そのほんのひとつの例にすぎません。

内務省資料によれば、公安は八〇年九月六日にすでに、クーロンが工場間設立委員会委員長の職務からワレサを解任しようとしたという第一回目の報告を受けていました。

八〇年九月五日に書かれた報告書には、当時のポーランドの状況が次のように記録されていました。

「編集長マゾヴィェツキは、クーロンが取り返しもつかないことをしようとしていると考えている。グダンスク工場間設立委員会委員長の職務からワレサを解任しようとしているからである。アンジェイ・グヴィアズダが新しい委員長になる手はずになっている。この交替は九月六日の工場間設立委員会会議で行なわれる予定だ。またクーロンが考えているように、工場間設立委員会が党の指導的な役割を拒むはずである。クーロンは『工場間設立委員会調査センター専門家グループ』の団長として、グダンスク工場間設立委員会のメンバーの一員になるかもしれない。ワレサが退却し、象徴として留まることができる機会を利用しなかったのだから『ワレサの終焉の時は近い』という見解がクーロンの仲間内では一般的である」

解任作戦

八〇年九月十六日の公安の情報でこの予想があたっていることが証明されています。

「公安が集めた情報では、クーロンとボルセヴィッチそしてグダンスク社会自衛委員会・KORの協力者たちがワレサ解任作戦を開始した。ボルセヴィッチはクーロンやアンナ、アンジェイとヨアンナ・グヴィアズダ夫妻、プウォンスカやピェンコフスカと共に、社会自衛委員会・KORにワレサを服従させるため、あらゆる努力をすることを決定した」

クーロンは、マゾヴィェツキの専門家顧問団との対立というプリズムを通して、ワレサとの闘いを捉えていました。公安の分析では、ワレサやマゾヴィェツキ派と闘うクーロンは、労働者、一般の組合員、そして「連帯」の組織づくりを行なっている活動家たちの目の前で、彼らの立場が衰退していくように全力を傾けたのです。その結果グダンスク工場間設立委員会と組合を、クーロン派に従属させることを目指したのでした。

八〇年九月五日、クーロンがグダンスクからワルシャワに戻ってすぐに、エドワルト・リピンスキの家で、この件についての会合が開かれました。そこでクーロンは、社会自衛委員会・KORが何をなすべきかは、グダンスク工場間設立委員会の決定内容によって決まると述べました。ミフニック、マチェレヴィッチ、リプスキ、コーンなどに、グダンスク滞在中何が起こったか報告を行ない、沿岸地域の問題のすべてがワレサの手中にあることについて「好ましいことではない」とも発言しました。

さらにクーロンは、複雑で大変な活動を行なっている沿岸地域の労働者たちの負担を軽くするため、専門家グループの創設を提案しました。その専門家らが、自主管理労働組合の機能の仕方、綱領、組織構造などを決めていくというのです。そしてすかさずクーロンは言いました。「私は労働者をよく知っているし、彼らの信頼も得ており、また大衆運動を動かす経験を持っているから、専門家委員長となるにふさわしいと思う」

同じ時期にヴィシュコフスキはワルシャワに滞在していました。そして、ベトナルスカ通りにある「連帯」マゾフシェの本部で、マチェレヴィッチやヤロスワフ・カチンスキに、タイロル家での会合の詳細やクーロンとの衝突について報告しました。「クーデターの試みがうまくいかなかったので、クーロンはもう終わりだ」とも述べました。この時期にマチェレヴィッチはワルシャワで組合の地盤を固める活動に従事していただけでなく、(ベトナルスカ通りの「情報センター」において)ヤン・オルシェフスキ、ヴワディスワフ・シーワ・ノヴィツキ、ヤロスワフ・カチンスキと共に自主管理労働組合の「雛形となる規約」の作成に取りかかったという情報を公安は把握していました。

「勝利の横取り」

マチェレヴィッチは、こうした状況を念頭に置いた上でグダンスクに向かい、そこでワレサと知り合いました。同時にクーロンも九月六日からバルト海沿岸三市に滞在していました。クーロンは、自分の計画を実行するために、出所した八月三一日からグダンスクに来た九月二日までの間に、工場間設立委員会の人々と連絡を取らなかったことを後悔し始めました。クーロンは、マゾヴィェツキこそが政府当局の支援で、八〇年八月にクーロンを逮捕・拘禁させたのだと考えていました。それが功を奏して仲間（ブロニスワフ・ゲレメック、ヴァルデマル・クチンスキやアンジェイ・ヴィエロヴィエイスキなど）と共に、クーロンを差し置いて、一歩前に前進することができたのだろうと信じていました。

九月の後半すっかり諦めてがっかりしたクーロンは、MKZをもうコントロールできない状態になり、ワレサ、マゾヴィェツキ、そして、KOR排斥の原動力となっているヴィシンスキ首座大司教が重要と見なされるようになったと述べています。クーロンは、ワレサを切ることをたえず考えていましたが、マゾヴィェツキとは戦略的合意を結ぶことを考え始めました。この時期の記録を残しているクチンスキは、工場間ストライキ委員会でも、後の工場間設立委員会でも、マゾヴィェツキの専門家グループと、立ち回りのうまいKORグループとの闘いが展開されていたと書いています。クーロンと彼の仲間は、マゾヴィェツキのグループを「勝利の泥棒」だと考えました。

後にアダム・ミフニックが面白い表現でその論争を記述しています。

「私が高潔な気分になった時は、マゾヴィェツキは共産主義者たちの脅迫に負けたのだろうと考える。今日消されるのはミフニック、明日はブヤック、あさってはマゾヴィェツキ、お前だぞと恐喝されたのかもしれない。

高潔さなど感じない気分の時は、マゾヴィェツキは、組合の中に影響力を持つ競争相手を切り捨てて、馬鹿げたいい訳をしているのだと私は考えた。ワレサにぴったり寄り添い、あっちこっちでワレサと写真を取りまくり、ワレサに反クーロン感情を植え込んだというわけだ。頭にくる。また、枢機卿もワレサに、KORには警戒せよと言い含めた。われわれは勝利の横取りが行なわれたという非常ににがい思いをかみしめた。まさにこの成功の瞬間に、われわれは出て行けといわれたのだ。

マゾヴィェツキが造船所で要となる役割を演じることができたのは、われわれが豚箱に入れられていたからだ。したがって影響力を誰に与えるかを決めたのは公安だったといえる。マゾヴィェツキがわれわれの功績を横取りするには、われわれを閉じ込めるだけで十分だったのだ。マゾヴィェツキが何者かによって操作されていたと言いたいのではない。ただ単に政府当局は彼にグダンスク行きを許したが、われわれには許可しなかった、ということを言いたいだけだ。

そして、八月の合意書で自由を獲得した時には、マゾヴィェツキはわれわれを中に入れるつもりなどなかったのだ。ずっと以前からマゾヴィェツキを知っていたので、私は彼をよく理解していると思っていた。八〇年のあの大きな出来事が起きた時に、態度ががらっと変わった奴がたくさんいた。他人について持っていた意見など、もう信じてはいけないということがよく分かった。もちろん、このことはワレサにもっともぴったり当てはまるが、他の人々についても同じだった」

専門家たちへの批判

この時期に、クーロンと彼の仲間たちは、あちこちでマゾヴィェツキの権威を落とそうと試みました。ワレサを巧みに扱い、政権陣営と親密な関係を保ち、ポーランド人民共和国政府の副首相になる野心を持ち、八月の「ストライキ破り」を企て、八月三一日の合意書実現を邪魔し（賃金交渉）、地方組合制度の信奉者だと彼の評判を落とすことに努めたのです。

これに怒ったマゾヴィェツキは、クーロンとミフニックに対し直接「ポーランドの利益のためにきみたちは『連帯』と手を切るべきだ」と言ってきました。最初のグダンスク訪問の後、組合の顧問となってワルシャワへ戻って来たマゾヴィェツキが大変憤慨していたとクーロンは書いています。

「マゾヴィェツキは私に食ってかかりました。私が公式にこの運動に参加することは、この運動の名誉を傷付けることだと言い放ったのです。私のせいで『連帯』は敗北するとも言われました。マゾヴィェツキは党の強硬派のやつに対して最大の贈物をしたんだぞと私を強く非難しました」

これに同調したエドワルト・リピンスキ、ブロニスワフ・ゲレメックやタデウシュ・コヴァリックらも同じようにクーロン批判を始めました。

九月初めにクチンスキに言ったクーロンの言葉は、専門家たちへの嫌悪感をあらわにしたものでした。工場間ストライキ委員会付き専門家顧問たちの役割を批判し

「あんたらは一生ずっとやってきたインチキと同じインチキを今回もやったんだ」と言いました。

この言葉は、マゾヴィェツキの仲間と専門家顧問たち全員に向けられていました。すでに記述したタイロル家の夜中の会議で、クーロンとヴィシュコフスキが口論した後に、クーロンはヴィシュコフスキをも、マゾヴィェツキを通してみるようになりました。そしてヴィシュコフスキをマゾヴィェツキ派トップの陰謀家と考えるようになりました。

九月二五日にアンジェイ・グヴィアズダとの話し合いで、ミフニックはヴィシュコフスキを「くそ野郎」と呼び

「ヴィシュコフスキを工場間設立委員会の職務からできるだけ早く追い出し、グジェゴシュ・ボグットか誰かを後任にさせなければいけない」と言いました。

社会自衛委員会・ＫＯＲがワレサへの影響力を失ったことをクーロンは知っていました。「連帯」の主導権を争う闘いでクーロンは敗北したにもかかわらず、武器を捨てるつもりは毛頭ありませんでした。

ワレサの天才的特性

クーロンは、グダンスクで誰が指導者になるかというくだらない口論がすべての問題の原因になったとはいえ、自分がワレサと工場間設立委員会幹部会の衝突の原因だということを、回想記の中で認めています。

「幹部会とワレサの衝突はすでに目に見える形で現れていました。それは、公安の耳にも入っていたのです。残念ながら、その対立は私が原因になったものだと思います。幹部会は、私が、アンナの家ではなく、彼らと一緒にホテル・モルスキにいるべきだと考えていたようです。しかし、それにはワレサは断固として反対していました。幹部会の態度はひどく過激でしたが、ワレサは違っていました。幹部会は顧問たち（ヴィエロヴィエイスキ、マゾヴィェツキ、ゲレメックら）としょっちゅう衝突していましたが、ワレサは顧問たちを弁護しました。どちらにもついてはいけない、穏健主義者であるべきだ、もしそうならなければ、『連帯』の指導者になれないだけでなく、この組合をたたき壊すことになるだろうとワレサはかなり早くから分かっていたのだと思います。これはまさにワレサが持っていた天才的特性でした」

最初からポーランド人民共和国政府がこの状況を把握しており、ふたつの派閥の間に存在した対立関係を助長させたことは今日周知のとおりです。公安はワレサ批判の討論が行なわれるたびに欠かさずに記録をしていました。公安は、組合を政治的目的で利用しようとしているKORやWZZなどの「連帯」過激派によって、ワレサの「連帯」指導者の地位が危険にさらされているということを証明したいがために、その証拠を入念に集めていました。「KORはワレサを否定的に評価し、彼を代えようとしている。だがワレサは、それを知っている」と内務大臣ミロスワフ・メレフスキ将軍はポーランド共産党中央委員会の同志に伝えました。

実際、ワレサは自分に反対する運動があることを十分承知していました。ポーランド人民共和国政府にひどく嫌われているKORグループとの闘いでは、常に共産主義者や公安の支援を当てにすることができることも分かっていたのです。彼は組合内部の反対派に巧みに対処していました。いつも忠実な造船工活動家や若いポーランド運動の協力者グループに囲まれており、専門家顧問団の支持も受けていました。

高位聖職者の支援

クーロンやKORを嫌っていたステファン・ヴィシンスキ首座大司教率いる教会の高位聖職者たちもワレサを支援しました。

「ワレサは支援に非常に感謝してくれています。彼はクーロンと別れました。クーロンは自分の目的を持っていて、労働者の要求とは相容れないことをワレサが知っていたからです」と九月十五日の新聞でヴィシィンスキ大司教は語っています。

つづいて、ワレサは「組合の仕事に人々を派遣するように」教会に依頼しました。他方、彼がこれまでの組合の配置分担を無効にする（それはおそらく社会自衛委員会・KOR左派の人々に関わるものに違いないが）と言ったと司教団広報部のオルシュリック神父は少し後になって断言しました。首座大司教や司教団はKORに対し八〇年秋から批判的な見解を持つようになっていました。ヤン・ジャリンは、その理由を、八〇年九月、早くもKORがワレサの失脚を図り組合の主導権確保を狙ったという情報が、高位聖職者たちに届いたからだと分析しています。この情報は公安が入手し党側が知らせたものでした。このような状況の下、ワレサは、一切誰の支配も受けず、政治的派閥の影響も受けずに、「連帯」を指導できる真に自立した労働者の指導者という偶像を手に入れたのです。

このワレサの様子をアンジェイ・グヴィアズダが適切に表現しています。

「批判を受けるたびに顧問のせいにする連中、繰り広げられる反知識人宣伝、派閥同士で互いにめぐらす策略（マゾヴィェツキ派対クーロン派、若いポーランド運動対WZZ、教会の片腕となった顧問対世俗的左派）。こういった状況は、政治屋たちが労働者の背後で権力によじのぼろうとしている中でも、労働者のリーダー・ワレサは毅然と構えているというイメージをつくりだしました。このイメージは人々の頭の中に植え付けられたのです。スパイたちは『汚れなき労働者の組合』というスローガンを宣伝しました。このスローガンは、独立した活動家を政治屋として葬り去ることに使われ、また労働組合を、レーニンの言葉のように『大衆への党の伝達役』の役割に制限することを狙ったものでした。しかし『連帯』の分裂大作戦の効果は、大してありませんでした」

クーロンおよびKORとの衝突のおかげで、ワレサは政府機関の人々に、点数稼ぎができました。当局側にとって連帯内部の闘争は、組合分裂がいよいよ近くなったことの、さらには組合内部崩壊の前兆を示すものだったのです。八〇年十一月十五日の党評議会における統一労働者党中央委員会第一書記スタニスワフ・カニアの言葉がこの状況を説明しています。

「党内で多くの者が、ワレサが倒される恐れが出てきたと言っているが、私はそうは思わない。しかし慎重に行動しよう。でないと彼は本当に倒されてしまうだろう。ともあれワレサを倒せるような顧問はひとりもいないはずだ。ワレサは必要なのだ。彼の名前が必要である。ワレサという屏風の陰に隠れて、連帯を操ることができるからだ」

討議されなかった独立労働組合現行行動綱領草案

八〇年九月六日、独立労働組合現行行動綱領草案が執筆されました。ヴァルデマル・クチンスキはその執筆者はクーロンだと言っていました。もしそれが本当だとすれば、この綱領の実施は、これから誕生しようとしていた「連帯」の脅威になるものでした。

ともあれ、クーロンが、独立労働組合現行行動綱領草案に自分の考えを重ねていたことに疑いの余地はありません。クーロンは八〇年九月付のKOR新聞に「新しい組合／諸問題とその矛盾」というタイトル記事の中でこの草案について論評しています。八〇年九月付「情報」に掲載された「これからどうする？」というタイトルの記事でも、同じようなクーロンの政策を読み取ることができます。ここでは、従業員会議、工場評議会や経済改革運動についてよく考慮されていますが、単一の全国組織を持つ組合組織の形態についてはまったく問題にもされていませんでした。

このような独立労働組合現行行動綱領草案にあるような組合のビジョンを実現してしまったら、八〇年八月の成功やグダンスク工場間設立委員会の活動の最初の数週間の成果を葬ることになります。それにもかかわらず数ヵ所のグダンスク独立自主管理労働組合設立委員会によって、新しい組合の準備段階の案として、これが検討されていたことが今日判明しています。しかしこの案はグダンスク工場間設立委員会の大多数、とりわけ自由労働組合（WZZ）出身の人々の同意を得ることができないだろうと予想されていました。これがまさに総会や幹部会のフォーラムで独立労働組合現行行動綱領草案が討議されなかった理由だと言われています。

工場評議会についての一般的見解は、組合を設立する活動家のやる気をそぐだろうし、この案を提起する人々は恥をかくことになります。したがって、独立労働組合現行行動綱領草案は単なるクーロン理論構想のひとつだったのかも知れません。またそれはグヴィアズダの協力なしに実現の可能性もありませんでした。しかし、ここで疑問なのは、誰がこれを印刷しMKZの計画書であると書き添えたのかです。また誰がタイトルを決めたのかも問わねばなりません。特に「独立労働組合」という言葉がなぜわざわざ付けられていたのかということも不思議です。

自主管理労働組合

筆者はここで何よりもまず独立労働組合現行行動綱領第三条に注目します。独立労働組合現行行動綱領を読んでみて分かることは、この綱領の著者が組合の法律に詳しい人間であるにもかかわらず、草案に盛り込むべき自主管理労働組合にとっての最重要課題を提示していないということです。この部分はグダンスク地方の独立自主管理労組・工場間設立委員会（ＮＳＺＺ・ＭＫＺ）の立場を直接的に否定しています。政府委員会との交渉中に、工場間ストライキ委員会を代表してアンジェイ・グヴィアズダは、断固として労働組合中央評議会（ＣＲＺＺ）の組織を解散する提案に対して抗議しました。グヴィアズダは、もう一度提案を受けた時、「ストをして、ＣＲＺＺの官僚主義的な解散方法には反対する」と言いました。グヴィアズダは報告しています。「われわれは断固として組織下部の人からのＣＲＺＺの解散提案にも反対しました。したがってＣＲＺＺに属する諸工場評議会は解散されませんでした。第三条の内容はグダンスクＭＫＺの立場を否定するものでした。だからこの現行行動綱領はＮＳＺＺが書いた物ではないといえるし、グダンスク地方の公式ＮＳＺＺフォーラムで討議されなかった訳もよく理解できます」

さらにヨアンナ・グヴィアズダはもっとはっきりと言い切ります。

「行動綱領は専門的で緻密に書かれていたので、もちろん組合員たちは気に入ったはずです。とはいえ、九月初旬にわれわれの職業社会福祉センターが設立されたばかりで、物価スライド制、団体交渉の協約締結および期限、望ましい職場の変更に関する綱領の詳細をじっくり仕上げて提案を示めすことができなかったのです。

すべての労働組合の活動の基準となる集団協約（第二条）と職場の安全と衛生（BHP—第四条）との間に、このインチキ綱領の筆者にとってもっとも重要である第三条は存在しています。これまでの工場評議会、つまり労働組合中央評議会に属する組合についての記述が第三条の最初のページにあるのです」

グヴィアズダの組合概念

この「現行行動綱領」を印刷し発表した後、数日経過して九月十三日、工場間設立委員会はすべての独立自主管理労働組合（NSZZ）設立委員会の合意のもと「共通の規約原則を決める」意志を表明しました。したがって九月十三日から、多少の疑問があったものの、工場間設立委員会幹部会に属するWZZメンバーたちは、クーロンの「上部権限と結びつかない」工場評議会概念を放棄しました。地方の諸組合の連合（マゾヴィェツキ、ワレサ）概念も同じように採用しませんでした。

九月十四日、将来の組合方針に関する討論の中で、バルト海沿岸労働組合としての独立自主管理労働組合（ＮＳＺＺ）を登録する提案が出た時、アンジェイ・グヴィアズダは、「バルト海沿岸地域とは、幅八〇〇キロの海岸地帯であり、グダンスクからシュチェチンまで延びている。つまり全国規模である」と言いました。

内務省第三局の報告では、クーロンは九月一〇日から十四日まで、あいかわらずグダンスク独立自主管理労組という名称に固執し、これこそが活動の拠点となるものだと言っていたことが報告されています。だからクーロンは西ポモージェ地方のＷＺＺを復帰させるよう、シュチェチン活動家を納得させました。

カロル・モゼレフスキは自主労働組合の形態の論争について、これとは違った内容の論争が行なわれたと記憶しています。九月十二日金曜日にヴロツワフ工場間設立委員会の代表委員としてグダンスクに初めて滞在した時、ＮＳＺＺ・バルト海沿岸労働組合の概念とは、単にバルト海沿岸だけの工場間設立委員会の立場を明らかにさせることだとモゼレフスキは理解しましたが、これには、理由がありました。

モゼレフスキは、アンジェイ・グヴィアズダとボルセヴィッチが行なった、組合の将来についての論争を詳細に記述して、自分の論争のバージョンの信憑性を証明しようとしました。実際に組合の将来についての討論の最中に、組合を「ＮＳＺＺ・バルト海沿岸労働組合」という名称で呼ぶ草案が浮上しました。

この草案の第二章には、地方単位の組合組織を立ち上げることと、他の労働組合との連合が可能であることが書かれていました。「同じ職業や似たような職業に従事する労働者たちによる他の労働組合がつくられることもありうる。こうした組合はバルト海沿岸労働組合に、自治権を持った組合として加入することができる。これらの組合は、各職業の利益を守る責任を担うバルト海沿岸労働組合と連帯した行動を取るように義務づけられている。またバルト海沿岸地域組合は他の自主管理労働組合と連合することができる」

この第二章は、さまざまな組合集団で後日討議され、修正され、書き入れられ、複写されたにもかかわらず、工場間設立委員会の最終的承諾を得ていませんでした。草案の第二章は、ただ単に、工場間設立委員会の全国規模の集まりでの話し合いの土台にしようとしただけだったのかもしれません。しかし地方単位の組合構造に関する部分を除けば、独立自主管理労働組合「連帯」の登録基盤となった規約案とほとんど同じです。モゼレフスキが述べるように、九月十四日にグヴィアズダにより放棄されたNSZZ・バルト海沿岸地域労組の規約案は、何も変えられていない状態のまま、グダンスク工場間設立委員会の全国大会中の九月十七日水曜日に再び提案されました。この規約案の内容は専門家たちの立場に非常に適応したものでした。

全国規模の組合への不安

続けて、モゼレフスキは語りました。

「八〇年九月十七日の会合の数日前に、われわれはヴロツワフの代表団と一緒にわれわれの規約案を提出するためにグダンスクへ出かけました。その時に初めてワレサを見ました。グダンスク工場間設立委員会幹部会の集会で、われわれは、なんとそこにバルト海沿岸地域組合の独立自主管理労働組合（NSZZ）規約が準備されていたことを知ったのです。驚きました。つまりグダンスクの組織が、別個の組織になるというのです。彼らの規約は工場組織と地方組織のふたつの組織レベルを予定していました。それ以外には、何もなかったのです。われわれはこのことに対して非常に激しく反対しました。私が主な発言者になりました。しかし幹部会側からは、それほど強い抵抗を受けなかったことを憶えています。グダンスクの顧問たちは反対はしませんでしたが、われわれの草案を諦めるように頼んできました。そして九月十七日前にそれを考慮するとわれわれをなだめてきたのです。

しかしWZZのメンバーとの話し合いで、幹部会の抵抗は確固としていることがはっきりしました。グヴィアズダ夫妻やボルセヴィッチは、全国規模の中央集権の組織づくりには猛反対でした。彼らは全国規模の中央本部とは中央機関だというのです。その本部を通して運動を操作されてしまうというのです。われわれの構想が官僚主義的であり非民主主義的であることを指摘しました。この運動はゆったりした下部連合であるべきことを彼らは主張しました」

「彼らは私を信じていませんでした。グヴィアズダ夫妻やボルセヴィッチは団結していて仲が良かったし、彼らは自由労組を求める闘いのベテランであるはずでした。彼らは全国組織は未知のものだと恐れていたのでした。だから、もしそうなったら、どんな人々が入って来るか分かったものではないと考えていたのだと思います。党や、ましてや公安に操作された人々が入って来たらとんでもないことになると考えたのです。なぜわざわざグダンスクの人たちが彼ら（党や公安）にやられなければならないのか。心理的には理解できる反応です。

彼らは絶対的に全国組合に反対していましたが、かといって説得の余地がまったくなかったわけでもなさそうでした。その当時ヤツェク・クーロンはアンナの家に宿泊していました。クーロンはワレサと共通の長所を持っていました。つまりじっくり考えることができると同時に、いち早く決断を下すノウハウが備わっている人でした。そうだ、全国規模の組合としてひとつになって加入登録しなければいけないとすぐに言ってくれました。われわれは、彼がわれわれの立場を完全に受け入れると理解し、そしてWZZのメンバーとも理解しあえたと思って、安心してヴロツワフへ戻りました。ちなみに私は工場間設立委員会幹部会へ加入させられました。

そして九月十七日、規約問題とひとつになった全国規模の組合の実現を求めて闘うためにヴロツワフ代表団の団長として私が派遣されました。われわれが評議会前日に到着した時に、われわれの存在が無意味であることが判明しました。評議会のテーブルついていた人々は主に顧問たちだったのですが、われわれの提案を受け入れたような彼らの態度は、単なる戦略的なごまかしにすぎませんでした。バルト海沿岸地域組合という単語が削除されていただけで、われわれの提案は規約に何も取り入れられてないではありませんか。ふたつの組織レベルにする、つまり地方組織にするということがあいかわらず変えられていなかったのです。しかしひとつの全ポーランドでなく個々の組合の共同登録だけがわれわれにとって問題であるとクーロンは理解していましたが、WZZのメンバーたちは自己の見解を繰り返し主張しました」

ひとつの組合「連帯」の誕生

ヤン・リティンスキは、ふたつの組織レベルについて非常にゆがめられた方法でグダンスク工場間設立委員会の立場を紹介しました。一方はグダンスクの全員が組合の地方分権化支持者であり、他方、KOR左派がひとつの組織形態を支持したと紹介しているのです。しかしこの問題に関してクーロンの意見が変わっていったことには触れていませんでした。リティンスキは次のように書きました。

「九月十六日に私はグダンスクへ行きましたが『連帯』はまだ誕生していませんでした。しかし十七日にすべての工場間設立委員会の代表者たちの会合が行なわれました。そこで小競り合いになることは明白でした。グダンスクの工場間設立委員会幹部会は、単一の全国組合の設立に反対していました。彼らは他の組合が全国での仕事を押し付けてくるだろうと恐れたのです。そしてこのようなやり方では、円滑な組織をどこにもつくることができないと信じていました。また公安のスパイや党の密告者が組合に侵入することも恐れていました。なぜ彼らがそう思ったのかは、忘れてしまいました。その説明の筋が通っていなかったからだと思います。

他の人たちはみんな、ひとつの規約を持つ単一の全国組合登録に賛成していました。ヴァウブジィッフから来たシロンスク地方の代表者ユレック・シュルツと私も賛成でした。炭坑夫のユレックは当時まだ党員でしたが、自主組合の活動家に早変わりしていました。しかし、それがかえって功を奏したのです。なぜならその数週間後、（カトヴィツェ県の）ヤストゥシェンビエ炭鉱グループへの党関係者の攻撃に対して、ユレックは抵抗力があることを示したからです。ヴロツワフからはカロル・モゼレフスキが来ていました。また、でき上がった全組織共同の規約案を携えたヤン・オルシェフスキをワルシャワから連れて来たズビシェック・ブヤックがいました。われわれは全国組織のひとつの組合を求めて闘う決心でした。なぜなら政府当局は、各組合の違いを利用するだろうし、より弱い組織を潰しにかかるだろうと分かっていたからです。集会では白熱した論議が繰り広げられました」

リティンスキは続いて次のように書いています。

「オルシェフスキがスピーチをして地方代表者たちの劇的な演説が終わった後、カロル・モゼレフスキが発言しました。彼は全国組織のひとつの組合を設立することを支持して、その組合に『連帯』という名前を付けることを提案しました。この案は採用されました。ワレサはいつもそうするように急に考えを変えて発言しました。全国組織のひとつの組合をつくると断言したのです。もちろん彼が委員長になり、アンジェイ・グヴィアズダとボグダン・リスは副委員長になりました。こうして『連帯』が誕生しました」

このようなヤン・リティンスキの分裂の一面的見解は、他の情報と矛盾するところがあります。したがって九月十三日にグダンスク工場間設立委員会が表明した立場や、九月十四日の組合の規約に関する討議でのアンジェイ・グヴィアズダの演説を再び検討しなければなりません。

グダンスク工場間設立委員会の全国大会の数日前に、組合運動の将来についての見解の相違がワルシャワに知れたことは前述のとおりです。クーロンはワルシャワ滞在の短い期間に、この問題についての自分の見解を紹介しています。彼は工場間設立委員会でのクーデターの試みの舞台裏を見せたくなかったので、できる限りの敵意を持ってワレサについて語れば語るほど、余計にWZZのメンバーたちが提案する「ゆったりした組合団体」の肩を持つことになってしまったのです。

組合連合は間違い

かなり前に、ヤロスワフ・カチンスキは、クーロンの論争と独立自主管理労組「連帯」を誕生させる時のワルシャワの人々の役割を記述しています。

「九月十三日に私はグダンスクへ行きました。そこで（双子の私の）弟とクーロンに会いました。私はずっと会っていなかったクーロンとモゼレフスキが久々に行なった話し合いの場に居合わせることになりました。その時ひとつの全国組織の労働組合を設立することが提案されました。クーロンはこの構想を乱暴にはねつけました。クーロン派は『連帯』という名前を付けたいと思っていたし、規約もすでに準備していたのですが、それには組合連合という形を取ることになっていたからです。しかしこれが間違いのもとでした。ひとつの全国組合を設立する考え方は、たぶんモゼレフスキが提案したのだと思いますが、卓越した考えだったと思います。連合形式は間違いでした。

この構想をめぐる討論中に非常に面白い出来事が起きました。モゼレフスキと最初にこのテーマについて話をしたのは私の弟でした。弟は、グダンスクの現在の代表たちがこれを決議するか懐疑的でした。草案の規約には明らかな欠点がありました。モゼレフスキはより高いレベルのワレサに聞いてみることにしました。しかしワレサは私の弟と話をするように勧めたので、結局また私の弟がモゼレフスキと話をしたのです。

モゼレフスキはクーロンにも聞いてみることにしました。でもテーブルの向こう側に座っていたのは私でした。モゼレフスキは、またもや私の弟がいるのだと思ってぎょっとしました。私がモゼレフスキにはじめましてと挨拶したら、『お互いに前に知り合っているじゃないか』と冷たい声を出しました。『いいや、知り合ってませんよ』と私は答えました。この会話はアンナの家で交わされたものでした。モゼレフスキが出て行ってから長い間クーロンはひとつの全国組織の組合を設立する必要などないと私を説得しました。マゾヴィェツキやゲレメック、彼らの背後にいるワレサの立場もクーロンと同じでした。

私はワルシャワへ戻りました。ちょうどその時、国家評議会の決定が下りました。ヤストゥシェンビエで合意書が調印された後のことでしたが、それは労働組合の登録方法を規定している決定でした。それを読むと、ひとつの全国組織の組合を登録する可能性があることが分かってきました。法的には連合の形の登録は不可能でした。そして、全国組織のひとつの組合の登録は政府当局側に対抗できる唯一の効果的な自衛方法でした。マチェレヴィッチ、オルシェフスキそして私が、ポヴィシレにあるレストラン『レトマン』で会議を開きました。その時のオルシェフスキはご機嫌で、われわれにウォッカやカツレツを昼食におごってくれました。そして『全国組織のひとつの組合の登録をしよう。だめならゼネストだ』と私が計画を提案したことも憶えています。

翌日この計画を携えてグダンスクへ行きました。そこでは、私の弟のおかげで発言できたオルシェフスキが、全国組織をつくろうと演説をしました。彼は大喝采を浴びました。ワレサは自分や顧問たちの構想が潰されたので機嫌が良くありませんでした。顧問たちは連合を提案しました。しかし連合は法律的に不可能でした。政府はあらかじめ連合を登録するだろうと予想して、連合登録が法律的に不可能になるように手を回していたからです。そうなれば、個々の地域が別々に登録を行なうだろうと政府当局は考えたのです。この状況になれば政府も手の打ちようが出てくるというわけです。ある組合は登録して、他の組合は登録しない、別のところには政府の人間を入れてというふうにしていくうちに、全部がゆっくり崩壊していくだろうと見込んでいたのです。どっちみち連合が不可能なのだから、個々の労働組合をつくらず、グダンスクに本部を置いた、地方組合を総括する、ひとつの全ポーランド規模の組合をつくろうと提起しました。グダンスク本部が、全国の組合の本部となるのです。最終的にそのようになりました。ワレサが承諾してモゼレフスキが発言し、『連帯』の名前を提起しました。大勢の代表者たちは高揚した雰囲気に包まれました。組合の委員長にワレサを提唱した時、会場では全員が熱狂的に受け入れたのです」

つまり、グダンスク工場間設立委員会全ポーランド大会は、グダンスク合意を破ったものであり、また組合を連合や地方レベルで形成するというこれまでの案とは別のものとなりました。ひとつの全国組織の組合を要求したことが彼らの立場を優位にしました。この集会で公安が取り付けた盗聴器からの速記録がそれを証明しています。

組合登録

法律顧問であるヤン・オルシェフスキの演説は、いまが転換期にあることを示すものでしたが、これにも拍手が送られました。

「私はマゾフシェ地方自主管理労働組合の法律顧問としてここに来ました。代表団だけが意見を述べることができるという、決められた原則があることは承知していますが、私が発言し、みなさんの発言の時間をいただく理由を説明させてください。一昨日土曜日に、国家評議会で労働組合の登録に関する決議が可決されました。決議分析の結果、われわれの組合役員が、全国から組合のみなさんが集まっているこのグダンスクの大会で、この決議内容を取り上げるべきであると判断しました。私がここで発言させていただいているのは、この件が法律関係だからということで、組合役員会から権限を与えられ派遣されたからなのです。

この国家評議会の決議は、明らかに組合が闘い勝ち取った成功の賜物です。しかしながら、その決定事項の中には、われわれにとって不利になると思える個所があるのです。この決議では、裁判所が登録機関になっていますが、組合登録の際、組合規約が憲法や法律の規定にかなっているかどうかを裁判所が審査することができるということになっています。これは非常に漠然とした文章ですので、主観的に解釈されてしまうという恐れがあります。各県に配置されている国家行政機関が、自主管理労組に対してどういう扱いをしているかを見てみれば、この恐れはさらに増大します。グダンスク、シュチェチン、シロンスク地方など各地の自主管理労組は厳しい闘いを勝ち抜き、今の地位を手に入れましたが、その経験がない弱い組合は合法化が阻止されてしまう可能性もあるのです。そこで、マゾフシェ地方自主管理労働組合幹部会は、ひとつの全国組織として登録するべきであるという結論に達しました（拍手）」

ひとつの労働組合はひとつの規約

その後ヴロツワフ工場間設立委員会のカロル・モゼレフスキが発言しました。

「マゾフシェ地方一同を代表してオルシェフスキが発言した問題は、われわれにとってきわめて重要です。国家評議会の決議によって個々の工場間設立委員会登録を妨害する危険性が存在しているということです。異なった地方組合が存在する限り、個々の工場間設立委員会の登録が不可とされることも予測されます。しかしこれがすべてではありません。ひとつにまとまっているわれわれの運動は強固なものであり、われわれを打倒するなど、実際できないことです。打倒可能だなどと思うのは、敵の中でも頭のおかしい人だけでしょう。そんな人はいないし、たとえいたとしても、今のところ何の影響力も持ってはいません。

しかし、もし誰かを抑えつけることができない場合に、その人を攪乱させる作戦に出ることもありえます。国家評議会はそのためにあるのですから、その作戦に乗せられてはいけません。それでは国家評議会はどのようにして攪乱を引き起こすのでしょうか。ワレサが労働組合中央評議会（CRZZ）の指導者にならないかと提案されたと語ったことがありますが、これは攪乱行為ではありません。われわれが自主組合を断念し、そして労働組合中央評議会（CRZZ）に合体させようとする単なる提案です。幼稚なやり方です。相手をいったい誰だと思っていたのでしょう。本当に子供のような幼稚なやり方です（拍手）。しかし、攪乱させるのは幼稚なやり方ではできません。攪乱の構造を理解してもらうために、ふたつの資料を注意深く読むことをみなさんに提案します。ひとつ目は、登録を実行する方法についての国家評議会の決議であり、二つ目は、党機関紙『トリブナ・ルドゥ』のトップページに記載されているカトヴィツェ製鉄所設立委員会が登録を行なったという記事です。記事というより情報といったほうがいいかもしれません。太字で書かれており、大変目に付く情報です。

私はカトヴィツェ製鉄所設立委員会に文句はありません。誤解が生じてこうなったのでしょう。しかし、この記事で深い注意を払わなければならないのは、われわれに対してこの記事が暗に奨励しようとしている内容です。ここでは、規約の内容が統一されていようとばらばらであろうと、いずれにしても地方組合として、その規約で登録することを奨励しているのです。もう一度言いますが、国家評議会は、登録の基本を規約においています。ワレサは、規約はわれわれにとって重要な問題ではないから、それぞれの組合がさまざまな規約を持っていても構わないと言っていますが、私は賛成できません。

規約の問題は登録を実現するためにも、各組合が団結するためにも、きわめて重要な問題です。もし国家評議会の決議どおりになったり、カトヴィツェ製鉄所のように、新聞トップの太字で奨励しているとおりに個々の組合で登録を行なってしまったら、われわれは終わりです。また、ここで自分の工場間設立委員会の状況報告を行なう代表の数だけポーランドで組合が登録されてしまったら、これもまたわれわれは終わりになってしまいます。バルト海沿岸の組合は大丈夫かもしれませんが、われわれがダメになってしまえば、これもまたどっちみち最後には確実にダメになってしまうでしょう（拍手）。だから今、われわれにとって、全国組織のひとつの自主管理労働組合が絶対に必要です。必要どころか、なくてはならないものです（拍手）。みなさん、このひとつの労働組合はひとつの規約を持たなければいけません。しかし現在のグダンスクの規約のままではダメです。地方労働組合のままで散らばってしまったら、国会に法案を提出することも、国家権力に対して全国規模で行動することも、労働組合に関する法律を管理することも、部門別組織を吸収することも、できなくなってしまいます（拍手）。そして地方組合は職業別または部門別組合を代表することができません。なぜならその集団交渉は全国規模で行なわれるからです。もし地方組合の連盟に帰属しない部門別連盟の存在をわれわれが許可するならば、それは組合組織を潰してしまうだろうし、組合員が離れていくでしょう。もしわれわれが彼らに全国レベルでの職業上の諸問題の早期解決の可能性を与えないならばみんなが離れていくのは当たり前です」

この後でアンジェイ・グヴィアズダが「われわれがこの意見に反対する余地はありませんでした。もう決まってしまっていました」と発言しました。クーロンも、会場にはいなかったものの、グダンスクで討議していた代表委員たちに異論を唱えませんでした。組合の勢力争いに負けたので、クーロンは自らの考えを断念したのです。また九月十六日のモゼレフスキとの話し合いなどに感化されたこともあってヤン・オルシェフスキにより作成された規約草案が適切なものであることを認めました。

社会自衛委員会・KORの仲間たちがクーロンをますます大胆に批判するようになり、クーロンの意思ではどうしようもなくなってしまったので、置いてきぼりにされないやり方を取ることにしたのでしょう。

公安のスパイ工作

その頃、政府当局から差し向けられた者（スパイ）たちが、地方の新しい組合を体制側に従属させようとしたり、あるいは中央機関を通して、そういったことを行なうのではないかという危惧が生まれてきました。実際に共産主義者たちは、新しい組合を抑え込む準備をしていました。それに関する党の指令書を読んでみましょう。

「独立自主管理労働組合の組織のイニシアチブを取るグループが、ますます勝手に広汎囲にわたって組織されている今日の状況下では、組合における指導力を掌握する必要性がある。可能であれば労働者委員会の合意をえて、現存する工場評議会が組織する組合選挙を行なうことが必要である。この際、工場における組合組織の同意を得るように試みなければならない」

九月十七日のポーランド統一労働者党中央委員会政治局の会議中、共産主義者たちは部門別地方組合の概念に引き続き固執していましたが、「工場評議会の一般選挙」に同意し、全ポーランド規模の自主組合組織登録の可能性は排除しました。

八〇年九月、県公安警察署長会議でアダム・クシシュトポルスキ将軍は、同じような内容の発言を行なっています。

「公安機関はこの問題に関して、早急かつ具体的に行動を開始しなければならない。われわれは近日中に、作戦行動を行なう可能性を持つすべての職場で、大多数の労働者がどの方向に動くかすばやく判断を下す必要がある。この判断をよりどころにして、労働者の真の支持を得て、自主管理労組のオルグを入れない強固で権威ある工場評議会にするか、（われわれの人間が組織する）われわれの息のかかった自主管理労働組合をつくってしまうかを決定するべきである。どちらの場合でも、われわれは全力を尽くして組合に浸入し、公正な闘いを展開することによって影響力を広めていかなければならない。部門別組合をつくるべきか、地方組合かというジレンマに陥っているが、われわれは部門別組合になることを強く望む」

グダンスクの「連帯」本部は公安計画に対抗する方法を探しました。ここは、ヨアンナ・グヴィアズダに発言を譲ることにします。

「『連帯』の誕生は、われわれの側から合意を破ったことから始まりました。合意書は沿岸地域に限られており、全国規模の労働組合ではありませんでした。しかし、グダンスクの工場間設立委員会には最初から、クロスノのようなポーランドの端にある設立委員会も登録していました。ポーランド全体で組合のまとまりができてきました。地方規模でもその状況が見られました。なぜなら、多くの労働者がストを始めることができるように組織が整ってきていたし、また工場間設立委員会に加わることができるように組織されてきたからです。

この段階での公安の撹乱工作は、工場管理部に従属した、新しい自主労働組合と思わせるような組合を組織することにありました。従来の組織の労働組合が、独立自主管理労働組合と名称を変えただけのケースもありました。無秩序な状態が続きました。労働者によって組織された本物の組合でも、われわれのところに登録したがらない場合もありました。そういう組合をわれわれは「自治組合」と名付けました。明らかに工場管理部やスパイによってつくられた組合でも、グダンスクの工場間設立委員会に登録するということもありました。

大多数の労働者はわれわれの組合に加入を希望していたので、新しい組合が発行したさまざまな書類を持参して、『これはあなたがたの全国規模の組合に入るにふさわしい組合ですか?』『それとも敵となるようなものですか?　この組合に入って後で大変なことになったりしませんか』などと心配そうに尋ねてきました。私はにせ物の見分け方を習得しました。新しい組合は基礎から組織されたものでなければならないし、各人が自覚を持って加入手続きを取らねばならないというのが本物の組合の条件でした。労働組合中央評議会に所属する組合を、そっくりそのままNSZZ組織に名称を変えることは問題外であること等を私はみんなに説明しました」

ワレサとの闘い

アンジェイ・グヴィアズダは工場間ストライキ委員会大会を以下のように語りました。

「このような雰囲気の中で、地方の代表者たちが九月十七日にグダンスクにやって来ました。全国組織の招集に関してのグダンスク幹部会の意見はまだ不透明でした。全国組織の招集は必要でしたし、それは全国的な組合の政策を打ち立てることを可能にするものでした。しかし、これまでの経験に基づいて、八月にストがなかった地方で、組合権力が体制側の人々により抑えられることをわれわれは恐れました。ストを組織して行なうことは勇気、指導力、ノウハウが試されることであり、スパイが指導者の地位につく危険性はあるにしても、組合組織が独立を保つことの保証でもありました」

ヨアンナ・グヴィアズダが続けて語ります。

「われわれの恐れは根拠のないものであったことがはっきりしました。もし九月十七日に『連帯』が誕生していなかったら、グダンスク地方はワレサを支える公安に押さえられていたでしょう。この地方の代表者たちは、すぐにワレサがどういう人間か分かったので、意識的にワレサの影響力と釣り合いをとるためにグヴィアズダを副委員長に選んだのです。二人目の副委員長にはルィシャルト・カリノフスキが選ばれました。彼らはアンジェイが自由にポーランド中を動き回ることができるように、グダンスクに一番近い地方エルブロング出身の人を選んだのでした。全国交渉委員会が組織され、幹部が選出されました。行動原則が確定し独立自主管理労働組合『連帯』の名称が採用されました。同じように自主と独立という名称が付いていた多くの他の組合と区別するために必要なことだったのです」

アンジェイ・グヴィアズダはさらに回想します。

「公安が何かの作戦計画を作成し準備して、それが完璧にでき上がっていたとします。しかし、それを『連帯』が全く無意識にぶち壊したということがしばしばありました。九月十七日の『連帯』

の誕生は、シュチェチン、ウッチ、シロンスクの三地方だけで『一体労組』という名の労働組合を組織する計画を潰しました。これは、『聖人』という暗号名を持つスパイ、マリアン・ユルチックが立役者となって調印されたグダンスク合意書よりはるかに弱いシュチェチン合意書を基礎としていました。グダンスクの公安スパイの問題は広く知られており、問題も抱えていましたが、それでも『一体労組』には、『連帯』のように活動を発展させていくことなど無理な話でした」

九月十七日までワレサは地方組合組織の連合を支持していました。初期のうちにひとつの組合をつくることは、相手に操作する可能性を与えてしまうというのが理由でした。工場間設立委員会におけるWZZメンバーの仲間は、日頃からワレサと闘わなければなりませんでした。

グヴィアズダは以下のように書いています。

「われわれは、『連帯』で強い地位を得るために、できる限りのことを行ないましたが、それはワレサの支持ではなくメンバーたちの支持によって得ようとしたものです。その闘いは、ふたつの闘いを意味していたので、簡単なものではありませんでした。前者は組合全体が、適切ではない道に引き込もうとするワレサにつかないように努力することでした。そうなれば、もう勝ち取るものがなくなってしまいます。後者はワレサと公安の陰謀から身を守ることでした。同時にワレサに対して忠実であるように努力しました。たとえばワレサの道徳上の問題について取り上げることをしなかったし、中傷からも彼を守るように心がけていました。またワレサが大きな過ちを犯したり失態を演じたりすることがないよう気を配っていました。それは『連帯』全体の害とならないようにするためでした。それがたぶん間違いでした。なぜなら、政権側のプロパガンダは、『連帯』のふたつの派閥（グヴィアズダとワレサ）は個人的な対立が基礎となっていると巷に広めていったからです。いまだにそう信じている人がいます。ともあれワレサと公安はわれわれにこの個人的対立を強硬に仕掛け続けたのです」

舞台裏の抗争が残したもの

八〇年九月十七日、グダンスク・ホテル・モルスキの一階で行なわれた工場間設立委員会全国大会は、「八〇年八月の理想」の時期の終わりであり、正式な独立自主管理労働組合「連帯」の始まりとなりました。連合形態を持った全ポーランド規模の組合が誕生しました。アンナが組合規約の草案に記載された、法律や政治上のニュアンスを完全に理解しなかったとしても、九月十七日に、最終的に勝利した全国組織の「連帯」のビジョンは、彼女の考えに近いものでした。気持ちの上でもイデオロギーの上でもアンナにとって親しい人たちの意見が組合の政策に関して異なっている中で、アンナがこの論争で自らの立場を明らかにしなかったことは、彼女が戸惑っていた証拠です。

しかし、ひとつの組合という形態は、アンナにとっても、全体主義国家に対抗して社会的利益を求める闘いの基本であったことは間違いありません。

その当時アンナは、八〇年八月の気高い理想の周辺で、舞台裏で醜い争いが展開されており、必ずしもみんなが純粋な気持ちで活動を行なっているのではないということを知りませんでした。アンナは地方組合の組織形態に反対しました。ワレサと顧問たちが支持していたからです。だからホテル・モルスキで開催された工場間設立委員会大会で、ワレサが委員長になった時、代表委員たちが熱狂的に受け入れていましたが、彼女は覚めた目で見ていました。

アンナは、彼女も支持した組合の中央集権化によって、ワレサの役割を抑えることがさらに困難になり、その危険に組合がさらされるということを他の誰よりもはっきりと気づいていました。すでにその時点で、ワレサが組合を指導すべきではないと考えていたからです。

八〇年九月からの一連の出来事は複雑でした。しかし複雑だっただけではなく、この時期に起こった出来事が後々まで、アンナ、グヴィアズダ夫妻、ピェンコフスカ、ボルセヴィッチとワレサの関係に、深い影を落としたことは確かです。八〇年九月、ヤスナ・グーラ修道院で朝食を食べていた時、ワレサが突然アンジェイ・グヴィアズダに言いました。「あのね、アンジェイ、きみはいい奴だが、私はきみを組合から追い出すと思うよ」というワレサの言葉は、何の気なしに言った言葉ではありませんでした。

ワレサのその脅迫の言葉は、アンナの場合には実際そのとおりになりました。八〇年から八一年にかけての彼女の組合活動のほとんどが、ワレサとの対立と衝突の下で展開しています。アンナは、ワレサを誰よりもよく知っていたし、ワレサの欠点についても熟知していました。また、人として許せないと思うような方法を使ってくることも、アンナは知っていました。こういう人間であるワレサとの対立とは、共産主義者や公安との闘いの一部であるとアンナは捉えていました。

アンナはヨアンナ・グヴィアズダと同じように考えました。

「状況の発展とは無関係に、公安の支援はゆるぎない地位を与え、この支援は最大の裏切り者だけに与えられていたものです。しかしワレサへの支援は、公安の思惑しだいで不確実なものでした」と。

第六章　連帯は後には引けない

「連帯の象徴」は面倒な女だ（一九八〇年〜一九八一年）

1981 年 12 月 15 日戒厳令下、造船所のゲートの閉鎖が始まった。アンナ・ヴァレンティノヴィッチは第２ゲートを守る任務についた。「朝６時、鋭い響きと２回続けて強烈な攻撃があり、数台の戦車がバリケードを超えた」と造船所犠牲者記念碑近くの第２ゲートの後ろでアンナは語った。今回は完全に鎮圧された。造船所の上空にはヘリコプターが飛来し、戦車が強行突破した。900 名の警官が造船所の重要拠点を占拠した特殊部隊を援護した。

組合費管理を任せられた

グダンスクの工場間設立委員会でアンナは、諸問題仲介部の仕事と、労組の会計を担当しました。会計の仕事では八月のストライキの際、集まった寄付金の管理が主な仕事でした。寄付金はかなりの高額で、ストの合間にアンナが人々を説得して集めたものでした。

アンナは回想しています。

「スト決行中、一日の終わりに集まったお金を袋に詰めました。部屋の片隅で山積みのお金を手でかき集め、大きい縞模様の買い物用平織り袋に入れるのです。コインも混じっていて重かったので、体を横に傾けて、造船所の門まで何とか運び出しました」「門でヤンコフスキ神父が待ってくれていて、車で、聖ブリギッダ教会の司祭館まで運搬しました。コインだけをダンボールに入れたこともありましたが、重すぎて門まで運べないこともしばしばでした。そういう時はヤンコフスキ神父が、造船所内まで車で入って来て、造船所労働者の助けを借りながら車のトランクに積んで運んでくれました。ストが終わった時、ざっと数えてみたら二〇〇万ズウォティはありました。確かに、それだけの金額はあったのです。お金は全部ヤンコフスキ神父が大きなスーツケースに入れ、棚に保管してくれました。棚の鍵を持っていたのは司祭館のシスターひとりだけでした。神父はその後もカバン二〜三個分のお金をそのスーツケースに押し込んだと言っていました。しかし、組合の口座を開いてそのお金を預金しようとした時には二〇〇万ズウォティには満たないことに気づきました」

政労合意の調印の後しばらくすると、組合員の中に、この金を狙っている者がいるという噂が広まりました。そのため工場間設立委員会幹部のアンジェイ・グヴィアズダは、安心して仕事が任せられる会計士を見つけるまで、信頼ができ、お金を守ることのできる、仲間に絶対的な信用がある人間が管理すべきだと考えました。それに加えて横領を防ぐことも必要でした。

グヴィアズダは、アンナには経理の経験がないのを承知していましたが、彼女以外に適任者はいないと主張しました。会計の専門的知識より、正直で、信頼に値する人であり、横領を許さないということが重要でした。そこでさっそく工場間設立委員会幹部会会議にかけ、九月の初旬、アンナに任せることが決定されました。

八〇年の秋に会計士モラフスカと、会計係ブロダルスカが雇用されました。アンナは八一年初頭まで、金銭出納帳を作成してお金を管理しました。入金があった時は、受領証を発行し書き留めて、どんなに小額でも見逃しませんでした。世界中から組合にかなりの金額が寄付されていたし、グダンスク造船所犠牲者記念碑建設の資金は「連帯」への寄付を含めた組合費から拠出することになっていたからです。

几帳面で徹底したアンナの会計のやり方に不満を持つ者が出てきました。ワレサが、その金の一部を貸してくれと言って来たのは、その頃でした。かなりの金額だったとアンナは記憶しています。

「組合費の問題では、本当に苦労しました。ストの初日から、ゲートの中と外の連絡係を担当していた組合員が、ゲートで受け取ったカンパのお金をストライキ委員会に運んで来てくれました。決して豊かでない人たちからの少額のカンパもあったし、かなりの金額のカンパもありました。われわれのストを支援する他の工場の代表者もカンパしてくれました。カンパ金は、『職場の安全と衛生』ホールの脇にあったクロークの台の上に並べました。しかし支援の気持ちを込めてカンパしてくれる人がいた反面、ポケットに入れてしまう人間もいることが分かったのです。だから、お金を、誰にでも見えるような所に並べて置くのは止めました。偉大な理想実現のためのカンパが、何の良心の呵責もない人間に盗まれてしまうことだけは何としても避けたかったのです。九月中旬、やっと銀行口座を開くことができました」

ワレサの嫉妬

アンナは、ワレサがその時期、連帯内の彼女の地位を潰しにかかったと言っていました。公安が「アンナは、負担が大きすぎるという理由で、幹部を辞めたいと発言している」という報告書を書いていますが、それはワレサの件と関係があったと推測できます。その頃、アンナは、八〇年夏の「連帯」の象徴として、すでに有名になっていました。若い活動家は「アンナは俺たちの組合の仲間だが、それより『連帯』とポーランドの八月の象徴だ」と語っています。クラクフでは「今日のポーランド女性のお手本となる女性」と賛美をもって歓迎されました。「連帯」を絶賛し、グダンスクに次々にやって来た映画人も例外なく彼女をカメラに収めようとしました。

素朴な女性クレーン工を守るために始まったグダンスク造船所のストライキは「労働者一九八〇年」という題で映画化されました。八〇年九月十三日に、ドム・テフニカで行なわれた初上映会には群衆が押し寄せました。その後、ワイダの「鉄の男」の撮影も行なわれ、一部アンナとワレサが出演しました。それだけでも、いかにアンナの果たしていた役割が大きかったかがよく分かります。次々にポーランド各地から訪れて来る人々を温かく迎える彼女の態度、そして彼女の真っ正直な生き方は、「連帯」支援のためにグダンスクを訪れる人々が、まさに「連帯」の中に求めていた倫理観そのものでした。

アンナは意欲的に活動を続けました。ポーランド中をまわって人々に訴え続けるうちに、「連帯」活動家の間で彼女の良さがどんどん認められていきました。八〇年秋の工場間設立委員会の幹部会で、ピェンコフスカが、アンナこそが「連帯」を代表してアピールしていく役割を担うべき人物だと提案したのは当然の成り行きでした。アンナには、人を惹き付ける人間的な魅力がありました。「行く先々で、一言でまわりを変える力があった」と、アンナがウッチを初めて訪れた時の様子をシレニョフスキは回想しています。誰と話しても共通の話題に欠くことがなく、話し相手を魅了しました。

アンナの評判は、「連帯」のリーダーの立場を死守しようとするワレサの脅威となりました。当初、グダンスクから外に出ることのなかったワレサは、アンナが、徐々に「『連帯』の顔」となっていることに気づきました。「このワレサの嫉妬が、その後の二人の敵対関係の原因となっていた」とレフ・カチンスキは分析しました。

二人の言い争い、喧嘩、対立が目立つようになってきました。そんな中、ワレサもグダンスクの外に出かけるようになりましたが、ワレサはその代表団から、アンナを故意にはずしました。九月、ヴィシンスキ枢機卿に謁見することになりましたが、アンナは行かないことになった。謁見は政治的な意味合いを持っている。それは私の領域だからね」とワレサは言ったのです。この件をアンジェイ・グヴィアズダも記憶しています。「八〇年九月初め、ヴィシンスキはアンナとワレサを謁見に招いた。車で行くことになっていて、アンナが乗ろうとするとワレサが『座る場所なんかないよ』と叫び、ベンツのドアを閉め、車を出してしまった」と。ワレサはちやほやされ、自分はポーランドの指導者だと思い込んで、組合内部の平等を尊重せずに他の組合員の意見を無視するようになってしまったのです。「もう手の施しようがなかった。『私に反対するものは、みんな出て行け!』とまで言うようになっていた」とアンナは語っています。このワレサの態度が危険だと思ったのは、かつてのWZZの仲間だけではありませんでした。

規約をめぐる強気の姿勢

その頃、皆は「連帯」幹部の団結を保つことは重要であり、とくにWZZ出身メンバーの結束は不可欠だと考えていました。なぜならその時期、共産主義政権との最初の緊張が高まってきていたからです。それは、組合の全国組織を立ち上げ、「連帯」の規約を作成し、ワルシャワ裁判所への登録を行なおうとしていた時のことでした。政権側が賃上げを実施しないことに対して、「連帯」の抗議が始まり、張り詰めた雰囲気が支配していました。またそれは登録に関する困難な問題と重なっていたのです。

一〇月一日、ワルシャワ県裁判所の、労働組合登録課課長ズジスワフ・コシチェルニャック裁判官がワレサに書簡を送り、連帯の規約に問題があると通告してきました。ポーランド人民共和国の国際同盟の順守、ポーランド統一労働者党の指導的役割が規約からもれていることが指摘されていました。続いて二項目に、政労合意書では、連帯の活動領域が沿岸地方と定められている（第四項）にもかかわらず、地方組織を統括した全国組織を発足させることになっていると非難しました。またコシチェルニャックは、連帯規約第十七項と二一項は、ポーランド人民共和国の法律に反しているとも指摘してきました。状況は非常に深刻でした。

その夜、「連帯」の幹部はグダンスクで会議を行ないました。アンナもその会議に参加していました。その際、グダンスクの組合幹部会は、テレビとラジオ放送への参与と、労働者共同出版社が出版する、「連帯」独自の刊行物の配布を実現すべきだと話し合いました。この会議では、国営ではない「連帯」自身が運営していくラジオ放送局設立の話も出たのです。顧問のマゾヴィェツキは、グダンスクの活動家が急進的な方向へ向かって行ったので、何とか軌道を修正しようと試みました。

ともあれ「連帯」は、コシチェルニャックの非難に答えるため印刷物を準備することとしました。そこには「連帯」は、労働組合であるので、規約は組合の課題と組織について定義を示し、また組合員の権利と義務を規定しているものにすぎない。したがって、規約には世界観や政治的な主義主張についての言及はされるべきではないし、ましてやポーランド人民共和国の国際条約や、党の指導的な役割に触れてはいないのは当然であることが書かれていました。そして上述の件に関しても、連帯の活動領域に関しても、一切妥協をしないことが明記されていました。アンナも、これに関して妥協を許しませんでした。

「何の権利があって、われわれに、党の指導的な役割を押し付けようとするのだろうか。七〇〇万ものポーランド人が『連帯』のメンバーになっているというのに。その指導的役割とやらを果たしてきた党が、何をしてしまったのかが、この三五年間で証明できているではないか。このようにポーランドの危機を招いた党の奴隷でいる理由などひとつもない」

「連帯」のこの強硬姿勢は、党員たちをおびえさせました。ポーランド統一労働者党中央委員会政治局のステファン・オルショフスキは、最高裁判所は、体制の基本原則を守り通し、連帯の圧力には屈することはないと、党員たちをなだめました。最終的に「連帯」は規約の内容を守り通すことに成功し、八〇年十一月一〇日、最高裁判所に正式登録を果たすことができました。

クッツァ大佐は名発案者

徐々に強まっていった「連帯」に対する公然たる攻撃は、秘密裡に行なわれる公安の攻撃と対になって同時に進行していました。八〇年の秋から、各県警内に公安特別部署と公安作戦グループが設置されましたが、それは「連帯」の発足とその活動に対しての工作実務を担うものであり、公安第三課A（ブルーカラー担当）と第三課（ホワイトカラー担当）の人員が投入されていました。このふたつを総括的に管理していたのが内務省第三局A第三部であり、クッツァ大佐が指揮していました。

この公安部署は、「連帯」対策のために設置された特別組織で、熟練の公安警察特務職員団が担当し、公安指導部と党の支持を得ていました。八〇年の終わりまでに、クッツァ大佐率いる公安第三課Aは、連帯労組に対し八九件に至る「成功」を収めていました。その成功とは、公安が一五〇〇人もの摘発対象者を登録したということでした。八一年一月の内務省第三局Aの分析専門家の報告書では、第三局Aの人員の五〇％もが「連帯」に潜入し、四〇〇人から五〇〇人のスパイが、全国「連帯」交渉委員会を含んだ「連帯」組織へのパイプを持っていると報告しています。クッツァ大佐の政策は、公安警察が、まず各工場の「連帯」を押さえるということでした。つまり「連帯」の各工場設立委員会の活動家の中でスパイを獲得し、彼らとのコンタクトを継続すれば、「連帯」地方委員会の指導部選出に影響力を持つことができ、最終的には全国大会に参加する代表者の選出と「連帯」指導部そのものをコントロールできる展望が開けてくると計算していました。

八〇年と八一年の変わり目の「計画防衛」という資料を分析すると、それが実行されていたことが分かります。公安の一八〇〇人余りの「個人情報源」のうち、一六〇〇人がスパイとして各工場の「連帯」設立委員会で活動を展開していました。「会話計画」といわれる作戦も同様の状況にあり、「連帯」設立委員会の活動家七〇〇名と一〇〇〇回に及ぶ、協力関係を勧誘する「会話」が行なわれました。また「連帯」対策において、内務省第三局A第三部は、公安の他の部署や、県庁、宗教対策担当部署、中央報道・出版物・行事統制局などの国家行政機関とも緊密な連携を組んで業務の遂行にあたっていました。

また内務省の要請で、「連帯」の規約の枠を超えたと見なされる内容の出版物の検閲も行なわれました。「連帯」各地方本部に関する公安の報告書は、内務省はもちろんのこと、グダンスク公安局にも提出されていました。グダンスクには「連帯」本部があるので、グダンスク公安は、全国的規模の「連帯」対策業務にとって重要な役割を果たしていたのです。

八〇年九月末になると、公安の活動はより組織的に遂行されました。各県の公安本部では、「連帯」の支部発足や、その加盟状況、また他の反社会主義組織への加盟状況などに関する調査報告の更新が一〇日に一回行なわれました。十一月には内務省の中枢機関がこれまでの公安の業務を統括することに決定し、グダンスクの「連帯」は「一族作戦」という暗号名が付けられ業務が開始されました。

逮捕予定者リスト

「一族作戦」の基本目的は、反政府活動家をマークし、彼らを抹殺していくことでした。また、自主管理労組「連帯」が決定した政府にとって有害となる事項などを把握し、それに対して対策を取っていくことも目的でした。その中でも最重要とされていたのは「工場間設立委員会の幹部を徹底的に調査し、その幹部の中から情報提供者を獲得することでした（報告書の分析および、対象者獲得に当たって利用するスキャンダルやその他の材料の調査も含む）」

グダンスクの「連帯」代表団に属する人物や、各工場の「連帯」設立委員会委員長などを情報提供者として獲得するための情報や、すでに使用されている情報の利用も重要とみなされました。それは、上記の人物を、集中的に教育し作戦を実行させ、工場間設立委員会の幹部に仕立て上げるためでした。また、作戦を徹底させるための手段（盗聴、手紙の検閲、尾行）も重要視されていたし、工場間設立委員会のメンバーがグダンスク「連帯」で活動するのを阻止することも同様でした。

工場間設立委員会のメンバーは、公安による対「連帯」作戦が行なわれていることは知っていましたが、ここまでの規模で行なわれていたとはまったく予想していませんでした。八月のストが終わって二ヵ月もしないうちに、戒厳令が施行された場合に逮捕する人物のリストがすでにでき上がっていました。そのリストの中にアンナも入っていました。彼女の拘禁理由は、拘禁者予定文書と名づけられた資料に次のように書かれていました。「アンナは、大きなグループをつくり上げることに長けており、彼女のこれまでの活動をみると、政府行政機関の決定事項を無視し、独自の決定権を持つ独立した団体を築くことが予想される」と書かれていました。

またその文書では次のように記されています。

「職場でも自宅でも、集会を組織するなどの挑発行為を行ない、そこで国の情勢について、偏見と敵意に満ちた発言を行なっている。彼女には理性的な論拠というものがなく、また西側の歪曲されたイデオロギーや情報を真に受けている。いかなる状況においてもまわりを支配しようと努め、自分が上に立とうとする。

八〇年のストライキの際には、仲間に、グダンスクのレーニン造船所に連れて来られて、ストライキ委員会や、その後に発足した工場間ストライキ委員会で活発な活動を行なっていた。ストライキの間は、労働者の要求の一〇〇％実現を図り、全く妥協の余地を見せなかった。彼女は同僚とグダンスク造船所の労働者に対し多大なる影響力を有している。現在アンナは、グダンスクの自主管理労組『連帯』の工場間設立委員会の幹部となっている。それは連帯労組の指導的な団体である。アンナは国中の工場の労働者の集会に参加しており、党と行政に対して、敵意をむき出しにした攻撃的な発言を行なっている」

WZZの崩壊

八〇年一〇月三日、「連帯」は、八月の政労合意の一〇〇％実現を目指して、全国規模の警告ストを計画しました。アンナはストを組織するために奔走しました。「一時間続いたストは、われわれの連帯を証明する忘れ難い経験でした。実際にわれわれ全員が初めて顔を合わせ、どのくらいの数がいるのかを目で見ることができたのです。しかし残念なことに、この時期からワレサとの対立が決定的になり取り返しのつかないものとなってしまいました」とアンナはトマシュ・ヤストルンに打ち明けています。これは本当でした。ワレサは、ライバルと見なした仲間から徐々に距離を置くようになっていました。クーロンの意見では、ワレサは、アンナの組織したマニフェストによって、ストを行なうことに同意したのだそうです。クーロンは「ヴァレンティノヴィッチが造船労働者たちにストを呼びかけ、労働者たちが窓の前に立って、ワレサにストをするように強く要請したのだ。それで、ワレサは意見を変えストを始めたのだ。その時からワレサはヴァレンティノヴィッチに対して、嫉妬を抱くようになったのだと思う」と書いています。

アンナは、自分たちの権利を主張する団体やグループをすべて支持しました。八〇年十一月、教育、文化、医療関係者がグダンスクの県庁の一室を占拠して占拠スト決行を宣言した時も、アンナは彼らを支持するため、その場に駆けつけました。

その頃、WZZ（自由労働組合）の団結が崩れ、崩壊寸前となっていましたが、グダンスクの工場間設立委員会の中では、彼らは外面上は団結しているように見せかけていました。しかし、WZZの崩壊は、もう誰にも止めることができないところまできていました。

この理由をアンジェイ・グヴィアズダは次のように説明しています。

「WZZは、イデオロギー的、政治的に、その目的を達成することができた。WZZの方針が、大きな支持を得たということだ。WZZの目的の実現である『連帯』には、大人数の人々が加入し、円滑に機能しているし、影響力も大きい。WZZのような厳しい弾圧を受けた小さな組織にしては、この成功は望んでもいなかったものだ。『連帯』発足の後、WZZは消滅してしまったが、その原因はWZZの目的が果たされたということだけではないと思う。WZZのメンバーで『連帯』の目立つ地位に就いた者がいたのに対し、事の成り行きで工場内の単なる一般組合員にとどまってしまった者もいた。これがWZZの団結をなくしてしまったのだった。一番気の毒なのは、スト開始時に、組合活動が原因で解雇された仲間だった。彼らこそが、スト決行時や工場間設立委員会で印刷機を手配してくれた人たちだったのに」

ボルセヴィッチは、当時のWZZ崩壊を背景にした中での、ワレサの行動を次のように語っています。「われわれは、ひとりの人間だけが指導力を持つという状況を良くないと考えていた。ワレサ自身も妥協しすぎだと思われることを、しばしばやらかすことがあった」

ヨアンナ・グヴィアズダの意見は、ボルセヴィッチの見解に似ていました。

「『連帯』の指導部にいて、WZZのメンバーだった者の意見が、ばらばらだった。リスは民主的な方法が一番だと言いながらも、ワレサにべったりだった。ピェンコフスカは、アンジェイの代わりに、リスを立てようと必死だった。ピェンコフスカは社会自衛委員会・KORを支持する組合の印刷物に、『リス副委員長』と書いていた。リスは副委員長ではなかったのに。ボルセヴィッチは、アンジェイを敵視していたが、それが、恋人のピェンコフスカに影響を与えたのかもしれない。

グディニア造船所のストを指揮した闘士、コウォジェイは、あっという間に、調子のいい技師コジツキにその地位を奪われた。公安がコウォジェイを引きずり下ろしたのかもしれないが、彼はストの前の二日間しか、ここで働いていなかったし、造船所を知らなかったのだから、別の人が選ばれても不思議ではないかもしれない。ブルツは当時ワルシャワに住んでいて、マゾフシェ地方で頑張っていたが、彼とはコンタクトを取っていなかったので、よく分からない。当のボルセヴィッチは、その後も『連帯』で問題なく活動を続けた」

さらにヨアンナ・グヴィアズダは、その著書の中で「その頃、アンナは、ワレサの攻撃の対象になっていた。彼女が重要な地位を占める一匹狼的な活動家だったからだけではないと思う。ワレサは、アンナの影響力をなくそうと必死だった。ストライキの後、彼女は多大な支持を受けていた。集会などでも、彼女が意見を述べると、大拍手で、ワレサに対する拍手に比べても、はるかに大きな喝采を浴びていたのだ。ワレサはそれが我慢できなかったのだと思う」と書いています。

八〇年十一月、ワレサと、グヴィアズダを含むグダンスクの代表団が、自主管理労組「連帯」の規約改正のため、ワルシャワの最高裁判所に向かった時、アンナは、労組の規約の話し合いや会議で重要な役割を果たしていたのに、場所がないと言われて、ワルシャワに向かうバスに乗ることを拒否されました。

その当時ワレサの顧問たちもヴァレンティノヴィッチを警戒するようになっていました。ヴァルデマル・クチンスキは、八〇年一〇月の末に行なわれた、マゾフシェ地方の自主管理労組「連帯」設立委員会でのヴァレンティノヴィッチの演説の様子を以下のように書いています。「ヴァレンティノヴィッチが現れると、みんな総立ちで拍手をし、彼女を迎えた」。その際彼女は「公安は我々の一番の敵である」と公に発言してしまったのです。それを聞いてクチンスキは、心からまずいなと思ったのでした。

最初の時点では、仲間たちはワレサに理性的に行動するよう説得しようと試みました。その説得の一番いい方法とは、ワレサに「連帯」の顧問や彼の仲間のいない所で個人的に話をすることでした。一対一で話をすれば、ワレサを説得することができたからです。

ヨアンナ・グヴィアズダは、さらに語っています。

「私たちは、『ワレサに対して強くしかりつけた』という表現を時々使うが、これが唯一、彼に連帯幹部の意見を聞かせる方法だった。ワレサは、何か気に入らないことがあると、すぐ不機嫌になり、部屋から出て行こうとする。ワレサをしかりつけたというのは、つまりは出て行かないように、幹部の部屋の鍵を閉めたということだ。ワレサは、それでも部屋を出て行こうとする。そこでアンジェイが、彼を椅子に座らせ、最後まで話を聞けと命令する。そこまで行くとワレサは態度をがらりと変えて、時にはわざとらしいと思えるほど、従順な態度をとったものだった」と。

これに似た状況を、ボルセヴィッチも書いています。

「その時の意見の相違は、組合の活動内容ではなく、人事についてだった。皆ワレサとアンナの反目は、良くないことだし、それがなければどんなにいいだろうと考えていた。この件でワレサと話をしたことがある。いつだったかは憶えていないが、これがこの件での最後の説得だった。私は工場間設立委員会の仲間のいないところで話し合ったのだ。それはリンゴの木にリンゴがすずなりになっていたクレメントフスキの家の庭だった。そこでふたりで決定したことがあったのだが、結局ワレサのせいで実行できなかった。ワレサは、約束を、状況によって都合のいいように変えてしまうのだった。ワレサのこういうところが、対立関係を招いてしまい、彼は信頼を失っていったのだった」と。

殺人者の記念碑などもってのほか

同じようなアンナとワレサの対立があったのは八〇年十二月のことでした。その頃はもう、ふたりの関係の悪化は明確になり、それが、みんなの中で話し合われるようになっていました。原因となったのは、七〇年十二月に殺された犠牲者のための記念碑の正式名称の問題と、犠牲者名簿に、警察官を入れるかどうかというふたつの問題でした。この問題が浮上していることを、アンナが知ったのは、聖ブリギッダ教会の司祭館で行なわれた造船労働者犠牲者記念碑建設委員会での話し合いでのことでした。

十一月末から十二月の初めにかけて、アンナは記念碑建設委員長のレナルチャックと、この委員会の書記長マンデルラに対して、不満を持ち始めていました。七〇年の犠牲者たちの死を彼らは冒涜し、共産政権に対して妥協ばかりしていると、アンナは考えたからです。彼女は記念碑建設ために集めた募金の収支の詳細を彼らに求めました。レナルチャックとマンデルラはワレサに近い人間でした。そのため、アンナと口論になると、「連帯」の指導者ワレサの意見を、そのつど持ち出してきました。このような高圧的な彼らの態度に、アンナは「ワレサの意見なんて、ここではどうでもいいでしょ！」と答えました。彼女は最終的にワレサと直接話し合いをすることにしました。

アンナはその時の状況を次のように話しました。

「工場間設立委員会の決定に反して、記念碑の名称を、『造船労働者犠牲者記念碑』から『和解の記念碑』と変えることになったと聞いた時は、心臓発作になるかと思うほど驚きました。和解？一体全体誰との和解だというのでしょう。憎しみを持ち続けて生きていくのは良くないことですが、和解して仲直りするためには、まず初めに殺された人に対して道義を立てなければならないはずです。私は声を上げて、怒りをあらわにしました。その時、初めてワレサは、私を追い払う言葉を吐いたのです。執務室で、私に『辞退しろ』と言ってきたのです。私は『冗談じゃない』と言葉を返しました。その時彼は、『だったら辞めさせてやるぞ』と言ったのでした」

八一年十二月一〇日、アンナはフェルスキとミコワイチュックと共に、グダンスクの県知事コウォジェイスキと造船所記念碑建設委員会との話し合いに乗り込みました。県知事の執務室には、イェディーナック大臣とチョセック大臣も出席していました。レナルチックはその時の様子を次のように描写しています。

「アンナは県庁へ向かうわれわれの車に乗り込んだ。会議室の椅子に腰を下ろすと、早速県知事に向かって『なぜ県知事は記念碑建設委員会を脅迫するのか。なぜ〈造船労働者犠牲者記念碑〉という名称を駄目だというのか』と強い調子で尋ねた。コウォジェイスキ知事は、駄目とは言っていないと彼女の言葉を否定し、私も同じように答えた。なぜなら誰も脅迫などしてはいなかったし、犠牲者の名前を彫ったプレートにしても、『国民から犠牲者のために』と書かれている銘文にしても、提案はすべて受け入れられていた。しかしアンナはさらに続けた。『プレートに警察官の名前を入れるべきではない。入れても私が消してやる。和解はできない。レナルチャックは、和解の記念碑にしたがっている。だが、まだその時期は来ていない。記念碑は、〈造船労働者犠牲者記念碑〉でなくてはならない。殺人者の記念碑など、もってのほかだ』と語っていました」

同日、ワレサはことの一部始終を耳にしました。レナルチャックとマンデルラ、グディニアのコジツキが報告したのです。しかし、彼らの言葉の使い方が、すでに張り詰めている状況に、さらに油を注いでしまいました。彼らは、アンナが、県知事との話し合いの場で、七〇年十二月の犠牲者記念碑の除幕式の日に（八一年十二月十六日）造船所内でストを決行すると言ったと、ワレサに話しました。これは、アンナの言った言葉を、曲げて伝えた結果でした。アンナは「もし、もとの記念碑の名称に戻さないのであれば、造船所労働者はストをするだろう」と言っただけでした。話し合いに参加していた共産主義者でさえ、アンナがそんなことを言っていたとは一言も言っていません。

ワレサの脅迫

アンナの正当性を裏付けたのは、同日、行なわれた話し合いでした。「連帯」幹部と、政府側代表のコウォジェイスキ、イェディーナック、チョセックとの話し合いで、議題は記念碑除幕式の式次第についてでしたが、政府側はアンナが企てたという十二月十六日のストライキについてまったく何も言いませんでした。しかしワレサは、彼の仲間が言ったことは本当だと信じ込んでいました。ボルセヴィッチは、ワレサが「こうなったら、アンナは辞任すべきだ」と語ったと伝えています。それに対して、アンナは次のように話しています。「ワレサは、私を陥れて馬鹿にした。引き下がるとでも思ったのだろう。絶望して、がっくりと肩を落として出て行くとでも思ったのだろうか。他の組合員のように二度と組合には顔を出さなくなると期待したのだろう。私は、そんなに弱い人間ではない。そうはいかない。なぜなら、組合員は私を頼りにしているし、私は彼らを代表する人間なのだから」と。ワレサは、アンナが引き下がらないのを知ると、「あんたを辞めさせてやる。引きずり下ろしてやる。俺にはその力があるのを知らないのか」と脅迫してきたのでした。

ワレサとアンナのこの対立について触れている公安の書類があります。それは、リシャルト・デルディス少佐が作成したもので、八〇年十二月十二日に、スパイ「デレガット」（ヘンリック・ヤンコフスキ神父）が少佐に報告した内容が書き留められたものでした。

「ワレサは、ヴァレンティノヴィッチの記念碑に関する介入を『無責任な大ひんしゅくをかう行為』と考え、『いい機会があれば、この女を潰してやる』と言った。また、この件に関連づけて、彼女だけではなく『連帯』の組合員の中でも粛清を行なうことが必須であると述べ、この粛清を近いうち始めると語った。まずKORのメンバーから始めて、次はKORの支持者であるアンジェイ・グヴィアズダ、彼の妻、そして、アリーナ・ピェンコフスカと次々に抹殺していくと話した」

とそこには記述されています。

その翌日グダンスクの公安は、内務省に対して報告を行ないました。

「ワレサは『連帯』の事務所で、連帯工場設立委員会の代表者会議を召集した。ボルセヴィッチ、コブズデイなども呼ばれて参加していた。そこでワレサは記念碑の名称の変更について話を始め、この件で自分の側につくか、ヴァレンティノヴィッチの側につくか決めるよう参加者全員に要請した。全員ワレサにつくことにした」

それでも何とか最終的には、アンナの意向どおりに事が収まりました。八〇年十二月九日発行の、グダンスク「連帯」工場間設立委員会の刊行物に「アンナの介入により、記念碑の名称は最終的に、〈造船労働者犠牲者記念碑〉に決まった」と書かれています。また、そこには七〇年労働者鎮圧で死亡した警察官の名前は除外されることになったことも伝えられていました。

屈辱の除幕式

しかし、それがもとでアンナは次の侮辱を受けることになってしまいます。「連帯の母」と呼ばれた彼女が、記念碑除幕式に招待されず、献花することもできなかったのです。アンナは、その屈辱を次のように語っています。

「除幕式が行なわれました。造船労働者犠牲者記念碑の前には、代表団が集まっていました。彼らは和解の式典でご満悦の様子でした。ワレサ委員長の隣にはフィシュバフ書記が仲良く肩を並べていました。ミサが行なわれましたが、私は聖パンをもらいに行くことさえもできませんでした。記念碑の前には私の場所などないのです。式典の入場券もなく、警備係をしていた労働者を押しのけて入ることも無理でした。今年も花を捧げることができませんでした。一年前は公安に邪魔されました。そして今年八〇年も。連帯が発足し勝利した八〇年だというのに」と。

記念碑の問題は、ワレサとアンナの関係をますます悪化させました。「除幕式のあと、ワレサはまったくわれわれの言うことを聞かなくなりました。以前は譲歩して反省することもありましたが、除幕式の後は、自分が記念碑を建ててもらうほど偉い人間にでもなったかのような態度を取り始めました」とアンナは語っています。

対立はさらに続きました。七〇年十二月事件のグディニアでの式典の内容と、ローカル線の駅グディニア造船所駅の近くに建てられた記念碑の問題でも、状況は同じでした。グディニアの式典では、ワレサが、この式典が反共産主義的な色彩を持つことに、明らかに不安を感じていました。八〇年十二月二三日、この式典について、ポーランド統一労働者党中央委員会の政治局の会議でタデウシュ・フィシュバフが以下のように報告を行なっています。

「十二月のことで問題が浮上してきた。十二月事件を犯罪として記念し、また政府とシュラフチーツの発言に対する攻撃の機会に利用しようとする企てがある。われわれが、成すべきことを行なったとして評価する者もいる。グディニアの記念碑については、譲歩しすぎたといって不満を感じている者もいる。そのかわり式典の対策準備はでき上がっており、その式次第はコントロールできている。彼らもそれを受け入れている。しかしグディニアではワレサは不満げだ。こちら側は少々困惑気味だ。ノヴィツカは別の演説の内容をワレサに渡したが、ワレサはわれわれの準備した内容を読んだ。ワレサを手助けしなければならない。彼は教会の信用を得ているからだ」

ビドゴシチ事件

「連帯」の分裂と対立は、ビドゴシチ危機で本格的なものとなりました。それは八一年三月十九日、ビドゴシチの県国民評議会で、自主管理労組「連帯」の組合員が殴られた事件です。当時農民たちが「農民連帯」の登録を要求してストを決行しましたが、自分たちの労働組合の登録を要求している農民たちの正当性をビドゴシチの組合員が訴えている最中にその事件は起こったのでした。

その頃、「農民連帯」の登録を支持していたアンナは、ジェシュフ・ウストゥシツキェ合意書の実現を目指す活動を行なっていました。三月十七日には、ビドゴシチの統一農民党の建物を占拠した農民を応援に出かけています。その二日後、ルレフスキとバルトシチェ、そして他の組合員が殴られたと聞いて、アンナはピェンコフスカと共にビドゴシチへ向かう準備をしていました。しかしワレサは、

「ビドゴシチへは向かうな。私が解決する。それを邪魔するな」

と彼女らのビドゴシチ行きに猛反対しました。アンナは、そのワレサの要求をのむしかありませんでした。その代わり彼女は八一年三月二四日、三月二七日に四時間のストを行ない、三一日はゼネストを決行すると発表した全国交渉委員会の反ワレサ派を支持しました。

その二日前（八一年三月二二日）、グダンスク「連帯」工場設立委員会の幹部会が開かれ、アンナもそれに参加しました。そこでグダンスク「連帯」の指導部は、組合員全員に「活動家の団結と組合員同士の信頼」を重要事項として特別に呼びかけました。

三月二五日、グダンスク工場設立委員会幹部会は、ゼネスト決行、戒厳令の施行、外国の介入に備えての対応策を発表しました。その頃ポーランド全国で緊張感は頂点に達し「連帯」は揺れていました。それは『連帯の』ワレサに対する宣戦布告でした。ワレサは、ヤルゼルスキとの合意を欲していました。彼はイライラすることが多くなり、喧嘩をし、全国交渉委員会の会議で、大きな音

でドアを閉め、出て行くこともありました。

「連帯」内のお互いの反目と分裂は止まず、ますますそれは激しさを増していきました。「農民連帯」の要求に対する意見の相違と、ワレサについて組合員の間で見解が分かれていたことが主な原因でした。「連帯」の主任顧問のひとりであったゲレメックは、三月三〇日の合意を、ソ連の介入を回避した「連帯にとっての大きな成功」と評価しました。彼は「個人農民連帯の合法化、ビドゴシチ事件の内務省役人の処罰、ビドゴシチ副知事の辞職」を成功例として列挙しました。

このような見解には全国交渉委員会のメンバーの多くが同意しませんでした。「ビドゴシチでわれわれが殴られた原因は、我々が一貫性を持って闘わなかったからだ」とシロンスクの「連帯」リーダー、アンジェイ・ロスプウォホフスキが言いました。「『連帯』が先決問題で、その後で『農民連帯』の問題に取り掛かろうとわれわれは考えていた。しかし、その間に、政権側は恐怖感から脱し、自信を取り戻してしまった。だからビドゴシチでもわれわれをこん棒で殴ることができたのだ。われわれがそこで『農民連帯』について要求をし始めたからだ。ビドゴシチで起こったような事件は、今後どこにでも起こりうる。『農民連帯』を支持する所はどこでもだ。だから、もう選択の余地はない。ワレサが『農民連帯』の第一回目の正式登録の試みが失敗した時言ったように、まずはストライキをしなければならない」

ゼネスト中止へ

しかしワレサはストライキを決行しようとしませんでした。ちょうどその頃、けがをしていたルレフスキは、ビドゴシチ地方本部の自分の代理ゴトフスキに頼んで、ワレサが譲歩しそうになったら、会議の席を出て行くよう頼みました。また同時に「ワレサが裏切り者であることを公表する」ように彼に指示を与えました。政府側と公安はワレサが全国交渉委員会の委員長の席を追われることを恐れていました。

八一年三月二六日の内務省第三局Aが作成した「全国交渉委員会の今後の予測」と名づけられた文書には以下のような記述があります。

「ワレサが『連帯』委員長の座を追われる可能性が出てきた。そうなった場合、テレビ、ラジオ、新聞などの全報道機関に、ワレサに委員長の席を追われた理由を発表する場所を直ちに与えるようにしなければならない。ワレサは感情的になり政府を非難することが予想されるが、メディアを使うことにより、国民の間に活動家への不信感を生じさせ、活動家たちのやり方が極端すぎるという批判を喚起できる」と。

ワレサは「ビドゴシチ以外のストライキの予定を取り止める」と宣言しました。さらに八一年三月三〇日、自主管理労組「連帯」の交渉グループが、翌日に予定されていたゼネストを中止すると発表しました。「連帯」労組のリーダーたちが、ワルシャワで政府と合意書を調印したからです。これについてアンジェイ・グヴィアズダが、テレビカメラの前で声明を発表しました。これにはみんなが驚きました。後グヴィアズダは、考えが甘かった、義務はいかなる状況でも果たさねばならないと思った、組合への責任感からだった、ワレサが酒に酔っていて急に発表できなくなったからだったと、その件についていろいろ言い訳しました。ジレンマに悩んだ末、グヴィアズダは全国交渉委員会副委員長を辞任することを決心しました。グヴィアズダは以下のように語りました。

「声明文を読んでしまったのは私です。だから辞任したいと思うのです。そもそも、副委員長であったにもかかわらず、組合の原則とみんなで決めていたことを擁護することができなかったことが問題です。全国調整委員会の会議では、秘密裡に工作があったとは誰も教えてくれなかったのです。会議の参加者たちは、合意書の調印は良いことではないかもしれないが、交渉の結果仕方なかったと弁解しました。全員が政権側のスパイで陰謀を企てた結果だったのか、ワレサにお前たちなど仲間ではないと言われて言いなりになったことを白状するのが恥ずかしかったのかは、私には知るすべもありません。ワレサ自身、立場が危うくなりましたが、最終的にはそれを免れた結果となりました。しかしワレサの立場も安泰ではないと判断した政権側は、万が一のために工場間設立委員会に電報を大量に送り、ワレサへの支持を表明しました。差出人は政府委員会と教会の司教区の神父たちでした。結局仲間たちは私の辞任を受け入れてくれませんでした。したがって副議長の任務を続けることになったのです」

ワレサ支持キャンペーン

まさにその時、政府が繰り広げたワレサ支持の大キャンペーンが始まりました。グダンスクのワレサのもとには「賢明な決定だ」、「和解の精神だ」、「危機の打開の成功だ」と礼状が山のように届きました。礼状は「連帯」関係者が送ったものだけではありませんでした。「本物のポーランド人」たちや、党員、出版社PAXに属する活動家、海外商業センター「アルス・ポローニア」、文学者、主婦連盟、司教区の活動家など、それは多数に上りました。ポーランド文学者同盟のワルシャワ支部は、ワレサに対して「国をまさに襲おうとした脅威から守った」と礼状を送りました。ワルシャワのシフェルチェフスキ記念精密製品工場の工場委員会は「ワレサ殿、あなたは本物の組合員だ。社会主義改革のまさに手本だ。政府との合意書の調印とストを回避してくれたことを、われわれは大きな満足を持って受け入れ、心から安心することができた。これは言葉では言い尽くせないくらいだ」と礼状を送ってきました。

内務省第三局Aのヴワディスワフ・クッツァ大佐は、四月二日に行なわれた電話会議でその満足ぶりを次のように語っています。

「労働者らは、状況の危険性を感じており、同意の後どうなるかも予想していた。全国交渉委員会、そしてワレサ個人に当てた多くの電報がそれを物語っているし、彼らがストに反対だということの証でもある。ゼネストの中止宣言の後、労働者階級と国民の安堵感を手に取るように感じることができた。しかしその一方で、極端な『連帯』急進派らは失望したようだ。ゼネスト中止に決定的な役割を果たしたのは、ビドゴシチの五〇あまりの大工場の工場委員会の議長などの国営工場の工場委員会の代表者たちである。彼らは、八一年三月三一日に予定されていたビドゴシチのストを、ビドゴシチ工場間設立委員会が強く要求したが許可しなかった。選挙時に、国営工場の工場委員会を、われわれの戦略によってコントロールすることの重要性を強調したが、まさにそのとおりとなった。また、工場委員会の議長やメンバー、そして工場間ストライキ委員会のリーダーと連絡を取り、戦略的な話し合いを行なうこと、それを継続して行なうことを指示した私のやり方が正しかったことも、これで証明された。この方法にさらに磨きをかけ発展させるべきである」

しかし、ワレサに宛てられた多数の手紙や電報の中には、ビドゴシチ危機の解決法について、ワレサと全国交渉委員会を非難したものもありました。たとえばウッチの自主管理労組「連帯」の工場間ストライキ委員会の組合員たちは以下のように書き送ってきました。

「八一年三月三〇日に、自主管理労組『連帯』の交渉団と政府の間で締結された合意書の内容は、われわれ組合員の要求を満たしていない。したがって、全国交渉委員会に次の項目実現を政府側に要請するよう要求する。

①農民連帯登録を可能とするよう政府に要請すること

②テレビ・ラジオでの労組に対する批判に、労組が同じ手段で反論する機会を与えるよう要求する

こと

③政府による恩赦制度案の下院への提出

④政府との交渉の公開、またアンジェイ・スオビックへの全面的支持である」

「ワレサにだまされた」

しかし「農民連帯」のワレサへの批判は攻撃的なものでした。

「キェルツェ県の農民は、全国交渉委員会にだまされた思いだ。失望させられた。あなたは二度もわれわれのために闘うと約束したではないか。それなのにわれわれの信頼を裏切って、ほとんど何もしなかった」と。

それから少し経ってから、歴史家イエジ・ウォイエックは、ワルシャワ合意を次のような的を射た言葉で名づけています。

「三月三〇日の政府との交渉は、『連帯』最大の過ちだった。確かにそこではビドゴシチの件について話し合いが行なわれたが、これは当座の問題を片付けただけであり本質的には重要ではない。本当の問題は、『連帯』の政府との交渉のやり方、基本的権利、存在の基本が、今後どうなっていくかが、この交渉にかかっていたということだ。ゼネストの中止は故意に行なわれたことは確実だろう。政府側に対しては何も求めなかった完全な譲歩だった。条件を出すこともできたはずだし、将来の今よりももっと保障された『連帯』の権利の確保を要求することもできたはずだし、そうするべきであった。夜の交渉時のラコフスキ副首相は、ワレサよりも巧妙な交渉を行なっただけではなく、精神的にもワレサより強い人間だということが判明してしまった。だからラコフスキが勝利したのだ。『連帯』の弱点は、政府との交渉能力に欠けていることだ。ここで忘れてはならないことは、国の行方を決定する権限は持っていないにしても、『連帯』は国民の代表であり、だからこそ、現在国の政権を握っている政府のほうが、失うものは大きいということだ。政府側のリスクは、『連帯』全国交渉委員会のリスクに比べ、はるかに大きいものである。非常時においてはとくに、『連帯』全国交渉委員会には、勇気のある一貫性を持った理性的な姿勢が重要であり、ポーランドの労働者の要求を理解することが必要である」

アンナも、ワレサと全国交渉委員会を批判しました。三月三〇日の合意は「連帯」の羽を折ってしまうような行為だったと考えました。他の多くの組合員同様、組合代表者に失望しました。ワレサは工場委員会の一般の組合員たちの支持を受けていると知っていました。ワレサは、再び勢力を伸ばし勝利し、政府との合意を自らの功績としたり、合意はアンジェイ・グヴィアズダのやったことだと責任逃れしたりと、状況によって態度を変えていました。

公安の文書にワレサは、ゼネストを中止した責任を、最初からグヴィアズダに押し付けていたことが記録として残っています。数ヵ月後には自分でも

「グヴィアズダに一杯食わしてやろうと思って、テレビで声明を読ませた。あの決定が非難されると思ったから、彼にも責任の一端をかぶってもらおうと思ったのだ」と言っています。

また別の公安の記録には、グヴィアズダ、ルレフスキ、ブヤック、ロスプウォホフスキ、ユルチックが「不信任案を組合に提出して、『連帯』全国交渉委員会議長のワレサの辞任を求める計画が進んでいる」という情報をワレサが入手していたという情報が残っています。「それはワレサが八一年三月三〇日に政府との合意書をサインし、計画されていたゼネストを中止した後に実行されることになっていた。この事実を知ったワレサは、政府との交渉チームにわざとグヴィアズダを入れたのだ。だから、ゼネスト中止調印書には、グヴィアズダのサインもあるというわけだ」と公安の書類には記述されています。

アンナは、この状況の中、不安を抑えることができず、「また戦いになる」と感じていました。首相ヤルゼルスキが呼びかけた九〇日間の停戦とは、「連帯」の唯一の武器であるストライキの権利を剥奪する、巧妙に練られた策略でしかありませんでした。

アンナは「水曜の話し合いまで待とう。もしこの話し合いで『連帯』が満足できる結果が出ないならば、ストライキに突入だ。連帯は、もはや後へは引けない。戻る道は残されてはいないのだ」と語りました。他の「連帯」組合員たちも同様の意見でした。「連帯」指導部の決定を、アンナは造船所内で待っていました。ボルセヴィッチが電話で連絡を取り、決定を彼女に知らせました。

アンナは

「夜になって、全ての抗議行動は中止になったことを知り、信じられませんでした。尊厳、尊重、決定権をやっと手に入れてから数ヵ月しか経っていないのに、もう警官隊の棍棒は『連帯』を打ちのめそうとするのか。私は、この知らせを造船所の仲間に伝えました。反応はさまざまでした。私の怒りに同感する者もいたし、批判精神をまったく持たず、ただ盲目的にワレサに信頼を置いている者もいました。そんな中、またしても、私がストを計画している、ワレサを辞任させるために署名を集めているという噂が広まりました。造船所の党組織の書記長ワベンツキの提案によって、工場内放送で『例の有名な活動家の女が造船所内をうろうろして反ワレサキャンペーンを繰り広げている』とアナウンスされました。こんなにも党は、自分のお気に入りのワレサのことを心配しているのか。そんなわけはない。彼らが、あれほどまでに憎んでいる『連帯』の団結が崩れることを心配しているわけではないことは明白なのだから」と語っています。

造船所内の数箇所の部署では、「正しい労働者たちの『連帯』」と自称するワレサ支持者たちが会議を開き、その席で、アンナのワレサ議長に対する忠誠心のなさを弾劾しようという決定が下されました。この内容が造船所内放送で流されました。アンナは、造船所「連帯」のズビグニエフ・リスのアナウンスで、「連帯」事務局へ直ちに来るよう呼び出しを受けました。

アンナを弾劾する試みは、完璧に指揮が取られており、前述の造船所党代表者のワベンツキも加わって繰り広げられたものでした。

危機の中に立つアンナ

地獄のような状態になりました。「誰かが、アンナは組合にふさわしくないので、追放せよという内容の嘆願書を提出したのです」とアンナは言いました。

またアンナが会計を担当していた八一年九月から十二月までの間、決算上何の問題もないことが組合監査機関によって証明されていたのにもかかわらず、根拠のない彼女の組合費の横領が訴えられました。この作戦は内務省も加担していました。八一年三月二六日付けの内務省第三局A第三部の『連帯』の予算および収入についての作戦報告書」にその記録が残っています。公安は「全国交渉委員会とグダンスク工場間設立委員会の会計」についての「戦略」の実行を試みていました。グダンスクの諜報機関（公安）第三課Aは他の公安部署と軍隊（WSW）の協力の下、「連帯」の経理についての緻密に練られた作戦を実行し始めたのです。工場間ストライキ委員会の会計担当係であったアンナも、その対象に挙げられており、経理関係者のスパイを彼女のまわりに配置した作戦が展開されていました。アンナを組合の金銭的危機を招いた張本人に仕立て上げ、彼女を陥れるための工作が実行されたのです。

アンナは危機のまっただなかにいました。しかしワレサとその支持者にとって今こそがアンナを陥れるに最高の瞬間でした。ビドゴシチ危機とワルシャワ合意をめぐる組合の分裂が、ワレサの戦略を覆い隠していました。八一年三月三一日、グダンスク造船所の「連帯」部門委員会W―3部門は、「連帯」工場委員会に対し、直ちにアンナをグダンスク工場間設立委員会から除名するよう公式の要求書を提出しました。根拠は、①全国交渉委員会とワレサを侮辱したこと、②造船所「連帯」における活動の怠慢、③映画関係者に協力したり宗教関係の小物を配ることばかりに力を入れているということが理由でした。この除名の理由が根拠のないものであったばかりではなく、除名すること自体意味を成さないことでした。なぜならアンナは、八月のストライキで工場間ストライキ委員会幹部のメンバーとして活躍していたから自動的に工場間設立委員会の幹部となったのであり、グダンスク造船所「連帯」工場委員会から任命を受けたのではないからです。したがって、この地位からアンナを除名するには、グダンスク「連帯」の全工場代表者で構成される総会がその決定を下さなければなりませんでした。

四月一日には、グダンスク造船所「連帯」工場委員会幹部会はW―3部門の要求書に対して同意を示しました。その八一年四月一日付けの決定内容は「幹部としての任務怠慢と、代表者としてふさわしくない行為を考慮して、アンナをグダンスク工場間ストライキ委員会幹部会から除名する」というものでした。工場委員会幹部会の決定は、次に公式にグダンスク造船所の「連帯」の組合員の公式の承認を得なければなりませんでした。したがって、「連帯」部門委員会に意見を送るよう依頼が来ました。幹部会に送られて来たその声明文には、アンナの組合の仕事を否定的に評価する内容が書かれていました。全ての日付が四月一日になっていました。第十七「連帯」部門委員会の委員長は「ワレサに反対するアンナの態度を非難する」と書きました。ワルシャワ合意に反対して、ストライキを煽動したという意見も多く出ました。

この意見を表明した中に、レフ・ワレサの、もともとの部署W―4のアルフォンス・スーシェックがいます。彼の声明文には以下のように書かれています。

「ヴァレンティノヴィッチのW―4、そして他の部門におけるストを煽動する演説は、交渉を重視しないものであり、同時に同胞ワレサに対する不信感を煽り、彼の辞任を呼びかけるものだった。ワレサが優柔不断で譲歩ばかりしているというのが理由であった。したがって、アンナ・ヴァレンティノヴィッチの、グダンスク工場間ストライキ委員会幹部会除名を支持する」

アンナを除名しろ

とくに驚きに値するのは、マレック・ミコワイチュックがアンナを非難したことでした。ミコワイチュックは、これまでアンナの活動を支持してきており、それゆえにワレサとワレサの支持者からはよく思われていない人物でした。そのミコワイチュックがW―4部門を代表して「『連帯』の組合員は、個人的に『連帯』指導者の決定を否定することはすべきではない。過去の功績は認めるにしても、（ヴァレンティノヴィッチの）組合内での勝手な行動は許されてはいけないものである。今大事なのは団結だ」と宣言していました。

しかし、すべての部門の中で、アンナの長年の職場W―2は、徹底的にアンナを擁護しました。「われわれはK―2幹部会の工場間設立委員会からアンナを除名するという決議に対して断固反対する。①アンナ・ヴァレンティノヴィッチは、組合員として個人的な意見を公の場で表明する権利がある。なぜなら『連帯』は民主的な組合であるからである。②もしヴァレンティノヴィッチが、工場間設立委員会の会議などで、公に工場委員会で義務付けられている事柄とは反対の意見を述べたとしたら、それは直ちに除名の原因となりうる。（しかしそういうことは行なわれていない。）もし、彼女が工場委員会とコンタクトを断ってしまった場合には、警告をすることになっている。③アンナは経験豊富な活動家であり、『自由労組WZZ』を設立し、最初に不義と闘った人である。よって、警告や公式の戒告書類の公開なしには工場間ストライキ委員会幹部会除名をしてはならない」と。

同日工場間設立委員会幹部会の十一名のメンバーが、アンナ除名に対して抗議を表明しましたが、その中には、ワレサ支持者と考えられていた幹部もいました。そのメンバーは、ユゼフ・パブリツキ、アリーナ・ピェンコフスカ、ボグダン・ボルセヴィッチ、シモン・パブリツキ、ヨアンナ・グヴィアズダ、アンジェイ・グヴィアズダ、ズジスワフ・ズヴォトコフスキ、アンジェイ・コウォジェイ、ボイチェフ・グルシェツキ、レフ・ソビエシェック、アンジェイ・オピェラでした。彼らは以下のような文書に署名しました。「アンナの除名は、法的効力を持たない。なぜなら、規約に反するものだからである。アンナに関しては何のクレームも提出されていないし、この件の審議は、彼女不在の場で行なわれた。地方本部役員選挙までは、ストライキ中の工場間ストライキ委員会総会で選出されたグダンスク工場間設立委員会幹部の除名は、工場間設立委員会の総会だけが行なうことのできることである。組合規約の第九条第七項には『組合役員の除名は、選出と同じ方法で行なわれる』と明記されている。アンナは、われわれの組合の象徴的存在である。彼女を守るために八月のストは始まった。彼女の知名度は造船所を超え、また、この地方だけにとどまっていない。組合の利益よりも派閥の争いを重要と考える者の不正な操作から、アンナを守るよう、グダンスク造船所の労働者に呼びかけようではないか」と。

四月二日、グダンスク造船所「連帯」工場委員会幹部会の会議が行なわれ、この件に関する話し合いが行なわれました。参加者は、ボルセヴィッチとワレサを含むグダンスク工場間設立委員会の幹部とアンナ本人でした。造船所の「連帯」組合員たちは、自らの決定の正当性を主張することに躍起になっていました。また、自分たちは組合を心から守りたいと思っていることをこれみよがしに強調し、権力争いを好む組合員やKORから組合を浄化しなければならないと訴えました。とくに激しくアンナを攻撃したのは、自称本物の組合員ヤン・コジャテックでした。

この会議についての（公安）報告書が、第三局Aの記録に残されています。

「会議の内容は、アンナの工場間設立委員会除名についてだった。激しい話し合いの結果、グダンスク造船所工場委員会総会は、アンナを工場間設立委員会幹部会から除名することに決定した。除名賛成が四六名、反対が八名、棄権が九名だった。会議中にボルセヴィッチは『連帯』発足当初から公安スパイを探していたが、今日の会議でそれがコジャテックだとよく分かったと言った。また彼はコジャテックが『連帯』の分裂を企てていることを疑っていると発言した。会議も終わりに近づいた時、連帯工場委員会総会のメンバーは、ワレサに対して工場間設立委員会の軌道修正を行なうよう要請した。それは、今年の四月十五日までに、工場間設立委員会の選挙を行なうことによって実現するよう提示した。もしそれが行なわれないと、自分たちが工場間設立委員会の役員を選ぶことにもなりかねないと言ってワレサを脅かした。会議の後のワレサは元気がなく、疲れた様子だった。ヴァレンティノヴィッチは、弁明することもなく、一言も口をきかなかった。彼女は翌日ウッチで十日間のストライキを組織するために現地に向かった」

その翌日、もうどうすることもできなくなりました。四月三日、工場委員会幹部会が、造船所「連帯」工場委員会の圧倒的多数で、アンナを工場間設立委員会幹部会から除名することを決定したと報告したのです。ただ、アンナはグダンスク造船所「連帯」工場委員会幹部会の委員であることには変わりはないと付け加えてありました。また、連帯の発足した八月のストライキ時のアンナの功績、「自由労働組合」結成とその活動、さらに彼女の真似できない強靭で正直な人柄は疑いの余地はないとも書かれていました。「連帯」工場委員会でアンナの勤務態度審査を担当したのは、八〇年八月にアンナを守るためにストを組織したひとり、ボロフチャックであったことは、皮肉としか言いようがありません。四月二日と六日に行なわれた公安上層部の電話会議で、クッツァ大佐は、満足してアンナ・ヴァレンティノヴィッチの除名について話し合っています。

ワレサの本音と見せかけ

アンナに対して繰り広げられた闘いの様子と、彼女を工場間設立委員会から除名しようとするさまざまな試みは、世界的に知られた通信社によって報道されました（ＡＦＰ、ロイター、ＵＰＩ）。彼女の除名は「連帯」を混乱させました。グダンスクの工場間設立委員会幹部会の会議で、「組合規約に従いアンナは従来同様の任務を果たすこと。なぜならば、彼女の除名は規約に適ったものではないからである」という内容の決定が下されました。

その後で彼女が発言しました。この会議に出席していた政権のスパイ（暗号名「ヴァラ」）は、次のように報告を行なっています。

「アンナは、このような決定を造船所が下したのは、彼女が政府にとっても邪魔者であり、自分を陥れるためだと（静かな口調で具体的に）発言した。また彼女は、ワレサが何度か『除名してやる』などと脅迫めいた発言をしたが、そのたびに撤回していたと述べた。さらに、ワレサは彼女の一件を利用して（八〇年八月のこと）造船所に戻って来たとも言っていた。結局委員会がアンナの件について、再度検討するということになった。また組合規約に従い、アンナは今の役割を続けることになった。除名は規約に反しているからだ。私は、ワレサとアンナのこれまでの対立は目立たないものであったが、これからは闘いが公然とした形を帯びたものとなり、目に見える形のものになっていくと考えている」

ワレサを含む工場間設立委員会の幹部の中には、特別委員会を設けて、アンナ除名に関して検討して明確にさせるべきであると主張する者もいました。他の地方「連帯」の役員らも怒りを隠せない様子でした。工場間設立委員会総会の決定によって（この地方のすべての工場の代表者が出席）、公式に特別委員会が発足したのは、その一ヵ月後の八一年五月六日のことでした。客観性を保障するため、特別委員会はさまざまな職種の組合代表者から構成されていました。その筆頭に立ったのが、ワレサ派と考えられていた心理学者であり、建築福祉事務所「連帯」工場委員会副委員長、フダコフスキでした。

委員会が発足しても、アンナの状況が改善されたわけではありませんでした。組合のさまざまな除名反対運動や「連帯」交渉委員会のメンバーが怒りを表明しても、ワレサやその支持者たちは、決して態度を変えようとはしませんでした。ヤツェク・クーロンもアンナ除名に対して抗議していましたが、ワレサとの分裂は彼のグループによくない影響を与えると考えていました。クーロンは、アンナとグヴィアズダ夫婦に、ワレサとの分裂を表ざたにするのは控えめにしたほうがいいと忠告しました。しかし、クーロンはワレサの交渉委員会議長の席剥奪に関しては抗議をしませんでした。八一年四月二三日の組合の全国の役員の会議で、ヤン・ルレフスキはヴァレンティノヴィッチを交渉委員会の名誉委員にしたらどうかと提案しました。しかし、ワレサは、この提案に対して、それは「造船所の名誉を傷つけることだ」と言い、同時にアンナを支持する組合員が黙ってはいないとして抗議しました。その反面、行く先々で「ヴァレンティノヴィッチ攻撃にはまったく加担していない」と繰り返し強調して言っていました。ワレサは公の場所では
「アンナさんは、組合活動に疲れているようだ。休んだほうがいいんだ。でも彼女が造船所に戻って来れば、私自身としては、嬉しいことだと思う。私は彼女を尊敬している。一緒に闘ったし、共に拘禁もされた。私には造船所の幹部会に行って、あの決定を取り消してもらうことをしてもいいと思っている。なぜならアンナさんが労組の活動を辞めてしまうのは、良くないことだからだ。もう一回言うが私は彼女を守ろうと思ってるんだ」
と語っているのだ。フランスのメディアにも、彼は、造船所の除名の決定は一般の組合員がやったことだと答えている。しかし同時に自分の権威を揺るがないものだと考えていた。
「もし、どこかの工場が私に反対していても、私の計画を直接話せば、みんな私に賛成するんだよ。アンナ・ヴァレンティノヴィッチもそれを理解したんだ。私とヴァレンティノヴィッチは、労働者たちにとって、ふたつのシンボルなんだ。彼女は女性だから、彼女のほうに、そのトップの座はゆずってあげよう。でも彼女は造船所の労働者を前にして、ゼネストの件で私に抗議をし始めたのだ。でも一〇〇人のうち九七人は私の味方になってくれた。彼女が三〇年間働いた造船所でだよ。まあ、道を間違えたんだな。忘れてやるよ。みな彼女を許してやらなければいけないな。私がまず、率先して彼女を守ってあげることにしよう。まあ、彼女にとってはいい経験だったんじゃないのかな。

私の味方でいるべきだったのに」と話している。

「アンナの功績は大きくない」

しかしそれから二ヵ月後、ワレサはフダコフスキ基金の集会で、アンナ弾劾には直接参与しなかったものの、造船所の「連帯」の決定には満足していると述べています。また彼は、ヴァレンティノヴィッチとの対立についてどのように考えているのかを、長々と説明して委員会で述べています。ワレサは、アンナとの対立はクーロンとの争いの結果として起こったものであるとして次のように語っています。

「基になっているのはKORなんです。八〇年十二月の初めに、クーロンと話し合った時、私は『活動に従事して、KORを解散しろ』と言ったんです。もちろんこれは提案でした。その時から緊張した関係になってしまったんです。KORのグヴィアズダ夫婦、ピェンコフスカ、ボルセヴィッチたちとです。私は強制なんかはしなかった。組合に関係したことだけに従事しろと、ただ頼んだだけだったのに。そしたら彼らは、私が恩知らずだの、クーロンや彼の仲間を批判しているだの言い始めたわけなんです。いろいろ頑張って引っ張ってくれはしましたが、もう必要じゃないんです。KORに協力して欲しいが、独自の組織としてでは駄目だ。『連帯』はKORを擁護してやるけど、KORの政治的な活動は止めてほしい。最近クーロンは、私との話し合いの中で、私の言うことを聞かずに間違っていたと言っていたくせに、その後で二回も講演をやっているんですよ。ミフニックにしても同様なんです。考え方が違うんです。KORは政府をやっつけることを考えていますが、『連帯』はまだ、その時は来ていないと私は思うのです」

この後ワレサはアンナに集中して話を続けましたが、露骨に彼女を非難し、次のように語りました。

「アンナは工場間設立委員会の会計を滅茶苦茶にしました。会計係だったのに、会計に興味がなかった。いろいろな書類にサインする権限まで与えられていたのに、会計をちゃんとやっていなかったんです。工場間設立委員会の具体的な仕事をやらず、どこへ行ったのか知らないが、出かけてばかりいました。外国の特派員のインタビューでは、私を侮辱する発言をし、KORの宣伝をしていました。何を具体的に言ったかは聞かなかったけど、組合の国際部が内容を伝えてくれました。八一年四月一日のグダンスク造船所の工場委員会の決定を見る前も後も、誰も私に支持を求めなかったし、相談を受けたわけでもない。私の関与なしにして、あの決定は下されたんです。でもその決定に私は満足してます。何よりも、アンナ・ヴァレンティノヴィッチにあちこち出かけるのを止めて欲しいし、KORの宣伝もよしてくれと言いたい」と。

さらにワレサの話は続きます。

「アンナは、(八〇年八月の)ストを始めるきっかけになった人にすぎない。彼女自身の功績は、それほど大きなものではない。もしかしたら、彼女と私の問題は、公安によって悪化させられてしまったのかもしれません。アンナが、私と違った意見を持っているのは分かっているが、私には断固たる姿勢が足りないとか、政府に魂を売り渡したとか陰口ばかり叩いていないで、工場間設立委員会の仕事に従事してくれていれば、こんな関係にはならなかったのに。彼女自身は私の立場を脅かすことはないが、しかしルレフスキや彼女のやり方で行なってしまうと、彼らに私の子供を殺されることだってありえます。私はただ平和に暮らしたいだけなんです。こんな無責任な人たちに組合を任せるわけにはいかない。

もしかしたら彼らのやり方は正しいかもしれませんが、これまでに手に入れた成果を無駄にしちゃいけない。一〇〇ズウォティ、組合から借りたことがあったが、それは約束した日にちゃんと返しましたよ。でもこれを、アンナが、対立が起こってからようやく組合の中で問題にしたんです。いつだったか忘れたが、返したんだ。正直さで言ったら、アンナには非の打ち所がない。だからこそ何か大変なことがあって、精神的にまいっているんだと思うんです。私はグヴィアズダの民主主義の考え方とは異なった意見を持っている。民主的に誰かを選んだのなら、その人に自由と権限を与えて任せてくればいいじゃないですか。勝利に向かっていけばいいだけの話じゃないですか。全国交渉委員会は、ヴァレンティノヴィッチを名誉委員にさせたがっていましたが、やっぱり私は正しかったですね。だって、彼女のやったことに対して褒美を与えるなんてとんでもない話だから。私の一言で組合を首にするなんて、なんてことはないんですよ。でも私は友好的な合意を望んでいると言っているんです。造船所でも私はヴァレンティノヴィッチの件を大きくしないように試みたんです。もう一回謝ることだってできますよ」

造船所の公安のスパイだったツェザーリ・ヨルダン（暗号名ツェザル）は、ヴァレンティノヴィッチとの反目とその背景について、似たような内容の報告を行なっています。「グダンスクの工場間設立委員会では、アンナ・ヴァレンティノヴィッチについての話し合いが、ずっと前から続いていた。幹部の多くの者たちは、造船所の決定は、ワレサが組合内の自分の地位を強固にするために行なわれたのだと考えていた。ブヤックのグループが、ワレサを失脚させようと計画していたが、先回の全国交渉委員会で、造船所の者たちがそれを阻止したため計画は失敗に終わった。グヴィアズダ、モゼレフスキ、そしてヴァレンティノヴィッチの除名は、そのワレサを失脚させようとした計画が招いたものだと考えられている。この状況で危なくなったのが、ボグダン・ボルセヴィッチだ。ワレサが自分の人気を脅かす組合員とKORのメンバーを追い出そうと図ったと話したからだ。ワレサはクーロンとボルセヴィッチを追い出すための計画を実行した。ワレサにとって、そのほかの危険人物はアリーナ・ピエンコフスカ、アンジェイ・コウォジェイ、ヘンリック・ヤギェウオ（この人物はアンナ・ヴァレンティノヴィッチとヤツェック・クーロンを援助している）、アンジェイ・グヴィアズダ、ヨアンナ・グヴィアズダである」

しかし公安も、組合の裏側での人間同士のかけひきや派閥の争いについてかなりよく観察していました。また前述のワレサの語った言葉についても、すでに知っていました。しかし、内務省もワレサの考え方を十分把握していたので、それは新しい利益をもたらすものではありませんでした。

八一年四月の公安の報告書には、造船所「連帯」指導部がアンナを工場間設立委員会幹部会から除名したことは、実はワレサの仕業であるという記述があります。「ワレサは、公には彼女を守っているように見せかけているが、本当は彼女を排除したいのだ」と内務省第三局Aの、ジャチェック中尉とオパーラ中尉の作成した報告書には記述されています。その半年後にワレサの本当の態度があらわになりました。ワレサが軍将校および公安と話し合った際に、それがさらに明らかになってきました。

ワレサ「グダンスクで、ボルセヴィッチ、アンナなどあなたたちの気に食わないと思われる者たちをすべて排除しました」

ヒポリット・スタルシャック大佐「なぜ、ヴァレンティノヴィッチなのかは分かっている」

ワレサ「なぜかってていうと、口をいちいち突っ込んでくる。私にとって邪魔だったんです。正直なところね。私は別にリーダーなんかにならなくたってかまわないんですよ。そんな野心は持っていなかったし、今も持ってはいませんよ」

ボレスワフ・クリシ大佐「ヴァレンティノヴィッチなんて、どっちみちリーダーになれるような人間ではないでしょう」

ワレサ「私のしたことがあまり気に入ってもらえなかったようですね」

フダコフスキ委員会の報告書

八一年六月中旬、フダコフスキ委員会の審査が終了しました。数週間の間に委員会は多数の書類や、録音・録画された資料、新聞の切り抜きなどを集めました。事情聴取の人数は四〇名に上りました。その中にはアンナ、ワレサ、ボルセヴィッチ、ピェンコフスカなどがおり、ワベンツキ書記長を筆頭としたグダンスク造船所統一労働者党工場委員会の活動家までも含まれていました。報告書には書かれていませんが、メルケルは（クルスカとクレメントフスキに対して）アンナ除名の張本人はワレサだと語っています。委員会は、その最終報告書で、八一年四月一日に工場委員会幹部会が示した、アンナの工場間設立委員会幹部会からの除名決議は、組合規約（第九条七項）に従って法的に無効であると審判を下しました。またその際委員会は、アンナに対する起訴内容が真実ではないことを、膨大でかつ詳細な論拠によって項目別にして証明しました。

最終的に、報告書に全員が署名しました。報告書は工場間設立委員会総会でも受け入れられました。しかし、その報告書の効力はないに等しいものでした。ワレサとその支持者らは、四月にアンナの組合での影響力をなくすることをすでに決定していたからです。彼らは報告書をコピーすることさえ許しませんでした。ワレサが、コピーは私が死んでからにしろと断固許しませんでした。造船所「連帯」工場委員会は八一年六月十六日のフダコフスキ委員会の報告書を、一方的だ、「連帯」の強い団結を阻止する者たちに操られた物だとして、無視しました。

六月二五日、フダコフスキ委員会の報告書が、アンナも参加していたグダンスク造船所「連帯」緊急代表会議で読み上げられました。工場委員会幹部会のコヴァルチックは、さらに造船所「連帯」の報告書についての意見を述べました。報告書は、一方的であり、専門的ではない、法律にかなっていないとの批判を浴びせました。ワレサ支持者は徹底的に批判し、アンナを傷つける発言もあり、アンナが発言しても、他の者の質問や会議参加者の声でかき消されてしまいました。会議の最後に委員会の報告書に対する採決が行なわれ、報告書が正しいとしたのは一〇名、棄権が十二名、報告書は正しくない、無効にすべきだとしたのが二四三名でした。

まわりの者たちは、この前例のないアンナに対する激しい攻撃に気づいていました。ブイェクは、アンナがワレサにひどい扱いを受けていたと証言し、

「ワレサは、アンナが有名になるのを恐れていた。後で徐々に気づいたのだが、ワレサは、器の非常に小さな人間で、まわりにいる人間の偉大さを恐れていた。だから、アンナを追い出すことによって、自分の立場が危うくなるのを防ごうとし、自分だけに栄光が向くようにしたのだ。ワルシャワで初めてワレサに会った時のことだ。彼は全国交渉委員会の代表としてやって来たので、われわれは駅まで迎えに行った。その時の態度といったら、ひどいものだった。まるでどこかの国の王様のように振舞っていた。コーヒーでございます、椅子でございますと、世話されることを要求した。今までわれわれは仲間同士だったので、とても嫌な思いをしたのを覚えている。それ以来、

彼をよく思わないようになった。ワレサのアンナに対する嫌がらせを語るエピソードはいくらでもある」と語っています。

「警察の犬」

公安は、アンナが組合から排除されていくのを満足しながら、他方、彼女が急進的な態度に出てくるかもしれないという懸念も抱いていました。内務省は、人々から尊敬されているアンナが、全国「連帯」委員長選挙に立候補しようとしているワレサの権威を、おとしめていくことを続けるのではないかと恐れていました。八一年六月グダンスク県警察本部第三課Aのウビンスキは、自分の上司に、アンナが、ワレサの正体を暴露しようとしているという報告を行なっています。

その報告書によれば、彼女が以下のように言ったと記載されています。

「ワレサが国民の運命を担う英雄だなんて。一体全体ワレサは何者なのだ。私は彼を見たことなどなかった。でも本人が言うことをたどっていろいろつなぎ合わせて察してみることはできる。ワレサは七〇年にストのリーダーだったという。でも集会には顔を出していなかった。家族のために用があったし、子供もいるから時間がなかったと言い訳している。当時ワレサは働いてなかった。造船所に入って来て、警察が武器を配っていたから、配らないように訴えたので心配する必要はないと人々を説得したと言っているのだ。しかし心配する必要がなくなったのは自分の金の心配だった。

なぜならその時ワレサは住居をもらっている。ストライキ委員会の委員長が住居をもらうなんて。ワレサは、武器をどこで配っているか知っている状態だったからこそ、労働者たちは逮捕されたのだ。

ワレサは警察の犬だった。彼は、警察に通っていたと自分で自分を暴露している。警察で、彼らが撮影した映像を見せられて、そこに写っている人の名前を教えてやったと言っているのだ。ヨアンナ・グヴィアズダが、『何で誰が写っているかなんてしゃべったのよ』と聞いたら、ワレサは、『何も分からないやつだなあ、作戦だよ』と答えた。

七六年ワレサは造船所を解雇された。理由は誰にも分からなかった。それはウルススとラドムの事件の前のことだった。誰かが理由を聞くと、『俺はまともになったんだ、十二月のことで首になったのさ』と答えている。首になって、門から追い出されたのに、三ヵ月分の給料を一挙にもらっていた。それだけじゃない。八〇年には三つも住居をもらっているのだ。彼は公安のスパイなのだ。私は彼自身にもそう言ってやったことがあった」

七月、アンナは、グダンスク「連帯」地方本部代表会議の前日に、会議に出席する権利を得る代表者としての資格を与えられないと決定したことを知らされました。またもや、造船所「連帯」は、アンナの不在を利用し、会議で勝手に物事を決定したのです。

この事件の背景について、アンジェイ・グヴィアズダは以下のように語っています。

「（連帯地方本部）代表者選挙の日が迫ってきた。造船所は、アンナの持っていた代表者の資格を剥奪した。工場間設立委員会だった。その時七つの大きな工場が、彼女に代表者資格を与えようと提案していた。ワレサは、怒って、造船所工場委員会に、そんなことをしたらみんな首にするぞと脅迫し怒鳴り散らした。しかし、その後、アンナの代表者資格は有効だと意見を変えた。ところが選挙の日の当日になって、造船所の連中は再びアンナから資格を取り上げたことが分かった。それで彼女は他の工場の資格をもらうことができなくなってしまっていたのだった」

この決定をアンナは、地方本部の建物の中で聞かされました。投票の記録も一緒に提示されました。ボロフチャックは、九〇%の組合員の投票の結果決まったことだと説明しました。これは、規則を無視して行なわれたものでした。事務所で、アンナは、資格がなくなった代表者証明書から自分の証明写真を剥いでポケットに入れました。

「代表者証明書は机の上に残しました。その時は意識しませんでしたが、三〇年前にも同じことがあったのを思い出しました。三〇年前は、相手が共産主義者だったというところが違っていましたが…」とアンナ。

それでもアンナは闘う

そんな状況の中でも、アンナは、グディニアの音楽劇場で行なわれた代表者集会に出席しました。集会中に彼女についての話し合いが行なわれるのは確実だと見ていて、またもや自分が不在の時に、何かを決定されるのが我慢ならなかったからです。もうアンナは、自分を守るために闘い続けるつもりなどありませんでした。

「身の潔白を証明した特別委員会の報告書を無視した彼らに、何かを望むのは、もう無理なことです。ワレサ支持者たちは、きっと準備周到の中で会議に臨むことでしょう。ここには客観的な法など存在しないのです。ただ感情むき出しの造船所の代表連中がいるだけなのです。私を守るためにストで闘った者たちが、今度は一年も経たないうちに、私の代表者資格を取り上げたのです。私はもう彼らには必要がなくなりました。私は組合の金を、一ズウォティでさえもなくならないように見張ってきました。独断で行なわれた、理解に苦しむ誰にも相談なく決定された委員長ワレサの策略をみんなに知らせようとしました。そんな私を組合の団結を乱す者と決め付けたのです。

代表者資格がなくなっていたので会場には入れないことになっていましたが、私はなんとかそこに潜り込むことができました。警備の造船所労働者たちが、私を止めなかったからです。

第一日目の進行担当はマルスチックとクレメントフスキでした。『代表団だけが、マイクで話す権利があるんだ』とマルスチックは言い、私にマイクを渡してくれません。犯罪者にだって自己弁護する権利があるのに。マルスチックは何を恐れているのでしょう。当然与えられるべき自己弁護の権利を無視してまで、私に一言も話させないようにするとは…。その時、キチンスキが発言を申し出ました。彼は私に近づいて来て、『私の発言権をアンナさんに譲ります』と言って、マイクを渡してくれました。私は話し始めました。『みなさん、私は文句を言うつもりなどありません。

幹部資格を剥奪されました。会議録も読みました。採決の結果を否定する気もありません。私のことは、もう終わりにして、もっと大切な問題を解決することに力を入れてください。私の言いたいことはこれだけです』。

みんな驚いて、会場がシーンと静まり返りました。ざわめきが起こりました。みんながマルスチックを非難し始めました。マルスチックは『彼女が、こういうことを言うなんて分からなかったからしょうがないじゃないか』と言い訳をしました。すべてがもう明らかでした。辞めるのは許されるが、自己弁護はしてはいけないのです。その時ワレサの言葉を思い出した。『お前をつぶしてやる！』。今回ばかりは、本当に彼にやられました。強烈な痛みでした」

グダンスク「連帯」の集会は、ワレサ支持者の勝利で終わり、地方本部委員長選挙は、グヴィアズダが一三四票、ワレサが三六六票を獲得しグヴィアズダの敗北となりました。ワレサは「お互いに理解し合えるようになればいいと思う」と嬉しそうに語りました。

八〇年八月、ワレサは「連帯」発足一周年記念式典にアンナを招待しました。また、公安の報告書によれば八一年八月三一日には、妻と一緒に、グルンヴァルツカ通りにあるアンナの自宅を訪れ、その時は激しい口論となりました。公安はそれを盗聴して、記録に残しています。その会話は以下のとおりです。

ワレサ「私のことを理解してくれていると思っている。一緒に頑張ってくれるね」

アンナ「あなたのやり方を変えて、自分の利益のために組合を利用することをやめるのが条件よ。そうでなければ、お断りします。あなたのやり方では、『連帯』は『連帯』ではなくなってしまう。『連帯』という言葉が空っぽになってしまう」

ワレサ「きみは勝ち目なんかないじゃないか。不利になるよ。第一、私がそんなに悪い人間だとしたら、仲間はさっさと去って行っただろうに」

アンナ「それはまだ分からないわ。時間が証明してくれる」

ワレサ「どうだかね。そもそも私は、まっとうに頑張ろうとしているのだから」

アンナは、一般組合員になりました。それは彼女が職場に戻らなければならないことを意味していました。アンナは八〇年九月から無給休暇を取っており、工場間設立委員会に派遣されていました。休暇は工場間設立委員会の依頼で毎月延長されていました。休暇期限が切れるのが八一年八月三一日、アンナはスペインに招待されていたので、休暇を延長しようと造船所事務局に、もう一ヵ月の延長を願い出て八一年九月三〇日まで許可がおりました。

しかし、外国に行っても、国内をまわっても、グダンスク造船所の反対者たちをイライラさせました。ワレサは、アンナが、「連帯」の代表者として海外へ行くことに遺憾の意を表明しました。「これをしょっちゅうやられては困る。『連帯』だといってどこかに行けば、すぐに首相かなんかに会えるんだからな」とワレサは反対していました。

公安の監視

八一年八月と九月、アンナはスペイン、フランス、イギリスで過ごしました。宿泊先は、ピウスツキ家、ヤラチェフスカ家でした。パリでは、フランソワ・ミッテランを訪問し、オックスフォードでは、レシェック・コワコフスキと歓談しました。オランダへ行って、「ウーマン・オブ・ザ・イヤー」賞を受賞するはずでしたが、それは実現しませんでした。

しかし外国でも、公安は彼女を監視していました。それはワルシャワ空港の国境警備軍の出国チェックで始まっていました。内務省第三局Aの局長のために作成した報告書にも彼女の言動が記載されています。この局長は、アンナに関する「クレーン工」という暗号名の作戦を指揮した人物でしたが、そこには、外国でアンナが口にしたワレサへの批判が一部始終書かれています。スパイがとくに注意を払ったのは、イギリス滞在でした。アンナはそこで第二次世界大戦の時のポーランド亡命政府大統領と、政府の要人たちを訪問しました。大統領と政府の人々は、「連帯」に希望を持っていました。アンナは、外国でも歯に衣着せずワレサを批判したので、ロンドンのポーランド社会文化センターに集まった人々の中には、彼女の言葉に半信半疑で耳を傾けた者もいました。その中に、ポーランド移民の民族活動家の長老ヴィルクがいました。彼は、ワレサが七〇年十二月に、公安に殺害された労働者のふたりの子供を引き取って育てたという作り話を信じて、アンナの言葉は信用しませんでした。洗脳されてしまっていたヴィルクは、ワレサを批判すべきではないとアンナを非難しました。

公安は、国内でアンナが尊敬された存在であるという事実を、決して軽視していたわけではありません。彼女の活躍を阻止し、各地の「連帯」への影響力を弱めようと図りました。アンナは、彼らにとって、「連帯」の裏で何が起こっているのか、どういう策略が行なわれているのか、組合内の権力闘争の様子、八〇年八月の理想を失ってしまっていることなどを、はっきりと話す危険な人物だったからです。

公安がもうひとつ恐れていたことがありました。グダンスクでの第一回「連帯」全国大会での彼女の発言でした。全国委員会の委員長に立候補しようとしているワレサの当選のチャンスを駄目にしてしまうかもしれないからです。大会に彼女を招いたのはワレサ本人でしたが、アンナは次のように回想しています。

「八一年九月『連帯』全国大会が行なわれました。ワレサは、自分の寛容さをみんなに披露するために、私は委員長の賓客として招かれ、第一セッションの会議に参加しましたが、第二セッションには招いてくれませんでした。そこで私は、傍聴者としての入場券を手に入れました。隅の座席でしたが、話し合いを聞くことができました。やっと意見を述べるチャンスが来ました。皆は、私がワレサを非難するのではと恐れていたようでした。大会のキャッチフレーズが『ワレサを非難するな』でした。私がひな壇に上がると拍手喝采となりました。地方から来たポーランド人が、私を温かく迎えてくれました。ワレサの子分たちは、苦虫を噛みつぶしたような表情で、自分たちも拍手しないわけにはいきませんでした。私はフランス大統領との対談の内容をみんなに伝えました。そうすることが私の義務だと考えたからです。ワレサの子分たちは、ほっとしたようでした」

「連帯」全国大会で、アンナとクーロンは決別しました。大会の前にクーロンは手紙で、アンナにワレサを批判するのは止めるよう頼んできました。二人は大会の会場である「オリビア」で会いましたが、クーロンは「何か用か」とぶっきらぼうに聞いてきただけでした。クーロンにとってアンナは、もう必要のない人間となっていたのでした。もうあれから、クーロンが、私の家に顔を出すこともなくなったと、後にアンナは語っています。大会ではクーロンはワレサを支持し、批判的な態度を取ることを一切止めました。強い者について、政治的にも仲間としてもグヴィアズダたちと決別しました。

今まで活動を共にしてきた同志を失っても、アンナは自分の考え方を変えませんでした。国内をまわって、同じ考えを持つ組合員に訴え続けました。共産主義政権の強硬姿勢が、国の雰囲気を張り詰めたものにしていた時でした。八一年一〇月、内務省と国防省では秘密裡に戒厳令施行の計画が着々と進んでいました。「連帯」を破壊する決断が下されていたのです。残ったのは、戒厳令施行日をいつにするかという問題だけであり、すべてを決定したのは、モスクワと緊密に連絡を取っていたヤルゼルスキ将軍でした。八一年一〇月十九日、ブレジネフとの電話で、ヤルゼルスキは次のように述べています。「私は、軍人として、そして共産主義者として、国とわが党を変えるため、そして状況を改善するために全力を尽くす。『連帯』によって迷い続けているわが国を健全化するのだ。敵を打倒するために攻撃を行なう」と。

薬物を用いた妨害計画

「連帯」の終焉を感じていたかのように、この頃公安の活動は、一段と活発化していました。この過激な公安の姿勢の犠牲者となったのが、またもやアンナでした。

まず、アンナがレグニーツァの集会に出かけるにあたって、公安によって暗号名「アンナ」と名づけられた作戦が実行されるはずでした。彼女を中傷するビラを印刷・配布して、彼女を陥れようとする作戦です。また八一年一〇月には、内務省第三局Aとラドム県警察本部第三課Aとの共同戦略で、ラドムの集会の出席を妨げるため、アンナへの毒を使った作戦が計画されました。これを実行することになっていたのが、アンナの知人であったソブルでした。彼女は、社会自衛委員会・KORの活動家で、ラドム「連帯」の専従役員であり、七七年から九〇年まで、政権のスパイであり、暗号名は「皇帝」「アンジェイ」「ズビシェック」「カロル」「モティル」でした。

ソブルを含めたラドム「連帯」組合員たちは、アンナのラドム滞在中に、シンポジウムや集会などの一連のプログラムを数日に分けて行なう計画をたてていました。アンナが前回ラドムに滞在した時は、ソブルの家に宿泊していました。しかし今回は急にプログラムを変更しなければならなくなりました。アンナに急用ができ、グダンスクに帰らなければならなくなったからです。そのため公安も計画を断念、内務省第三局Aのカレヴィッチ大尉とグルドニェフスキ中尉は、以下のように報告しています。

「アンナのラドム滞在を前に、彼女の行動を制限する目的で、我々のスパイ『カロル』が、フロセミドという薬を適当な時を見計らって飲ませるはずであった。現在その薬は、スパイ『カロル』に指示を与えているわれわれの同志シチェパネックが所有している。アンナがラドムに数時間しか滞在しないことになったため、この薬を飲ませることができなかった。この計画は県警のシチェパネックひとりの責任で行なわれることになっていた。再度アンナがラドムに来た際に、そのスパイが実行する予定となっている」

この報告書によって、ポーランド公安にもKGBと同じように「毒薬専門部」「薬物専門部」あるいは「生物研究部」のような類の部署があったことが分かります。その後、戒厳令の時に監禁された場所で、アンナは、このソブルと再び会うことになるのでした。

緊迫する情勢

八一年十一月の終わりから十二月の初めにかけて、ポーランドの状況は緊迫をみせていました。ストやデモの数が増えた一方、政権はその力を最大限に誇示し始めました。この危険な状態は、自主管理労組「連帯」の状況にも深い影響を与えていました。ワレサは、何としても政権との妥協を図ろうとし、それが彼の組合内での影響力を弱める結果になっていました。ワレサは政権の支持を受けることができることを知っていましたし、政権側は、ワレサを「急進派」から防御してくれる「穏健派」として見ていました。十一月の初旬、ワレサは、ヤルゼルスキ将軍とグレンプ枢機卿と会談を行ないましたが、内容については、まったく報告を行ないませんでした。その頃、またもや全国委員会の集会で、自主管理労組全国「連帯」委員長であるワレサを辞任させようとする声が上がり、グダンスクの造船所の組合員も、緊迫した状態におかれることになりました。

十一月に行なわれた、グダンスク自主管理労組「連帯」地方本部代表者総会で、グレンプ枢機卿とヤルゼルスキとの会合について、ワレサから何の報告もないことにみんなが不満を表明しました。ワレサは怒って声を上げながらも、専門家たちが集まって解決を図る会議がいつ行なわれるかという内容だったと説明しましたが、それはみんなを納得させることができませんでした。さらにワレサは、アンナとグヴィアズダの仲間や、反ワレサの立場である印刷業の組合員は、労働者を反ワレサで扇動していると攻撃しました。

十二月、ワルシャワ消防士学校のストライキが鎮圧されました。それは、闘いの終焉が近づきつつあり戦争状態に入っていくことを意味していました。ワレサでさえも、作戦上の対策として、全国自主管理労組「連帯」の闘う姿勢に合わせていました。ワレサは自伝『希望への道』で以下のようにはっきりと書いています。「私は急進派になろうと決めた。これから起ころうとしていることに備えて、つまはじきにされないように、ラドムの会議場の雰囲気に合わせよう。ラドムでは、自分の意見を曲げて、仲間はずれにならないようにした」「譲歩の時は終わった。もっと強く出なければ」と八一年十二月二日、ワルシャワの全国委員会の集会でワレサは声高に叫びました。しかし共産主義者たちはそれが単なるポーズであることを知っていました。内務大臣キシチャックは、KGBの所長ユーリ・アンドロポフに「ワレサは、『連帯』の急進派を満足させるために、わざと攻撃的な態度を取っている。しかし、本当は穏和な考え方なのだ」と書き送っていました。

戒厳令

八一年十二月十二日、ふたりの造船所の仲間と共に、アンナは電車でチェンストホーヴァへ出発しました。ルドニキのコンクリート石灰工場の「連帯」旗を神父に祝福してもらう式典に参加するためでした。チェンストホーヴァに到着したのは夜中の二時、駅には、「連帯」チェンストホーヴァ地方本部の役員代表が、迎えに来ているはずでしたが、その姿はありませんでした。「その時ある女性が、男性のとなりで泣いていました。彼女に近づいていって、『どうしたの』と尋ねすべてが明らかになりました。戒厳令が施行されたのです。泣いていた女性は地方本部委員長の奥さん、もうひとりは副委員長でした。ついさっき、彼女の夫が逮捕されたのだと言いました。ショックでした」とアンナは回想しています。

アンナは、戒厳令を無視するかのように、県と警察に、逮捕されたチェンストホーヴァ「連帯」委員長コトット釈放の件で掛け合うことを決心しました。その時アンナの「迅速なる逮捕」命令がすでに公式に出されており、彼女はシチェチーネックの近郊チャルヌィかストシェビェリネック刑務所に連行され拘禁されることが決まっていました。戒厳令の中、状況が混沌としており、彼女は気づかれずにいたので、ルドニキのコンクリート工場へ行くことにしました。その道中、車の中のラジオで、初めてヤルゼルスキの演説を聞きました。ルドニキはすでに鎮圧された後で、工場の窓は割られ、中は空っぽ、工場「連帯」の主な活動家たちは、すでに逮捕されていました。

タルヌフ県オジャーリのコンクリート工場の「連帯」創始者のひとりであるブズィックがいました。彼も、式典に参加するためにここにやって来ました。旗の祝福式は教会で行なわれ、午後、アンナは、ヤスナ・グーラ修道院へ行くことができました。修道院の中では「連帯」活動家の集会が行なわれていました。グダンスクから来たクレーン工、アンナが入ってきた時、みんな拍手喝采で迎えました。中には感動で泣いている人の姿もありました。アンナはグダンスクへ帰ることを決意しました。夜行列車の中では車掌がアンナと気づき、車中では警察から彼女を守ることを約束してくれました。こうして、朝六時半、アンナはグダンスクに到着し、「闘いはこれからだ」と彼女は思いました。そして、本当に彼女の真の闘いが始まりました。

八一年十二月十四日、彼女は駅から真っ先に造船所へ向かいました。「造船所は包囲されていました。でも私は問題なく中へ入る方法を知っていました。戦車が第二ゲートの前にいましたが、その砲口には花がさされており、車体には『連帯』と書かれていました。私は第三ゲートから入りました。W―5部門の木工部には、組合員たちが集まっていました」

組合は潰させない

十二月十三日から、「連帯」発祥の地である造船所ではストライキが続いていました。日曜には、地方本部ストライキ委員会が発足しました。また造船所には全国ストライキ委員会のメンバーがモーターボートで到着しました。彼らはその朝、グダンスクの港にも行っており、そこで、全国で戒厳令解除を要求し逮捕者全員が釈放されるまでゼネストを行なうことを伝えました。十二月十三日夜から十四日の朝にかけて、機動隊の鎮圧はうまくいかず、翌日もストを続けることが可能でした。

十二月十四日にアンナは造船所に到着しました。ワレサの運転手ヴァホフスキがワレサの妻ダヌタ、そしてヤンコフスキ神父に、「ストシェビェリネックでアンナを見たぞ」と話をしているところでした。「私は、ここにいるわよ」とアンナが、急に彼の後ろから声をかけました。「本当にあなたは、私をストシェビェリネックで見たのかしら」と質問すると、ヴァホフスキは恥ずかしさのあまり、どこかへ行ってしまいました。当時彼は、ワレサと内務省の仲介役をしていたので、いったんはストシェビェリネックで拘禁されていましたが、数時間後に釈放されました。八二年の春、彼自身が、グダンスク公安での事情聴取の際、それについて語っています。アンナに関する捜査の際、ヴァホフスキは「釈放された時、公安から、家に帰って、身のまわりの必要なものを持って、レフ・ワレサの家へ行けと言われた。さらにワレサの身のまわりのものを預かって、ワルシャワのラコヴィェツキ通りにある、内務省のフタフーラ将軍と、チャストン将軍に会いに行けと言われた」と供述しています。

アンナは造船所内に残ることにしました。みんなを励ましながら、仲間のためにいろいろな世話をしていました。公安の様子が静まったので、アンナは十三時頃、第二ゲートの近くで、仲間に呼びかけました。「団結し、頑張りぬこう。組合を守るために。政権は組合を潰そうとしている。負けるものか。組合は潰させない」とアンナは叫びました。また彼女は造船所から出ないように呼びかけました。敵が多ければ多いほど、われわれは強さを増すのだとも説得しました。「われわれは、話し合いを続けよう。静かな抵抗を続けよう。ここを動かずに」と呼びかけました。

それでもストを決行していた者たちから、恐怖感を拭い去ることができませんでした。造船所内には、およそ七〇〇〇人の労働者たちがストを行なっていました。回りは警察と軍隊で囲まれていました。アンナ自身も緊張感で張り詰めていました。彼女は第二ゲートの入り口受付の屋根に上がって、メガホンで警察官らに向かって叫びました。「私はポーランドの母よ。撃てるものなら撃ってみろ！」と。アンナはその時、門の近くに消防車を配置することを思いつきました。他の労働者たちの先頭に立って、造船所消防第二部へ行きました。

それについて、公安報告書には以下のような記述があります。「彼女は消防団に行って、『消防車を貸して』と言った。しかし、貸してもらえないことが分かると、今度は『貸してくれないのなら、力づくで借りていくわよ』と脅迫し始めた。アンナは消防団長に会えるよう要請した。そして彼に、『警官隊のいる第二ゲートの前に、消防車を配置してちょうだい』と頼んだ。しかし、また断られた。この出来事は後になって、公安の捜査の対象となり、彼女は告訴されることになった」

夕方、造船所内に、イエズス会のスロカ神父がやって来ました。彼は、七九年に行なわれた、七〇年十二月の虐殺者追悼式典で、造船所でミサを挙げ、祈りをささげた神父でした。彼はこの時もみんなのためにミサを行なってくれましたが、神父がいること自体が労働者らの心の支えとなりました。しかし同時に、造船所労働者らは、警察の次の攻撃は、数時間の間に行なわれるだろうと感じていました。造船所内放送で、会社側はひっきりなしに、直ちにストを中止するよう、造船所を出て行くように呼びかけていました。警察側の鎮圧計画は、難関の第二ゲートを突破し労働者をストから追い出し、印刷機と拡声器を押収し、ストライキ委員会のメンバー全員を逮捕するというものでした。それはとうとう、十四日から十五日にかけての夜中、零時十五分に開始されました。警官八四人、戦車部隊が一部隊動員され、警察官の大多数がシチトノから連れて来られた警察官たちでした。機動隊と軍隊は、五時間で、その目的を達成しました。七〇〇〇人の労働者を造船所から追い出し、五一名を逮捕、そのうち九名が拘禁されました。それは、武器を使用せず行なわれました。労働者たちは造船所を出て行くのに武器を使用しないことを条件としたからです。

機動隊が第二ゲートまで行列をつくり、武装した警官隊がサーチライトに照らされた労働者たちが出て行くのをチェックしていました。その中にアンナもいました。「警官隊は列になって来ました。将校がやって来て並び動きません。係長が、大げさに手を動かしながら彼らと何か話していました。将校がやって来ました。警官隊が、もしひとりだったら、彼は恐くて入って来ることができなかったでしょう。暗かったし、警察官でも恐かったにちがいありません。ゲートの角に、落ち着かない様子で将校が立っていました。出たら準備されているバスに乗るように指示していました。雪がひざまで積もっていてなかなか前に進みません。

完全装備した彼らは、われわれを第二ゲートまで行くよう指示しましたが、われわれは歌を歌おうとしました。しかし声が途切れて、歌がうまく歌えませんでした。造船所病院まで来ました。門が見えました。門の前で一列になるように命令され、『逮捕するつもりね』と私は叫びました。『身分証明書を調べるだけだ』という声。実際そうでした。夜中の三時、機動隊の列の中、労働者は次々に造船所を出て行きました。十二月二〇日まで造船所は閉鎖されると警察のパトカーからメガホンの声が鈍く響きました」とアンナは回想しています。

その後、ストライキの一日目の状況が繰り返されました。朝早く、機動隊は造船所を出て行きました。しかし機動隊は、造船所の建物全部をチェックしたわけではありません。W―3部門の建物には、地方本部の代表者と全国委員が隠れていました。アンナが、グダンスク港湾へ行こうとしていた時、警官隊が侵入して来ました。グダンスク港湾でも、ストが決行されていて、港湾の第二区

（ヴィスワ区）に長い間勤めているアンナの息子ヤヌシュも参加していました。

敗北

十二月十五日、三回目のストが宣言されたので、アンナは造船所に再び入りました。労働者たちは門にバリケードをつくりました。アンナは最も重要なとりでとなっている造船所犠牲者の記念碑の前にある第二ゲートを守る係になりました。

「朝の六時だった。大きな音がしました。その後、二度、また大きな破壊音。戦車が門のバリケードを突破したのです」

今回の鎮圧は準備周到で完璧に行なわれました。十二月十六日、造船所の上空をヘリコプターが旋回し、戦車は造船所に入り込み、九〇〇〇人の警察官に支えられた特殊部隊が重要な拠点を押さえました。鎮圧の混乱の中、アンナは造船所を逃げ出すことに成功し、造船所の壁のすぐ脇にあるロボトニック通りのふたりの老人が住む家に避難することができました。そこで紅茶を飲ませてもらい、老婆を装い、その家を出て知人を訪ねました。グダンスクの町は、戦争映画のセットのようになっていました。警察・軍隊と労働者の衝突は朝の八時から二一時まで続きました。

アンナは次のように回想しています。

「その時、初めて感情が噴き出して私は泣きました。これは敗北だと実感しました。どうすればいいのだろう。私は知人宅を転々としました。知人の中には、すでに連行された人もいたし、ドアを開けてくれない人もいました。自分のアパートへ向かいました。しかし通りを歩いている人たちが、私の家は囲まれていると警告してくれました」

アンナは、彼女がずっと世話をしてきた、八一歳のジェトニックの家に隠れることにしました。ジェトニックは、グダンスク、ヴジェシュチュ地区の、アンナのアパートがあるグルンヴァルツカ通りに住んでいました。

しかし十二月十八日、ジェトニックの目の血管が切れてしまい病院へ連れて行かなくてはならなくなりました。アンナは彼女を連れて病院へ行くことを決心しました。

「歩くのが大変で、ほとんど彼女を担いで歩いた状態でした。その時タイヤのきしむ大きな音がしました。誰かが私を後ろ手に縛って車の方へ私を引っ張りました。ジェトニックさんはバランスを崩して、子供のように私のほうへ手を伸ばしていました。公安は私を車に投げ込むようにして乗せ、罵倒しました。『この糞ババア。言うことを聞きやがれ』と」

ビドゴシチのフォルドン刑務所

アンナは近くの警察署に連行されました。その後、予定されていたビドゴシチのフォルドンにある刑務所に連れて行かれました。そこには沿岸三市の友人たちが監禁されていました。ヨアンナ・

グヴィアズダ、ピェンコフスカ、そしてヴォイチェホヴィッチなど。彼女は１６８番と番号の付けられた逮捕状を手渡されました。戒厳令施行の一日前に署名した、グダンスク県警察署の署長アンジェイェフスキのサインがありました。そこには「グダンスク県の住民に対する無政府主義的な活動」と逮捕理由が記されていました。フォルドンには、四〇名程の女性活動家が拘禁され、アンナは他の女性から孤立した二一番牢に入れられましたが、そこには「連帯」活動家の女性がすでに二名収容されていました。

そのひとりがグダンスクのスタークロガルド出身のヴィエチョーレックでした。彼女は刑務所の看守にひどい扱いを受けました。アンナは彼女を励まし、優しく接して、獄中の日常生活を指導してあげました。刑務所の規則は厳しく、クリスマスでさえミサを挙げてもらうことができませんでした。新年になって、ようやく四人の女性たちはミサに参加することができました。

その後、彼女らはスヴァウキ県ゴウダップに移動させられました。それは八二年一月九日のこと、その日この女性たちを乗せた護送車がゴウダップに到着しました。

第七章　他の道などない

迫害とヒロイズム（一九八二年〜一九八四年）

ワルシャワの聖スタニスワフ・コストカ教会でイエジ・ポピェウシュコ神父により執り行われるミサで祈りを捧げるアンナ・ヴァレンティノヴィッチ（1984年）

ゴウダップの拘禁

護送時間は長くて辛く、アンナはどこに連れて行かれるのかまったく想像もつきませんでした。警官は、移動はこれで最後だと言っていましたが、行き先を教えようとはしませんでした。東に向かっていることだけは何とか見当がつきました。恐怖感をあおるために、故意に行き先を知らせないというのが、八一年十二月十三日に施行された戒厳令下での彼らのやり方でした。

「一九八二年一月九日、私たちは三台の車に分かれて移動させられました。行き先は分かりませんでした。耐え難い寒さでした。薄着だったのに毛布も貸してはもらえませんでした」とアンナは日記に書いています。

「車の暖房をつけた時、排気ガスが中に入って来ました。一七〇グラムの砂糖が私たちに与えられた食べ物でした。この恐ろしい護送はなんと二二時間も続きました。ヨアンナ・グヴィアズダの乗っていた車の警官たちは、地図を開いて、どの国境で女囚たちをロシア人に引き渡すかを考えるふりをし、護送されていた女性たちの反応を見て喜んでいました。『あなたたち楽しそうにしているけど、この辺のやり方じゃ、証人もついでに殺すって話よ』とヨアンナは彼らに言ってやったそうです。車の中で他の女性たちは、小さな穴からメモを投げました。『私たちは身柄を拘束され、この道を通って、見知らぬ場所へ連れて行かれようとしています』と書いてありました。後になって、このメモの何枚かが拾われていたことが判明しました」

目的地は、ポーランドとソ連の国境から六〇〇メートルのところにあるスヴァウキ県ゴウダップという所で、その湖のほとりに女性用の隔離収容所がありました。もともとはプレス関係労働組合役員のための宿泊施設でしたが、八一年末から八二年初頭にかけて、女性たちを収容する施設につくり変えられたものでした。この施設で働くスタッフは厳選された者ばかりで、監視には公安と国境警備軍（ＷＯＰ）の軍人が配属されました。この隔離施設の使用が開始されたのは八二年一月九日のことでしたが、最初に囚人が護送されて来たのは八二年一月六日でした。それから四日後、三回に分けて囚人が到着して来ました。それはビドゴシチのフォルドン刑務所（三八名）、ポズナン拘置所（三〇名）、ヤヴォル刑務所（四名）から連れて来られた女性たちでした。ゴウダップ隔離所には延べ人数にして四〇〇名の女性が収容されました（八二年七月二四日まで）。

全国から連れて来られたのは、「連帯」組合員や、社会自衛委員会・ＫＯＲと若いポーランド運動、そしてポーランド独立連盟でそれぞれ活動を展開していた女性たちでした。しかし隔離所の待遇の良さは予想外のことでした。浴室にはタイルが綺麗に張られており、シャワー・バスタブ付きで、一部屋には二～三人が収容され、食事も美味しく、あたりは森に囲まれていて、柵や壁などはありませんでした。これは宿泊施設を髣髴とさせるもので、刑務所や隔離施設とはまったく違っていました。

夫に宛てた手紙の中で、グラジーナ・クーロンが書いています。

「われわれが今回収容された所は、政権側が自分たちの寛容を誇示するためだと思いますが、悪くない条件です。建物は美しい雑木林の中に建っていて、ちょっと手を伸ばせばトウヒの木や白樺、杉の木に手が届くようです。ボレックの森のように鳥がさえずり、シジュウカラが群れになって遊びに来ます。カケス、キツツキ、それ以外にも名前さえ分からないいろいろな種類の鳥がやって来るのです」

アンナが一番嬉しかったことは、ベッドが快適だったことでした。「もう私も若くはないし健康でもないから」とこの数年後に回想しています。同室だったのは親友のピェンコフスカとヨアンナ・グヴィアズダでした。彼女らはWZZ時代から共に苦労を重ねてきた仲であり、「連帯」についての考え方も同じ仲間でした。

しかし、故意に与えられた休暇のような日々もだんだんと辛く退屈になって来ました。見えない監視の目は常に離れず、部屋は牢獄以外の何物でもありません。医師による検診が定期的に行なわれましたが、自由に散歩はできず、ドアと窓を開けることもできませんでした。バルコニーとテラスには釘が打ってあり、そこに出ることは禁じられていました。ゴウダップに収容されていたクラシュカは「この状況は、精神分裂病を招くほどきつかった。期限のないバカンス流刑だったといえる」と書いています。

この異常な雰囲気を何とか乗り切っていくために、読書をしたり、編み物をしたり、講義を行なってみたり、外国語を勉強したり、体操をしたりと、いろいろなことを試みました。アンナたちは地下出版物の発行も行ないました。ラジオ放送「自由ヨーロッパ」で聞いた大事な情報を書き出し、それをカーボン紙で複写したのです。また女性の中には、名優ミコワイスカも一緒に拘禁されていましたが、彼女は他の女性のためにひとり芝居を上演してくれました。神父に相談することも一応はできたのですが、政権側の監視人は、それを極力制限しました。郵便物を出したり受け取ったりすることは可能で、面会も許されていました。アンナの拘禁中の報告書には、ゴウダップに、彼女の息子ヤヌシュと夫の兄弟の妻が面会に来ていたことが記載されています。当時ヤヌシュは何とか逮捕は免れていましたが、彼はグダンスクのオコポーヴァ通りの公安に呼び出しを受けました。そこで仲間の写真を見せられて、ボルセヴィッチやヤロシュ、ブロヴァルチックについて質問されましたが、ヤヌシュは、間抜けの振りをして、そこに写っている人たちを全然知らないし、彼らが何をしているのかまったく見当もつかないと答えました。

残ったのは国旗とパイプ

監視人や警官そして公安と争いになったこともありました。そのひとつが五月三日憲法記念日の式典の件でした。アンナは以下のようにその様子を描写しています。

「拘禁されていたある女性の息子が急死しました。しかし葬式に行くことは許されませんでした。われわれは、ハンストをすると彼らに通告しました。もうすぐ五月三日でした。われわれは一晩かけて、式典の飾り物の準備をしました。そこでなくてはならないものがポーランド国旗です。白い部分はタオルでつくり、赤い部分は編み物でこしらえました。喪に服していることを表すために、国旗には黒色の小さいリボンを縛り付けました。朝からその旗と『連帯』と書き入れた文字のことで大問題になりました。

警察署長が私に質問しました。『ポーランド国旗は問題ないが、なぜ黒いリボンがついているのだ』と。私は『五月三日の憲法記念日を戦争中に迎えなければならないからだ』と答えました。彼は『これは戦争ではない。戒厳令じゃないか』と言ったので、私は『人が殺されたのだから、戦争だ』と反論しました。

その後しばらくすると、警察のワゴン車『ヌィスカ』が来て、私服の男がまず降りて来て、続いて警官が降りて来ました。私服の男は『ポーランド共和国の名において妨害行為を中止しなさい』とわれわれに言い渡しました。そこでわれわれはこう答えました。『ポーランド共和国の名において、五月三日の憲法記念日を祝う邪魔をするのはやめろ！』と。

国旗は大きい窓ガラスの外側に広げて、われわれは手をつないで、警官が国旗に近づかないようにバリケードをつくり、歌を歌いました。八一年のビドゴシチ事件の繰り返しのようでした。警官らはわれわれの写真をとり、同時にわれわれを押しのけました。ひとりの警官が窓を割り国旗を取ろうとしましたが取ることができませんでした。拘禁されていた身体障害者の女性が彼を引っ張ったからです。

他の女性たちはとがったものでつついたり、警官の肩章を剥ぎ取ったりし、ある女性は警官の制服のポケットから書類を抜き出そうとしましたが、手につかむことができたのはパイプ一本だけでした。ガラスはがたがた揺れました。『みんな一緒に落ちてしまう』と誰かが叫びました。すると、中止せよとの命令の声が聞こえ、彼らは撤退していきました。私たちは、『柵を破って壁をくずせ』と歌を歌い、勝利のジェスチャーを去って行く彼らにして見せました。数人の警官が去りぎわに、同じジェスチャーで応えていました。私は、わざと警官が国旗を取ろうとしなかったのではないかと思いました。この闘いの後に残ったのは、国旗とパイプだけでした」

この隔離所でも、一人ひとりが呼び出しを受けて、警官の尋問に答えるのが日常となっていました。この尋問は、外国に移民することを勧める目的で行なわれましたが、それ以上に警官らが求めたことは、彼らに忠誠を誓うことでした。時には、公安はスパイ獲得に成功することもありましたが、拘禁された者の中で、誰がスパイだったかは今も不明のままです。しかしグダンスク造船所の若いポーランド運動に属していたトゥショショフスカが、八二年一月四日、この施設に来る前、グダンスク公安第三課に協力する署名をしたことだけが分かっています。彼女の暗号名は「サラ・ヴィルターネン」、今日閲覧できる資料によれば、トゥショショフスカは拘禁に同意し、（二月五日から四月二七日まで）ゴウダップで勾留されているほかの女性たちについての情報を送っていました。現在、彼女の報告書は残っていませんが、勾留されていた女性たちは、彼女がスパイであるとの疑いを持っていたという内容を公安の資料から読み取ることができます。ヨアンナ・グヴィアズダも「スパイだと気づいたのは、トゥショショフスカひとりだった。彼女は自信たっぷりに、くだらないことをぺらぺら喋っていたので、最初はただの犯罪人だと思っていた。とにかくしゃべり続けていた。彼女は八六年までスパイだったが、暗号名が後に『ガウチンスキ』に変わった」と書いています。

暗号名「ミェシュコ」、「ボレック」

また、公安がどういう活動を、女性たちに対して行なっていたのかも不明ですが、アンナのおかげで、公安が八二年二月に行なった挑発的な作戦の様子を窺い知ることができます。それは、ワレサが七一年一月十二日から共産主義政権のスパイであり、暗号名が「ボレックだった」と暴露するビラと、ワレサがスパイ行為の報酬として金を受け取った時の領収書二枚が（七一年一月十八日と七四年六月二九日付）それとなくアンナの部屋においてあったという出来事でした。スパイに関する書類のコピーではなくオリジナルを与えるということは、ポーランド公安のやり方としては前例のないことでした。いかに公安がこの作戦を重要視していたかがよく分かります。この作戦には党本部と内務省の利益がかかっていただけではなく、何よりも国家にとっての重要事項だったのです。

またこれとは別に、タイプで写し書きされた暗号名ボレックであったワレサの暴露情報と、ワレサへの警告が書かれたビラが、部屋にこっそりと置かれていたこともありました。そのビラには「ミェシュコ二世」が書いたことを示す署名がありましたが、実際には、公安によって作成されたものであり、「連帯」全国抵抗委員会（ＯＫＯ）で発行されたことになっていました。「ミェシュコ」とは、ＯＫＯのリーダー、シュメイカが戒厳令施行後に使っていたペンネームでした。

この公安のビラには次のように書いてありました。

「ワレサとはいったい何者なのか。彼は公安のスパイ、ボレックである！　卑怯なウソつき！　ワレサは七〇年十二月から仲間をすでに裏切っていた。ワレサのせいで、多くの仲間が尋問され、職場を解雇された。グダンスクでの自由労働組合結成後、その中に入り込み、ヴァレンティノヴィッチやピンコフスカ（ピエンコフスカの誤記・著者）、ヴィシニェフスキ、スタンヌィなどの活動家らについて密告していた。八〇年には、公安の担当官の助けで、ずる賢くストの先頭に立ち、その後誕生することになる『連帯』を手に入れた。

ここから彼の裏切りは山場を迎え、ビドゴシチでは抵抗ストを潰し、グダンスクの工場間設立委員会からは、『連帯』に忠実に活動した仲間を排除した。公安の命令によって、マゾフシェ地方本部からも、同様に役員の排除を試みたがそれは失敗に終わった。秘密裡に政府側と駆け引きを行ない、政府側の指示に従っていたのだ。『連帯』内で実行した彼の巧妙な作戦は、政府のための戒厳令施行の準備であった。ラドムのことも、前もって決めてあった合言葉で実行されたものであり、ワレサは、戒厳令施行の日にちを知っていたので、二回も『連帯』全国委員会の大会の開催日を変更した。それは、グダンスクの全国委員会の委員を、大会もしくはその帰路を利用して、軍隊と公安が逮捕しやすいようにするためだった。各地方本部では指導者を引きずり下ろし、地方組合の弱体化を図った。戒厳令は、ワレサとワレサに秘密裡に権力を与えていた者たちを脅かす組合員たちを抹殺する唯一の方法であった」

公安は、こういった作戦を行なうにあたって、目的達成のため、しばらく前から続いていた、組合の方針の違いからくるワレサとアンナの影響力をめぐる対立を恰好の材料として利用しました。その目的とは地下組織となった「連帯」の粉砕、「連帯」内各グループの分裂助長、そして八二年、ワレサに対するノーベル賞受賞を阻止する作戦を実行することでした。ノーベル賞の受賞は、ワレサを通して「連帯」が受賞したのだと受け止められてしまうことを意味していました。そこで内務省は、国民と西側諸国のワレサに対する評価を何とか落とそうとして、熱心な活動家であるアンナと、彼女の人望を利用しようと考えました。

ワレサが「連帯」をダメにしていること、彼が公安のスパイであることは、アンナにとっては明白なる事実であり、公安の証拠などまったく必要ありませんでした。アンナは、ワレサの過去に対し厳しい批判の目を向けてはいましたが、それは戒厳令下での公安の作戦を支持するものではありませんでした。一方、時を同じくしてワレサは政府代表者との話し合いの中で、アンナへの否定的な姿勢を明らかにしていました。

八二年十一月、ワレサはスタルシャック大佐とクリシ大佐と話し合いを行なった際に、組合からアンナを追い出すことを自ら率先して行なったと供述しているのです。アンナの行動が共産主義政権にとって気に入らないものであることを知っていたからだとワレサは説明しています。「政府が嫌がっているだろうと思ったから」「でしゃばって、私の邪魔をしたからだ」というのが理由でした。しかし同時にワレサは、アンナを恐れていました。

ワレサはアルワムフ滞在（拘禁）中、アンナについてオルシューリック神父に相談していますが、その様子を神父は次のように公安に報告していました。「ワレサは、妻と子供を拘禁先に呼び寄せていることはいいのか悪いのか分からないと戸惑った様子だった。アンナや他の女性たちが解放された後、ワレサの立場を不利にする目的で、ワレサが特権を与えられていたと、反撃してくるかもしれないと心配していたのだ。私は心配することはないと彼を慰めた。妻と子供と一緒にアルワムフに滞在するのを決めたのは彼自身ではなく、ポーランド司教団だからだ。具体的にはドンブロフスキ大司教と私であった。だからワレサの妻と子供たちは八月二日まで、ここに滞在することを決めたのだ」と。

その数ヵ月後、話し合いを兼ねた尋問で、ワレサは同じ内容の話をしています。アンナのことになると「あの女に潰される」と確信を持って語っていました。

「ポズナンの親戚」と名乗る男

一方アンナは、ワレサ打倒のために公安と協力する気はさらさらありませんでした。彼女の「連帯」に対する誠実な心と忠誠心が、それを許さなかったからです。ゴウダップで公安は、別の作戦を実行してきましたが、その作戦に対する反応を見ても、彼女の信念が窺えます。アンナはその事件を次のように描写しています。

「八二年二月、『面会』だと呼び出しを受けました。『アンナ、家族が面会に来たぞ』と連絡をもらったのです。息子だろうかと私は息を弾ませて走っていきました。でも私の前に立っていたのは知らない男。その男は優しく私に挨拶しました。『おばさん元気かい。ぼくはポズナンの親戚の者だよ』。私はポズナンに親戚などいません。息子と、嫁、夫の母以外に誰も親戚などいません。驚きました。その男は、カバンからトマトやキュウリ、チョコレートの箱を取り出しました。そして私に近づいてささやきました。『おばさん、甘いものばかり食べたらダメだよ。身体に悪いからね。箱だけ取っておいてね』。

帰り際に、微笑んで去って行きました。これはおかしい、確かめなければと思いました。ヨアンナ・グヴィアズダのところへ走って行き、チョコレートの箱を開けてみました。手紙です。『おばさん、証拠だよ』と書かれた手紙と、ワレサが何年も前から、『ボレック』という暗号名の公安のスパイだったと記された四枚の書類のコピーが入っていました。私たちはどうすればいいのかを話し合いました。これは確実に挑発行為です。私とワレサを衝突、対立させ、組合を弱体化させたいのです。たとえワレサであろうと誰であろうと、敵と同盟を交わすことなどもってのほかです。私はこの暴露文書を小さくちぎって、火をつけ、トイレに流しました。そうすることでもう手元には何も残っていないようにしたのです」

ヨアンナ・グヴィアズダは、アンナに対して仕掛けてきたこの挑発文書について、鮮明に記憶しています。

「公安によって、アンナのもとに、ワレサのスパイ暴露文書が、わざとらしいやり方で届けられた。私たちはこの紙を焼き捨てた。われわれが何も反応しないでいると、その二〜三日後に、徹底的な部屋の捜索が行なわれた。その間、私たちはダルウフコへ連れて行かれた。捜索は部屋の隅々まで行なわれたようで、毛糸玉の中まで調べられていた」

公安は、アンナもしくはヨアンナ・グヴィアズダの持ち物の中から、この書類を発見し、秘密の書類を所有していると告発する予定だったのでしょう。今日になって、当時アンナに渡された書類の多くは、本物であったということが分かってきました（暴露文書や領収書など）。それは、内容の分析と公安署員の残した報告書によって、後に明らかにされたものです。しかし、この「ポズナンの親戚」が一体誰だったのかは、いまだに分かっていません。この男については面会記録帳に記載されていました。八二年二月十三日に、ポズナンのオブロニツカ通り八〇番Bに住むイェジ・ハンゼルという男が面会し、面会時間は十五分間だったと記録されています。彼の住所や名前が真実のものかどうかは分かりませんが、このような作戦で公安が本当の住所や氏名を使用したとは思われません。

ゴウダップ隔離中、アンナは公安に何度かスパイにならないかという提案を受けました。そのかわり彼女を「連帯」のリーダーにするというのです。しかし、彼女が共産主義政権と同盟を結ぶことなどありえず、アンナは日記に次のように書いています。

「拘禁から解放される直前に、若い金髪の男がグダンスク県警本部長の代理だと言ってやって来ました。彼は歯に衣着せず『私と一緒にグダンスクに帰りましょう。ワレサの代わりに、あなたを連帯のリーダーにしてあげますよ』と切り出したのです。私は収容所の所長に『この男は何とかしたほうがいいですよ。日光浴をしすぎて頭が変になったのではないですか。あなた方は、連帯のリーダーを、党の書記か何かのように、勝手に変えられるとでも思っているのですか』と言い返してやりました。その言葉に若い金髪の男は怒りを露わにし『われわれが訴訟をしないとでも思っているのか。裁判所だってわれわれの味方なんだ』と言い放ちました」

アンナの釈放が決定したのは八二年七月二三日金曜日でしたが、実際に釈放されたのは、その翌日でした。

アンナ起訴の準備

グダンスクの捜査部長ルトコフスキ少佐は、アンナが、ゴウダップの施設を釈放された時の様子を以下のように報告しています。

「アンナは、ピェンコフスカと共に施設を出た後、荷物から『連帯』と書かれた横断幕を取り出し、行進をしながら、集まっていた人たちと『拘禁の歌』を歌った。その後で、アメリカＮＢＣテレビや他の外国メディアのインタビューに答えていた。インタビューの後、待っていたタクシーに乗り込んで去って行った」

アンナがゴウダップの隔離施設を出て行く瞬間を、ＮＢＣテレビがカメラに収めていました。内務省第一局（市民課報部）に、それが西側で放送された場合に録画するよう命令が出ていました。内務省第五局第三部のウワノフスキ中佐は「この録画された映像は、アンナのこれから始まる裁判の証拠となる」と書いています。

アンナは、グダンスクの公安が、検察庁と共に、かなり前から彼女の裁判の準備を行なっていたことをまったく知りませんでした。八二年二月の初頭に、「クレーン工」と名づけられた作戦を実行していたアフティカ中尉は、アンナが参加した八一年十二月十四日から十六日のグダンスク造船所占拠ストライキについて報告書を作成しています。その内容から、公安はアンナのストでの役割について、造船所労働者と消防団員から詳細な報告を受けていたことが読み取れます。

公安は、アンナをテロ実行者として起訴しようとしていたのです。八二年三月十五日、ルトコフスキ少佐は、グダンスク地方検察庁に、捜査の開始を依頼しました。その際、捜査が公安捜査部で行なえるよう願い出て実行に移されました。公安側の担当者となったのは、キェフウェン将軍とトムチャック中尉であり、彼らは、スト中のアンナの写真、演説の録音テープを集め、証人の尋問をすでに始めていました。

公安の決定に従い、その捜査部では以下の起訴状が作成されました。

「アンナは、八一年十二月十四日、『連帯』工場委員会のメガホンを使用し、造船所の労働者に、団結と組合の防衛、そしてクルピンスキをリーダーとする全国ストライキ委員会が組織したストライキへの参加を呼びかけた。さらに八一年八月十五日に、ストライキ委員会を代表して、五人の労働者と共に、消防団第二支部に対し、消防車を出動させるよう要求した。その目的は警官隊を攻撃するためであった」

公安の要請で、八二年三月十七日、グダンスク地方検察庁は捜査を開始し、その後二度にわたって捜査期限を延長しました。理由は「証人の確定と犯罪の証拠の収集」でしたが、実際には、アンナが拘禁先ゴウダップから戻って来るまで保留にしていたものと思われます。八一年十二月十四日から十七日までのアンナの「犯罪行為」を立証するため公安の戦略担当部が全力を挙げて任務を遂行しました。中心となっていた部署は、グダンスク県警察本部第五課でしたが、ここは「クレーン工」作戦を四年にわたって展開している部署でした。

八二年三月三一日、グダンスク検察庁検事代理のムシンスキは、七七年から行なっている、アンナ、アンジェイ・グヴィアズダ、ボルセヴィッチの捜査報告書を、上記の捜査から切り離し、ワルシャワの中央軍事検察庁に引き渡しました。中央軍事検察庁では、社会自衛委員会・KORの見せしめ裁判の準備を行なっていたからです。捜査は八二年七月の半ばに終了し、ルトコフスキ少佐は、グダンスク検察庁に提訴、勾留請求を行ないました。公安は、アンナの息子ヤヌシュに対する作戦も進めていました。グダンスク公安第五課では、ヤヌシュが、「今はもう存在しない組合」「連帯」のメンバーとして地下活動を行なっていると断定したからです。

したがって、アンナとその息子ヤヌシュの逮捕は、もう時間の問題でした。これから迫害されることになるとは夢にも思わずアンナはグダンスクに戻って来ました。家に着いた時、玄関の入り口のドアに貼り紙がされているのを見つけました。「貧困のどん底で死ね。この馬鹿女」と書かれていました。

すべてを失ったわけではない

アンナは回想しています。

「グダンスクに向かっている電車の中で、私は『さあ行け、お前は自由だ』と言われて誘拐犯から釈放された後に森の中をさまよっている人質のように感じました。後ろを振り向かず、いつ撃たれるかと怯えながら、早足で歩いていく。十分遠くに来て、やっと安心したという感じでした。八二年七月二五日にグダンスクに帰って来ました。家へ向かいながら『がんばらなきゃ。何もかもを失ったわけじゃない』と自分に言い聞かせました。

家の中に入った時、立っていられないほどショックでした。悲しすぎて声も出ませんでした。身のまわりのものがなくなっていたのです。一生着るつもりでイギリスで買ったブラウスは近所の若い女性が着ていました。それに加えて息子が離婚を決意したことを知りました」

八二年七月二六日早朝、アンナは造船所に出勤しました。この日は彼女の「名前の日」のお祝いの日でした。造船所の通行証を持っていませんでしたが、何の問題もなく中に入ることができました。彼女が姿を現すとみんなは心から喜んでくれました。造船所はアンナの話でもちきりでした。みんな、彼女に会いたがり、前日にやっと自由を得たばかりのアンナを、喜びに沸き立つ造船工たちは温かく迎えてくれました。

造船所管理部は、その状況に危険を察知し、警備員を通して彼女に人事課まで来るように命じました。人事課に行くと、管理部が作成したアンナを定年退職させるための書類が準備されており、署名する場所だけが空白になっていました。「人事課で、すでに用意されていた定年退職の書類を突きつけられました。そこで私は『ヤルゼルスキ将軍は労働せよと呼びかけているじゃないの』と抵抗しました。『でも彼らはあなたに働いて欲しくないのよ』という返事。『彼らって誰よ』と私が質問すると『あなただって分かっているはずよ』という答しか戻って来ませんでした」とアンナは語っています。

しかし、この決定を実際に下したのは内務省でした。当時グダンスク県警察本部第五課は、随時内務省公安本部に、アンナが戻った後の造船所の様子について報告を送っていました。それは暗号文で書かれており、具体的には内務省第五局に宛てたものであり、ジャチェック中尉を中心とした役人たちが、この件に関する業務を担当していました。

グダンスク造船所W—2部門の部長との話し合いでも、アンナは定年退職することを拒否し、その代わりに休暇延長（八月二一日まで）に同意しました。八ヵ月も留守にしたので身体を休めることも必要だったし、家族や友人のために時間を割いたり、プライベートな用事を済ませようとアンナは考えました。そのほか、八一年十二月十三日からグダンスク造船所を管理している工場軍事長官にも話をしに行く必要があると考えていましたが、とりあえずのところはグダンスクに帰って来られたことを満喫することに決めました。

その間彼女は西側のジャーナリストのインタビューに答えていますが、それは後に「自由ヨーロッパ」で放送されました。そこで「連帯」のリーダーにするからスパイになれと提案されたことを話しています。二六日には「名前の日」のお祝いパーティーに友人を招待しました。ヨアンナ・グヴィアズダ、ピエンコフスカ、ヴォイチェホヴィッチがお祝いにかけつけてくれました。しかし、そのパーティーにはポズナンから来た、暗号名「ヤン」というスパイも参加していました。このスパイは、このパーティーでの話題のほとんどがゴウダップのことであったと公安に報告しています。

戒厳令が施行されてから、造船所は軍が支配し、造船所の全権は、ポーランド軍総司令部第二部（軍諜報部）にゆだねられていました。グダンスク造船所の最初の司令官はマルヘフカ大佐でしたが、八二年六月、コヴァルスキ大佐に代わっていました。八月の後半に、アンナが話をしたのは、このコヴァルスキ大佐だと考えられます。司令官は、アンナが定年退職申請書を提出するよう勧告し、それを拒否した場合にはアンナを造船所には入れないと脅迫しました。それに対してアンナは机を叩きつけ、大佐に言い返しました。「大佐がここに来てたったの三ヵ月でしょう。でも私は三二年、ここで働いているんです。だから大佐よりも、私の方に決定権があるのです」

ふたつ目の家は造船所

司令官は、この脅迫を実行に移しました。アンナは給料を受け取りに行った時でさえも造船所に入ることができず、経理の職員から、門の前で給料を受け取らなければなりませんでした。公安は休暇が終了した後、職場に復帰するだろうと予想していました。その対策のため、スパイ協力者をアンナの持ち場に送り込みました。しかしアンナは負けてはいませんでした。八月二三日月曜日、彼女は造船所に出勤し、他の労働者に混じって門にすべり込みました。自分の職場であるW―2部門へ向かい、作業服に着替え、クレーンのある自分の持ち場につきましたが管理部の代表に見つかってしまいました。彼は新しい通行証を持って来て、「忠誠書」に署名すれば職場復帰をさせてやると言いましたが、アンナは断固として署名を拒みました。「こんなことをするために、拘禁先で我慢をしてきたわけじゃない」とアンナは怒りを抑えられず、W―2部門の係長ブジシュに訴えました。「ブジシュも忠誠書に署名することが絶対条件だと、話を聞こうともしません。そこで私は造船所に泊まることにしました。明日造船所に入れないかもしれないからです。クレーンで寝る準備をしました。これを見ていた本部の役人たちは思い直したのか折れてきて、次の日の通行を許可する書類を渡してくれました。しかしそれは通行許可証ではなく、翌日の十五時に人事課に来るようにと書かれた書類でした。事務所に行くと、四人の役人が座っていました。隣の部屋に造船所所長である司令官がいたのだと思います。この四人は、話の途中で隣の部屋に行っては戻って来て、それを幾度も繰り返していたからです。司令官の指示でもあおいでいたのでしょう。私はまた忠誠書に署名しろと言うのかと聞いてみました。『いや、われわれはただ単に、あなたにここで働いてもらいたくないだけですよ』という答。『ここから絶対私は動かない。私をこのソファーごと運び出さない限りはね』と私。彼らは『給料は出しますよ』と妥協しない。私は『何が何でも動きません』というと『書面で保証しますよ』と役人たちは言いました」

　彼らの言っていたことは本当でした。八月二四日、アンナは、造船所所長ドブロヴォルスキの署名の入った人事・社会分析課発行の書面を渡されました。そこには「アンナ・ヴァレンティノヴィッチには、必要書類未提出のため、戒厳令施行下での造船所長期通行証が発行されなかった。ゆえに上記の案件解決まで就労せずとも平常の給料が支払われることとする」と記してありました。アンナは少し考えて、承諾することにしました。「これで造船所と縁が切れるわけではないし、仕事に再び戻れなくなるわけでもない」と考え、「署名します」と答えました。

「自分の部門に戻って着替えをしようとしましたが、その必要はありませんでした。私の服を誰かが持って来ていたからです。つまり、ロッカーの鍵がこじ開けられたということでした。廊下には警備員が待っていて、階下に降りていったら、ふたりの男が立っていました。私は歩いて帰ろうとしましたが、男たちに車で家まで連れて行かれ、彼らは玄関までついて来ました。私の家はふたつありました。ふたつ目の家は造船所でした。ふたつともなくなってしまうのだろうかと私は不安を抑えることができませんでした」

アンナは、本当の問題はこれから起こってくると感じていました。そこで八月二五日、息子のヤヌシュと一緒にチェンストホーヴァに行くことにしました。「ポーランドの女王」といわれているチェンストホーヴァのマリア様の祭日（八月二六日）に、祈りを捧げるためでした。マリアの絵が安置されているヤスナ・グーラの修道院に到着すると、アンナは修道院の聖パウロ修道会の修道士に集まっていた信者の前で短い演説をするように頼まれました。アンナのヤスナ・グーラ訪問は、チェンストホーヴァの「連帯」の活動家らに力を与えました。ちょうどその時、聖バルバラ教会で、政治犯として監禁されている仲間の釈放と、ヨハネ・パウロ二世のポーランド訪問を要求して、ハンストが行なわれていました。しかしこれに公安が介入し、チェンストホーヴァの司教ムシェルはハンストを中止するように勧告しました。そこでアンナはとんでもないことを思いつきました。自分の家でハンストを続けるように提案したのです。八月二八日、数人の仲間がグダンスクにやって来ました。彼女のグルンヴァルツカ通りのアパートでアンナと息子ヤヌシュの他、レシェック、ミハウォフスキ、パステルナック、カールト、ポジョメックがハンストを続行しました。その翌日、アンナのアパートに公安が侵入、全員が逮捕され、建物の入り口ドアに封印証紙が貼られました。逮捕の後、ヤヌシュはストゥシェビェリーネックの刑務所に拘禁されました。公安が侵入してきた時、アンナは、ちょうど、日ごろから世話をしていた老婦人、アリツィア・ジュトニックの所に行っていましたが、老婦人は八一年の十二月と同様、またもやアンナ逮捕の瞬間に居合わせることになりました。

精神疾患検査の強制

八二年八月三〇日、アンナはトゥチェフの拘置所に護送されました。最初、拘禁理由はハンストを行なったことと、全国で予定していた「連帯」の政労合意二周年記念のストを行なおうとしていたことだと思ったので、短期間の拘束に違いないと考えていました。その場合は四八時間後に釈放されるはずでした。しかし、拘束は長引きました。八月三一日、トゥチェフ拘置所はグダンスクの二周年スト参加者で一杯になりました。活動家らは口伝えでアンナが勾留されていることを知り、誰かが、アンナの牢のドアの前に、傷んではいましたが、カーネーションの花を置いてくれました。その後が地獄でした。アンナはドアののぞき穴と窓から権力者が何を行なっているかを見ることができました。「彼らはふたり用の牢に三二人を押し込んだ。看守は、ドアを開けて彼らに水をかけた。まるで牛の群れのような扱いだ。夜になると牢から出して殴っていた」

その夜、町から別の活動家たちが連れて来られました。そこでアンナが見たものは、何度も聞いたことのあった「健康の小道」といわれる刑罰でした。以下はアンナの証言です。

「十五人ずつ機動隊が二列に並んで道をつくり、護送車から一人ひとり降ろしていく。誰かが走って出ようとすると、『ゆっくりと行け！』と命令する。狙いを定めて、棍棒で殴るためだ。誰かが足をやられて倒れた。それでもまだ殴っている。気を失うと、脇へのける。機動隊員は怒鳴っている。まるで獣だ。彼らは私に気がついて、こっちの牢へガス銃を向け威嚇した。ドアを叩く。檻の中から叫んだ。われわれの叫び声をかき消すために、誰かがラジオをつけた。私は、もう一度窓の外を見てみた。機動隊がまだ立っていた。その横には革ジャンを着て、束になった身分証明書を握っている私服の警官がいた。その私服が言った『さあみんな、夕食にしようか！』と。その後、二度、護送車『ヌィスカ』が到着した。辺りが暗くなった時、われわれの牢に国歌が聞こえてきた。『ポーランドはいまだ滅びず…わあああ！』叫び声が続いたと思ったら、人間の声とは思えない鳴咽。その後で拳銃の鳴り響く音がした」

九月一日、グダンスク検察庁副検察官ハズーカがアンナの起訴状を提出しました。そこには「戒厳令発令後に抗議行動を扇動した。また八一年十二月十四日から十六日の占拠ストに参加し、警官隊と軍隊を攻撃する目的で消防車を使用しようとした」と書かれていました。

同日、ハズーカは、調査を緊急事項であるとの決定を下しました。九月一日、彼はトゥチェフでアンナの尋問を行ないましたが、アンナは、供述を拒否し、起訴提起書類の内容を偽りであるとして署名もしませんでした。また、県検察庁に対し、一〇月に保養所で治療をすることを理由に、勾留解除を要請しました。尋問報告書への署名も拒否し、弁護士タイロルとの面会を願い出ました。

タイロル弁護士は、地方裁判所にアンナの勾留請求却下を求める意見書を提出しましたが、裁判所はこれを棄却しました。

内務大臣ラコススキは、アンナを「無責任なあぶない女」と名づけ、徹底的な迫害を開始し、アンナをグダンスクのクルコーヴァ通りにある拘置所に勾留しました。そこで検事ムシンスキはソ連式のやり方に従い、アンナに精神疾患の検査を強制しました。検査を行なったのは、グダンスクの医師ドルミェルスキ教授とニトカ博士でした。ふたりの医師は「アンナは精神病患者でもなく精神薄弱者でもない」という診断を下しましたが、病院で彼女の観察を続け、再検査を行なうことを診断書に追記しました。

八二年九月十一日、アンナは、ワルシャワのラコヴィェツキ通りにある内務省刑務所病院に収容されました。ワルシャワ・モコトフ拘置所の四人の司法精神科医であるメルチャレック、ポニャトフスカ、マズロフスカ、シベックが彼女の担当医となりました。監房で一緒だったのは殺人犯の容疑で勾留されている女性で、拘置所の中は悲惨な状態でした。食事の量も少なく、耐え難い寒さの中、病院の職員はヒステリックに怒鳴り散らし、殴ることも珍しくなく、中では患者のうめき声が絶えませんでした。行動はすべて監視されていましたが、アンナは抵抗し続けました。グダンスクの高等裁判所に救済を求める文書を書き続けましたが、効果はまったくありませんでした。精神科の検査の後、アンナはグルジョンツの刑務所に移送されました。

公安の病院に収容される

グルジョンツの刑務所で、アンナは精神的な安定を保つよう心がけ威厳を持ち続けて、正義を求めて闘い抜きました。弁護士とコンタクトを取ること、家族と面会すること、暖かい服が支給されること、宗教の自由（ミサに参加し聖体拝領を受けること）を要求しました。重労働をすることを要求されましたが、アンナは、造船所で働くことを拒否されたのに、ここで働かねばならない理由はないとして、それを拒否しました。しかしアンナは身体を壊してしまい、十一月の初旬に刑務所内の病院に運ばれました。

八二年十一月十一日の独立記念日に、彼女はポーランド人民共和国国家評議会に公開状を書き送りました。そのなかで労働者の尊厳とポーランドの自由と正義のために闘ってきた自分の人生を書きつづりました。

公開状の最後には、

「現在私は、国家評議会の決定によって刑務所に入れられている。何故にと私は自問する。なぜ三二年間も造船所で働き続けてきて、癌にも苦しんだのに、八二年に療養所で静養することができなかったのか。『国民合意』とはいったいなんなのか。この私の質問にいったい誰が答えてくれるのだろうか」と質問を投げかけました。

この公開状の後、十一月末になって、弁護士タイロルとノヴィツキとの面会が許可されました。また夫の兄嫁との面会も許されました。十二月に入って、検事のミレツキが書いた、アンナが国家評議会に宛てた書簡の返事が届きました。「拘留および精神科における検査と入院観察の結果、療養所での治療は不可能であるとの決定が下された」と通知されていただけでした。それに対して、アンナはまた書簡を書き、法的救済と勾留解除を申し立てました。

八二年十二月、アンナは造船所を解雇されました。十二月二日、グダンスク造船所の人事課副係長ドブロヴォルスキからその知らせが届きました。この決定は七九年に発令された法律「ポーランド人民共和国全般的義務」を根拠とし、「勾留により八二年九月一日から、職場を欠勤しているため、軍部管理となっているグダンスク造船所を解雇する」と理由が示されていました。

八二年十二月六日、検事ミレツキはアンナの起訴状をすでに準備していました。起訴内容も前と変わらず「八一年十二月十三日以降の組合活動、グダンスク造船所におけるストの参加、八一年十二月十四日、十五日、機動隊に対して攻撃する目的での消防車の不当な出動要請」となっていました。起訴状には、上記の罪状を裏付ける六人の証人が列挙されていました。それは八二年初頭に公安に協力していたメンバーとほぼ同じでした。

八二年の終わり、グダンスク地方裁判所は弁護士タイロルの予防勾留撤回要請を棄却しました。クチョルスキ裁判官は、罪状にかかれたアンナの犯した罪の重さを理由としたからです。そのうえ、勾留がアンナの健康を害することはないと結論付けました。

グルジョンツの裁判

ミレツキ検事は、八三年三月九日グルジョンツ地方裁判所で行なわれた裁判で、自らの見解を説明しました。裁判長はシメロフスキ、裁判官はドンブロフスキ、判事はセヴェリンスキ、書記官はバルトコヴィャックでした。アンナを弁護したのは、三人の弁護士、タイロル、ノヴィツキ、スコヴロンスカでしたが、裁判は最初から最後まで公安によってコントロールされたものでした。裁判の様子は随時グダンスクに連絡され、弁護士を始めとして、全員の身分証明書の提示が求められました。また裁判の傍聴者は大部分がグルジョンツの党員か、政権寄りの労働組合の代表者でした。

家族や、友人、またアンナとの連帯を表明したいと思っていた人の席は、ほんの数席しかありませんでした。幸い息子のヤヌシュが傍聴することができましたが、裁判を録音しようとして、拘禁されてしまいました。嫁のマリアはその時妊娠三ヵ月でしたが、警察官に押されて、階段からころげ落ちました。ピェンコフスカ、リビツカ、クルスカ、ビルスカ（アンジェイ・ワイダの映画「鉄の男」に出演した有名女優）の席だけは確保することができました。ヨアンナ・グヴィアズダ、バリツキなど他の仲間は裁判所の廊下にしか入れませんでした。トルン「連帯」の仲間もグルジョンツに駆けつけてくれ、グダンスクから、ヴァホフスキとワレサもやって来ました。ワレサは、外国から来たたくさんのジャーナリストにインタビューされ、アンナを応援していると、支持を強調していました。「アンナはわれわれを守ったから、逮捕されたのだ。だから今度はわれわれが、彼女を守らなければならない。釈放されるよう願っている」とワレサは語っていました。

アンナは三人の警察官に囲まれて法廷に入って来ました。「警官に囲まれたアンナを見た時、小さな彼女がさらに小さく見えた」と「連帯」の地下出版物は書いています。裁判は、検事ミレツキによる起訴状の読み上げから始まり、アンナの陳述へと移りました。アンナは静かに、しかししっかりとした口調で、自らの人生について話し始めました。自分が味わった辛さ、公安庁と公安警察とによる迫害、職場での生産方法と衛生状態の改善のための闘い、七〇年の十二月事件、七一年ギエレクに会ったこと、自由労働組合の活動、八〇年の八月、「連帯」運動。八一年十二月十四、十五日の占拠ストに参加したかという質問に対しては、回答を拒否しました。三月十一日には証人喚問が行なわれました。答えた者は、前もって公安によって選ばれていた造船所の労働者と消防隊員でした。検事は法廷で消防隊長ヴィシニェフスキ中尉に尋問しました。内容はアンナとその他の、消防車出動を要求しストを行なった仲間についてでした。

裁判は三月三〇日に再び行なわれました。インチキ裁判とアンナの苦しみはその日に審判が下ることによって終了するはずでした。グルジョンツで、これほどたくさんの公安と警察の警備が配備されたことはかつてありませんでした。町中に警官隊が出動し、裁判所の建物の警備体制は強固なもので、各工場では職場を離れることも、この日休暇を取ることも禁止されていました。また以前に発行された通行証も無効とされました。一〇人のアンナの家族や仲間以外は、前回と同じように法廷を埋めたのは政府系の組合員でした。アンナを応援に来たのは、ビルスカ、フリーデルとワレサでした。しかしアンナの夫の兄とザポルニックは法廷に入ることができませんでした。また裁判開始直前に、ヨアンナ・グヴィアズダ、ホシチ、クータ、パヴェルスカは拘禁され、裁判が終わるまで釈放されませんでした。また裁判を傍聴しようと駆けつけた人たち全員が廊下から追い出されました。裁判の様子はビドゴシチテレビが撮影していました。

この日、最も重要だったのはトゥルネツキの証言でした。彼は、八一年十二月十四日と十五日、アンナが造船所受付の建物の屋根の上に立って演説しているのを遠くから見ただけだったと証言しました。彼は「何を言っていたかはまったく聞こえなかった。造船所の前に集まった人たちにメガホンを向けて何かを話していた。手のひらを開いて、上着を着た上半身が見えていた」と証言しました。

その後、弁護人のタイロルはトゥロヴィェツキに、八〇年八月のストの前のアンナ迫害について質問をしましたが、それがトゥロヴィェツキを困惑させました。それは、八月一日に、二時間トゥロヴィェツキがアンナを造船所の警備室に監禁したのはなぜかという質問でした。「なぜ証人は、被告を監禁したのか。二時間監禁したのは本当か？」とタイロルは質問しました。トゥロヴィェツキは、造船所管理部の命令を実行しただけであり、三〇分後には彼女を外へ出したとあわてて言い訳をしました。裁判長が、アンナに発言の場を与え、彼女はトゥロヴィェツキのせいで持ち場を離れることになったので、その弁明にすごく困ったと説明しました。これもまた、彼女が造船所を解雇される原因のひとつでした。

消防隊の団長サジャルスキの証言ははっきりしないものでした。これまでの証人の陳述とは違って、彼は記憶が悪いこと、八一年十二月から時間が経っていることを理由に、憶えていないと繰り返しました。サジャルスキは、電話で消防車の出動を要求した女性がアンナかどうかよく分からないと語りました。そのサジャルスキの態度に裁判官らはいらいらして、捜査の際はもっと詳細に述べたのにと問いただすと、証人は、「捜査の時に証言したことをあまり憶えていない」と答えました。あの時は、もっとよく憶えていたからかも知れないとはっきりした態度ではありませんでした。

試練の十字架

裁判が進むに従って、起訴状の内容がでっち上げであり、公安の政治的目的と策略で仕組まれたものであることが明らかになってきました。そこでミレツキ検事は戒厳令を利用し訴えました。「裁判長。八一年のポーランドの状況は、国と国民の利益が脅かされた状況でした。社会の平安と平和と秩序が乱されていました。社会の規律は無視され、あちこちで法律は効力を失い、社会の中での平和的共存が危うくなっていたのです。政府と行政機関の円滑な機能も制限されるに至り、国の経済も停滞してしまいました。これが、国家評議会による戒厳令施行の理由でした。被告は、自分の人生、職業、組合活動について陳述しましたが、それは裁判において起訴状の内容自体には関係がないといわねばなりません。ここで明確にすべきことは、被告の人生や、その出来事でアンナ・ヴァレンティノヴィッチが裁かれているのではないということです。

彼女が裁判にかけられているのは、彼女の八一年十二月十四日と十五日の行動が、刑法に反し、戒厳令法令第四六条によって罰せられるべきものであり、国家の法的規律に違反するからです。よって訴訟は八一年十二月十四日および十五日のグダンスク造船所がストの拠点となって国家の存在を脅かした危険な状況の結果なのです。この法廷で、検事も弁護士も、ヴァレンティノヴィッチの諸事情の斟酌については言及しませんでしたが、裁判長は、判決を言い渡す時に必ず、ヴァレンティノヴィッチの手術の後遺症による体調不調と、職場での高い評価、前科のないことなどを考慮斟酌するでしょう。終わりに、ヴァレンティノヴィッチは起訴された内容の罪を犯したので、懲役三年の刑に処することが適切であると考えます。また刑法四九条に従い、予防的意味と教育的目的により、判決内容を、マス・メディアを通して国民に知らせることが必要であると考えます」

この欺瞞に満ちたミレツキの言葉に、高貴な言葉をもって反論したのが、タイロル、ノヴィツカ、スコヴロンスカでした。アンナの弁護士たちは、詳細な論証で、共産主義政権の検事の論法を打ち破り、アンナの無罪を訴えました。タイロルは、この裁判で、歴史的見地を重要視しました。アンナは歴史的人物であり、国内だけではなく海外においても知られた八〇年八月「連帯」の誕生に貢献した人物であり、グダンスク政労合意書の署名者のひとりであることを強調しました。

「政府も政労合意書に同意することによって、正義を求めて闘うことの正しさ、要求によって自らの権利を勝ち取ることの正しさをアンナ・ヴァレンティノヴィッチにも示したのではなかったのでしょうか。ヴァレンティノヴィッチはグダンスク八〇年ストの英雄でした。二回目のストの後、彼女は（戒厳令で）壊された造船所の門を出て行かなければなりませんでした。彼女がどんな気持ちだったか察することはむずかしいことではありません。そこで見たものは、裁判にかけられるよりも彼女にとってショックなことであったでしょう。今まさにすべきことは、ヴァレンティノヴィッチに自由を与え、正義を取り戻してあげることなのです。それができるのは、裁判所であり、彼女を無実にすることによって可能となるのです」

弁護士スコヴロンスカは、アンナの迫害の宗教・倫理的な意味合いについて話をしました。

「現在の裁判は復活祭の前の聖週間に行なわれています。ヴァレンティノヴィッチは、本人も何度も繰り返しているように熱心なカトリック信者です。それは証拠書類からでさえも読み取れることです。彼女にとって道徳、良心、心というものが、最も大切な価値観です。十字架は、この裁判にも影を落としています。なぜなら十字架は、嘲られ、唾された人間の苦しみの象徴ですが、その後で崇められた者の象徴でもあるからです。この象徴を理解することは、被告の席に座り、不当な理由をもって侮辱されているこの女性労働者ヴァレンティノヴィッチを理解することに繋がります。判決は良心の声でなければなりません。ヴィシンスキ首座大司教が言っているように『良心とは人間の尊厳の基本である』からです。起訴状には、ヴァレンティノヴィッチが受けてきた、目には見えない試練の十字架が見えます。彼女は、自分の権利や利益のために闘ったのではありません。その証拠に何も物質的なものは手に入れていないのです。何も手に入れていないどころか、病気に苦しみ、善というものへの希望がくじかれていったのを見せ付けられました。今、ここで、引用するにふさわしいミウォシュの詩があります。

人の理性は美しく、敗北を知らない
普遍の理想を示し
われわれを導く
真実と正義は大文字で、嘘と中傷は小文字で書こう
それはすべての上にあり、上にあるべきものをさらに高める
絶望の敵、希望の友

前にも申しあげましたが、被告の行動は違反というべき行動であり、ましてやそれは時効になっているものです。犯罪ではないと断言できます。判決は、この詩にあるように、『嘘と中傷』ではなく『真実と正義』を基礎としたものであるべきです。また、判決は『導く』ものであるべきであり、『排除』するものであってはなりません。ヴァレンティノヴィッチの悲惨な歩みは、ポーランドそのものの歩みでもあります。それは、ポーランド司教団も書簡の中で述べているように『内部分裂の重み』に押し潰されているのです。その重みに、手を差し伸べねばなりません。だからこそ、

アンナを無罪にしなければならないのです」

この最後の弁護士の言葉に感動を隠しきれなかったアンナは、判決が下る前に最後にもう一度自分の無罪を訴えました。自分がやってきたことは、ポーランドに尽くすためであったと話し、このグルジョンツの裁判は彼女にとって、共産主義政権の鎮圧の続きであると語りました。また裁判の二日前にグダンスクで逮捕された息子ヤヌシュについても言及し、息子が警官を侮辱し、赤い旗をゴミ箱に捨てたという理由で検事ドロビシュに起訴されたことも話しました。無罪を訴えたアンナは、「ポーランドの女王」である聖母マリアと、最高の正義でありすべての人々の審判者キリストにすべてをゆだねると語りました。

釈放

十八時をまわる少し前に、裁判長シメロフスキが、ポーランド人民共和国の名において、判決を読み上げました。

「被告アンナは起訴内容に従い有罪とする。一年三ヵ月の懲役に処し、罰金一万六〇〇〇ズウォティとする。執行猶予三年とし、八二年八月三〇日から八二年一〇月九日までの勾留期間を換算し、罰金から差し引く。八二年一〇月九日から八三年三月三〇日までの勾留は、懲役の期間から差し引くこととする」

裁判所とそのまわりに集まっていた人たち、弁護士と友人、そして「連帯」の仲間たちは、「有罪」という言葉にはたいして気を止めませんでした。とにかく、アンナは釈放されることになったのだし、それが一番重要なことでした。弁護士スコヴロンスカは、後に、「判決の基礎となった事柄」に関しての見直しを求めました。

一方、刑務所の護衛は、釈放のための手続きを理由に、裁判所の判決による釈放の実行を遅らせました。「家族が待っているのか」と護衛はアンナに質問しました。「家族は息子ひとりしかいない。でもその息子も、刑務所に入れられている。だから私を待っているのは『連帯』だけだ」とアンナは答えました。

「ドアが開きました。たくさんの人が集まっていて、外国テレビ局のカメラも待機していました。私を囲む人はどんどん増えていく。ワレサのまわりにも人だかりができていました。そのふたグループの群集が、どんどん動いてひとつになって、私は知らないうちに、ワレサのまわりにいる群集の方向にぐいぐい押され、ワレサが私の肩を組みました。ワレサが耳を寄せて私の言葉を待っていました。『まったく、あんたにはちゃんとお仕置きしなくちゃならないけど、今日のところはキスをしてあげるわ』といって、私たちは挨拶のキスをしました」と、アンナはその時の様子を語っています。

グルジョンツの通りは釈放されたアンナを囲んで、喜ぶ人々でしばらくの間沸き返りました。人々は彼女に花を渡して、声をかけ、歌を歌いました。誰かがアンナに言いました。「アンナさんのため一生懸命に祈っていたんですよ」「壁を通して、みなさんの応援を感じましたよ」とアンナは答えました。

グダンスクへは、ワレサが乗せて行ってくれました。出発する前に、アンナ釈放を祝う会へ行くために、グルジョンツにある会場へ向かいました。しかし、着いてみると、そこの主人が公安に連行されてしまったことが分かりました。ともあれ彼らはグダンスクへ向けて出発しました。「ワレサはラジオをつけていました。車が私のアパートの中庭に入った時、警察無線がラジオから聞こえてきました。『今、婆さんが中庭に入って来たぞ』と警官が連絡を取り合っていました。車の中にいたみんなは、大声で笑いころげました。なぜなら『婆さん』とは私のことだとすぐ分かったからです」とアンナは回想しています。

家に帰って、まずアンナは息子がどこに拘禁されているのかを突き止めようとしました。三月三一日、朝から息子がどこにいるのかを電話で捜した結果、グダンスクのクルコーヴァ通りの拘置所に収容されていることが分かりました。四月一日、アンナは県検察庁へ行き、面会を申し込みましたが許可が下りませんでした。「もう息子は成人しているのだから、親権なんてあんたにはないだろうが」と言われました。アンナは泣きながら拘置所に行って面会を申し込みましたが、会うことはできませんでした。家に戻ったその夜、誰かが玄関のドアをノックしました。それは息子のヤヌシュでした。「拘禁の理由がなくなった」といって帰って来たのでした。

八三年四月の初め、アンナは勾留が取り消しになったので、造船所にW―2部門での就労再開を書面で申し出ました。しかし公安が、直ちに介入し、ワプシェック少佐は以下のような報告を提出しています。「グダンスク造船所の本部は、アンナの申請書に対する返答の準備を行なっている。そこでは、アンナは有罪の判決を受け、勾留取り消しになっていないこと、そして勾留が罰金から差し引かれることになっただけであることが記載されている。よって、グダンスク造船所はアンナの雇用を却下する内容の書面を現在準備中である」と。その数日後、アンナは造船所本部から、同じ内容の回答を受け取りました。アンナはその後も就労再開の書面を書き続けましたが、何の効力もありませんでした。

暗号名「年金生活者」作戦

この頃公安によるアンナに対する作戦が変更されました。「クレーン工」と名づけられたアンナに関する作戦が八三年四月二二日、新しく設置されたグダンスク県警察本部第二検査課へ移されたのです。これは内務省公安調査局の地方行政機関であり、第二検査課は最も危険とされていた反体制活動家を扱っていました。アンジェイ・グヴィアズダ（作戦名「サトゥルン」）、ボルセヴィッチ（同「グニアズド」）、リス（同「コザック」）、レフ・ワレサ（同「ザドラ」）、レフ・カチンスキ（同「カツペル」）などの案件も、この部署の管轄となりました。この時からアンナと息子に関する作戦は「エメリトカ」（年金生活者）と改名されました。最初は、グダンスク県内務局第二検査部

第二課が、アンナを担当していましたが、後に担当部署が第三課に変更されました。直接担当に当たったのは、ピェンタ大佐、ノヴァツキ大佐、ヤギェウオ大佐、ヴィスキェル警部で、「エメリトカ」作戦を指揮し、監査していたのは第二検査部第二課でした。

アンナの生活はまた苦しいものになりました。公安の活動が目に見えて活発になった中、三〇年も勤続していた造船所でまたもや仕事ができなくなり、給料も年金もない状態になってしまったからです。アンナは庭師の手伝いをしたり、ポーランド赤十字で、子供の多い貧困家庭の手伝いをして生計を立てていかなくてはならなくなりました。一方グヴィアズダの支持者らは、外国へ仲間が移民したり弾圧されたりで、散り散りになってしまいましたが、それでも仲間たちは集会を行なっていました。アンナもそこによく出入りしていました。そこにはヨアンナ・グヴィアズダ、アンナ・グヴィアズダ（アンジェイ・グヴィアズダの妹）、クフャトコフスキ、ピェンコフスカ、クレメントフスキ、コヴァルスキなどが顔を見せていました。

またアンナは、一〇年の懲役を受けたクバシェヴィッチに、ビドゴシチのフォルドン刑務所まで行き面会もしています。同時に反共産主義活動で懲役を受けているズビグニェフ・アンキェルシュタインをも支援していましたが、公安の資料によれば、アンナはアンキェルシュタインを、息子のように可愛がっていたと記録されています。

仲間の支えと共に彼女の大きな精神的支柱となったのが神への信仰で、それは毎日の生活に活力を与えてくれました。ヒラリー・ヤスタック神父に信頼を置き、彼を訪ねて、よく聖イエス聖心会に足を運び、ミサにも参列しました。八三年、ヤスタック神父は、アンナを自分の司教区で雇ってくれました。仕事の内容は、病人の家庭や病院への訪問、貧しい人のための食料、医薬品、衣類の確保、また聖マクシミリアン・コルベ断酒運動の一環で、アルコール依存症患者への協力も行ないました。その当時、ヤスタック神父に大きな影響を受けたアンナは、「ポーランド女性へ」というアピールやアルコール販売の拡大に反対する公開状を提出して世間に訴えました。公開状では、ポーランド人民共和国政府が、アルコールを故意に普及させ、社会を堕落させていると訴えました。

力を与えてくれたポピェウシュコ神父

八一年の辛かった時と同じように、アンナはポーランド中をまわって、人々と会って話をしました。彼女が勾留されていた時、祈りを捧げ、彼女を守ろうとしてくれた人たちに会うことが彼女のなすべきことだと感じていたからです。アンナは釈放される少し前に、聖コストカ教会でポピェウシュコ神父が、祖国のためのミサを挙げ、アンナのために祈りを捧げてくれたことを知りました。早速神父に会いに行き、神父と親交を持つようになりました。アンナは「神父との会話は私に大きな喜びを与え、強さと活動する意思を強めてくれる」と語っています。彼女は神父によって精神的な力を与えられて、さらにポーランド全国をまわり続けました。カトヴィーツェでは「女性のための巡礼」に参加して、他の女性たちと共にピェカーリ・シロンスキェの聖地まで歩いて行きました。

また八三年八月十五日には、戒厳令で殺された炭鉱夫たちを追悼するために、ヴイェック炭鉱に花を捧げに行きました。ポピェウシュコ神父は、アンナとの友情を大切にしていました。「連帯」の神父といわれていたポピェウシュコは日記に、八三年四月一〇日の日付で、アンナについて書いています。「集会の最後に、暖かく、非常に素晴らしい言葉をアンナが述べてくれた。それは参加者にとって、とても嬉しい予期せぬ贈り物となった。感動的な言葉だった。夜になってアンナとたくさん話をした。私は四月二四日に行なわれる祖国のためのミサに彼女を招いた。その日は、『連帯』の旗を清めてもらった二周年記念となる日である。問題なくすべてがうまくいったら、その日にプレートの除幕式を行なおうと話し合った」と。

アンナは、その後も頻繁に神父を訪れました。神父も沿岸三市を訪れた際には、アンナを訪ね、彼女が助けを必要とする時には必ず手を差し伸べてくれました。

それから二週間後、アンナは、ポーランドに里帰りしていたローマ法王ヨハネ・パウロ二世を迎えるワルシャワでの式典や、法王がニエポカラーヌフで挙げたミサに参列しました。

七月には、ゴウダップへ行って、女性拘禁施設閉鎖一周年記念式典に参加しました。八三年九月から職場に復帰できるよう、それが無理ならば年金受給が可能になるよう闘いを始めねばなりませんでした。造船所の各部門はアンナの希望どおりにならないようにことごとく邪魔をしました。その理由を見つけるために、彼らは労働法を分析し、グルジョンツの地方裁判所やトルンの地方裁判所と連絡を取りました。

そのふたつの裁判所では、三月三〇日の弁護士と検事の申請によって、彼女の判決の再度の見直しが行なわれました。八三年九月には、トルン裁判所で、アンナの罪状は恩赦で無効となっていました。

国中をまわるアンナ

八三年一〇月、造船所人事・福利厚生課の課長オチュキは、アンナの年金支給は、彼女が五五歳になる八四年八月十五日からになると通告しました。理由は、アンナが八二年一月三一日までに年金受給申請を行なわなかったため（彼女はその時勾留されていた）、早期年金退職の権利を失ったということでした。アンナは、年金受給資格が得られる時まで造船所で仕事ができるよう嘆願しましたが、造船所は態度を変えませんでした。「八三年から八五年に行なわれている雇用形態の改革により、造船所でのアンナの職場復帰は不可能である」と回答しました。アンナは五五歳になるまで年金を待つしかありませんでした。

しかし、それでも彼女は国中をまわり、発信していくことを止めませんでした。行く先々で公安が彼女を尾行していました。内務省捜査局の八三年秋の報告では、作戦名「年金生活者」の本人は、電話で「終わりなき事柄」と自ら名づけた運動を全国で展開していると記されています。これはヴォイチェフ・ヤルゼルスキに対して、すべての政治犯釈放を求める署名運動でした。アンナは自主管理労働組合「連帯」暫定調整委員会の活動にはもはや熱心ではありませんでした。「連帯」暫定調整委員会の目的も曖昧であったし、内部の組織構成にも問題があったことが理由でした。彼女の運動は組織化されたものではなく、「連帯」地下組織に関係したものでもありませんでした。しかし、ヨアンナ・グヴィアズダとアンジェイ・グヴィアズダ夫妻を囲んだ仲間との連絡は続いていました。これに対して、公安は、反共産主義、反ワレサ勢力の増大の原因になるのではと懸念をつのらせていました。アンナは、ますますワレサの権威を疑問視する発言を公の場で行なうことが頻繁になっていました。

「アンナはワレサが公安のスパイであると疑い、ワレサに対して非常に否定的な見解を持っている」とパヴリツキ少佐は記録しています。さらにそこには「アンナは、ワレサが組合費を横領したし、政府に対する闘い方が甘いと非難している」と記されています。しかし、公安はこのワレサとアンナの対立を、「連帯」を分裂させ、その勢力を弱体化させるには恰好の材料であると考えていました。ワレサとかつての自由労働組合WZZのメンバーたちの抗争をうまく利用しようとしたのです。これは、公安側が八二年ゴウダップで開始した作戦を継続したものです。しかしその時とは状況が変わっていました。ワレサがノーベル平和賞受賞者となり、アンナがそれを熱狂的に評価したからです。それは彼女がワレサ個人ではなく「連帯」全体に与えられたものであると考えていたからです。

ノーベル平和賞受賞は、公安もどうすることもできないことであり、西側におけるワレサの権威を、最小限に抑えることしか公安にはできませんでした。国内では、メディアを利用しワレサ個人とその家族のさまざまな事件を理由にワレサの権威を落としめる計画が実行されていました。ワレサは公安によって攻撃され、同時に組合内では公安によって敵から守られているというふたつの相反した作戦が展開されていたのです。

ワレサを守る作戦に関しては、キシチャック将軍の以下のような証言があります。

「ポーランドにはワレサの敵がいて、彼らはワレサの競争相手でもある。彼らは公共の場でワレサを批判している。沿岸三市だけで二～三人はそういう連中がいる。彼らは組合指導権を争っているのではない。欲しいのは金だ。特に米ドルだ。アンナ・ヴァレンティノヴィッチのように別の要因でワレサを批判する者もいる。このような状況の中で、ワレサの敵が内務省などの政府機関が行なったと偽って彼を陥れる挑発行為を行なうことが予想される。こうすることによって何らかの利益をうる者が、最も積極的にワレサを批判するだろう。したがって、われわれはワレサを擁護する作戦を取っているのだ。グダンスクの私の部下とワレサの協力関係は円満にいっているので、双方満足している」

ヴイェック炭鉱の慰霊記念プレート計画

八三年八月からアンナは、ヴイェック炭鉱で軍隊によって殺された炭鉱夫たちの記念プレートをつくらねばならないと考えていました。「グダンスクには記念碑がある。だから、ここでも、その事実が忘れ去られることがないよう、記憶の中に留まるように、プレートをつくらなければならない」とアンナは訴えました。彼女はお金を集め、プレートをデザインする人と、実際の制作作業をする人を探しました。デザインを担当する美術家と制作にあたる彫刻家を見つけ出し、そのお礼の後払いを承諾してもらいました。お金を集めるには時間が必要でした。アンナは、お金を集めるために、プレートの写真が印刷されているクーポンを地下組織で流通させるやり方で進めていくことにしたからです。また公安の介入が予想されるため、まったく同じプレートをふたつつくることにしました。「ひとつが破壊されてももうひとつが残るという作戦を思いつきました」とアンナは彼女の伝記『過去の闇』の中で説明しています。日記には「炭鉱の門に埋め込むことができるだろうが、警官がそれを剥がして持ち去るのはほぼ確実でした。もう一枚、そっくりのコピーは、ヤストシェンビエの教会に預かってもらうことにしました。八三年十一月末には、計画を実行する準備ができていました」と書かれています。

アンナは、シロンスク地方の伝説的なWZZの活動家、シフィトンと話し合いを行ないながら計画を進めていきました。プレートを埋め込む式典は十二月四日、日曜日に予定し、アンナはカトヴィーツェへ向かいました。その三日後に、何もかもそっくりの二枚のプレートが届きました。記された内容は

「八一年に、組合の権利を守るため亡くなった炭鉱夫に敬意を込めて。『連帯』バルト海沿岸地域

社会の証　バルト海沿岸地域一九七〇年―シロンスク一九八一年　一九八三年十二月四日」でした。

プレート設置をめぐる弾圧と逮捕

思ったとおり、公安はこの計画の一部始終をすべて知り尽くしていました。八三年の十一月に、「スクロムヌィ」という暗号名を持った内務省第二局のスパイが、アンナのヴイェック炭鉱プレート計画について次のように報告を行なっています。

「このプレートはグダンスク造船所でつくられたものであり、造船所労働者たちの贈り物である。この計画の首謀者らは、グダンスクからシロンスクまでのプレート輸送中に没収されることを想定し、同じプレートを二枚作成し、それぞれを別のルートで輸送することにしている。カトヴィーツェの公安は、関係者から目を離さず、ヴイェック炭鉱のまわりと、プレートの取り付けの前に、聖水で清めることになっていた聖十字架教会のまわりを監視した」

この日公安のひとりが、フィルラ神父と会って神父からアンナとシフィトンの計画の舞台裏について情報を得ています。その内容は次のようなものでした。

「フィルラ神父は八三年十二月四日、朝七時三〇分過ぎ、ミサを挙げていた。その最中にシェヴィエチェック神父は、教会の事務所に、プレートを持ってやって来たアンナとシフィトン、そして神父が知らない炭鉱夫を迎え入れた。この炭鉱夫は、七時半にフィルラ神父がミサを終えて事務室に入って来ると、自分は炭鉱夫だと言って、他のふたりと共に、プレートを清めてほしいと頼んだ。さらに炭鉱夫は、ベドノシュ司教の許可を受けた上のお願いであることも付け加えて言った。フィルラ神父は彼らの願いを聞き入れて九時のミサが始まるすぐ前に、プレートを清めた。神父は、ミサに出席した信者らが、プレートの取り付け式に参加したいと言って来て、ミサ終了後ヴィエック炭鉱へ向かったとも語った」

ヴイェック炭鉱を囲んでいる壁にプレートを埋め込もうとしている時、公安がこの式典を妨害しにやって来ました。炭鉱のまわりには数百人の労働者たちが集まっていたために、当然それは暴力を使っての介入となりました。この事件の直後、アンナが式典の様子について話しています。

「プレートが式典の場所に到着した時、コーラスの演奏が始まりました。女性の歌声が響く中、シフィトンは、サイズを測って、壁を金槌で砕いていきました。その時突然、毛皮の帽子をかぶった中年の男が、シフィトンの手をつかみました。

『止めろ』

『どうしてだ』

『止めろといったら止めるんだ』

その男はシフィトンから金槌を奪い取ろうとする。女性たちが、ふたりを囲んだ。怒り狂った男はついに金槌を奪い取ってしまいました。

私は、大変だ、すぐ何とかしなきゃと思い、カバンを肩にかけその男の手をねじって金槌を取り返しました。そして壁に穴を開け始めました。女性たちはシフィトンを引っ張って、公安をはねのけました。シフィトンが、壁のところに戻って来ました。『おれがやるよ』とシフィトン。再び、彼は壁を崩し始め、崩しながらまわりの人に自分の弁護士の住所を配っていました。『だれか助けが必要になったら彼に連絡するんだぞ』。若い炭鉱夫が、シフィトンを手伝い始めました。

その時シフィトンは急に周辺の人の方を向いて、人と約束しているから、行かなきゃならないといい始めました。『一体、そんなに急いでどこに行かなければならないの。あなたは私たちが、何のために闘っているかが分からないの。人がこれ以上死なないように、死んでしまった人を忘れないようにするためでしょ』と私が言うと、彼は恥ずかしそうな表情を見せて戻って来ました。プレートをはめる穴の準備はできました。シフィトンがそこに接着剤を塗って、ネジをチェックしました。

何台かのジープがやって来て、二〇歳前後の若者たちが降りて来ました。でもシフィトンは、それに目をやることもなく、作業を続けています。プレートは、自分の足元に立てかけてありました。その時、大勢の公安署員がシフィトンに駆け寄って来ました。彼の足元からプレートを取ろうとしています。私がかがんだ瞬間に、公安らはシフィトンを引っ張り、私の頭の上を、シフィトンが飛んでいきました。私は転んで、帽子が脱げました。すぐに立ってプレートを取り返そうとしてつかみました。でも、ネジが外側になっていて、公安の方に向いていました。私にとってはつかみにくかったけれど、負けまいと足に力を入れました。下が凍ってツルツルだったので、公安に氷の上を引っ張りまわされました。公安たちが壁になって、私をまわりの人々から隔離しました。私はさらに車の方向に引っ張られ、彼らに罵倒され、プレートをもぎ取られてしまいました。帽子がまた脱げ、コートのボタンははじけ、カバンは取られて、メガネが外れて落ちました。

その後、車にメガネとよれよれになったカバンが投げ込まれました。帽子はなくなり今日に至るまで見つかっていません。警察署の前で車に乗せられたまましばらく待たされました。次々に炭鉱にいた人たちが連行されています。あのジープの若者たちも捕まって、警官たちは彼らの襟元をつかんで揺さぶっています。私は警察署の建物の中に連行されましたが、最初に目に入ったのはそこにあった大きなプレートでした。『共和国政府を守るために亡くなった人たちに敬意を捧げる』とプレートには書かれていました」

十二月四日から五日、警察署での眠れぬ夜は、アンナの人生の中で、ひどく悲しい夜でした。たくさんの人を巻き添えにして、その人たちも弾圧されることになってしまったからです。朝方になってようやく気を取り直すことができました。「国の将来のために、他の方法などなかったと思い直したのです」と彼女は回想しています。

十二月五日、カトヴィーツェ検察庁は、アンナとシフィトンの捜査を開始しました。理由は、非合法で反国家的な「世の中を騒がす目的の式典」を組織したということでした。その翌日検事補佐のナコニェチュヌィは、一時拘禁の決定書と三つの起訴理由をアンナに提示しました。

「一、ブリヌフの教会からヴイェック炭鉱の外壁の場所まで三〇〇人の行進を組織した。そして炭鉱の壁に、反国家的組織である、かつての「連帯」労組を讃えるプレートの埋め込み作業を行なった。二、法律を犯したシフィトンを現行犯で逮捕しようとした警官ペルクの任務遂行を妨害した。三、警察官ペルクに対して暴言を吐いた」こと。この三つが起訴理由です。

シフィトンに対しても同じような起訴内容で、違った点を挙げれば、警官に暴力を振るったということだけです。ワルシャワのトマシェフスカも起訴されました。起訴状の内容は、十二月四日、彼女が炭鉱の前で写真を撮影し、彼女を捕らえようとした警官に対して暴言を吐いたというものでした。この三人の弁護にたったのはアダモヴィッチ、コジョウキェヴィッチ、ホフマン、スコヴロンスカ、オルシェフスキ、タイロルでした。ポーランドの共産主義時代のお決まりのパターンで、証人として証言したのは公安署員でした。その氏名はスクレント、ゴウォンプ、ペレックでしたが、アンナの置かれた状況は厳しいものとなってしまいました。彼女は八三年三月から執行猶予の判決を受けていたので、累犯として扱われる危険性が出てきたのです。アンナはプレートについての準備、カトヴィーツェまでの輸送、シフィトンとの連絡などについて、徹底的に供述を避けました。同時に起訴状の内容に疑問を表明し、公安によって乱暴を受け危害を被ったこと、そしてプレートの文面は反国家的な内容ではないことを訴えました。

「ワレサは百科事典に載っているが」

カトヴィーツェ検察庁は、日ごろから、作戦名「年金生活者」となっていたアンナを担当していた造船所調査二部の調査官と密に連絡を取り合い、グダンスクのグルンヴァルツカ通り四九番九号にあるアンナのアパートの家宅捜索を命令、沿岸三市で発見したアンナの反国家的活動の「証拠」を収集しました。さらにグルジョンツとトルンの裁判所の資料を集め、証人の尋問を行ないました。公安と検察庁は、アンナ、シフィトンそしてトマシェフスカの弁護士たちが、十二月四日に現場にいた証人の証言を数多く集めて、裁判の席で彼らが前もって決めておいた事件のストーリーを否定することを恐れていました。

よって、カトヴィーツェ県内務局第三部では、その作戦と捜査遂行にあたって、公安署員が「裁判に備え、できるだけの多くの証人を集め、その証人に関する情報も、彼らの調査を行なうため第三部に提供すること」を決定しました。同時に弁護人と弁護の供述をするであろうとされる証人に関しての徹底的な調査も行なわれました。裁判での証人に対する質問事項、問題点などの周到な準備が行なわれました。

しかし、アンナ作戦の中枢を担っていたのは、内務省公安調査局でした。アンナは八四年一月年が明けてすぐに、ルブリーニエッツの拘置所に収容されました。その時彼女を待っていたのは内務省公安調査局第二部の副部長ブーラックでした。そこでブーラックは、チェルニス警部とふたりで、アンナの八〇年八月以前の彼女の活動と、その後の「連帯」の活動について聞き取り調査を行ないました。これは公安が、「連帯」とその他のグループであるWZZ、社会自衛委員会・KORの反目の様子を探ろうとしたものでした。これをうまく利用し、公安は「連帯」組合員を陥れるための材料を手に入れようとしていたようです。そのルブリーニエッツでの事情聴取の録音テープと、彼らの質問の仕方が、それを証明しています。

アンナは、録音されていることにすぐに気づきました。チェルニス警部がカバンを何度も触って、「録音なんかしていませんよ。本当です。テープがもったいないじゃないですか」とわざわざ言っていたからです。それを見て焦りを感じたブーラック少佐が言いました。

「提案があります。わが国では、この数年、本当にいろいろなことがありましたが、それもあっという間に過ぎていったし、それがまだ冷めやらぬ状況です。そこには、あなたの足跡も存在します。七六年には社会自衛委員会・KORが結成され、その後でバルト海沿岸地域で自由労働組合が生まれましたね。そこでは、アンナさん、ボルセヴィッチ、ピェンコフスカ、グヴィアズダ夫妻が活躍しました。もちろんワレサも」と。

アンナは、あまりしゃべらないように努めました。しかし彼の質問には答えずに、強い調子で言いました。「あなたの名前はなんというのですか。紳士たるもの、女性の前では、まず自己紹介するのが筋でしょう。自己紹介していないではないですか」。するとブーラック少佐は内心の苛立ちを隠すことなく「何で私の名前が必要なのだ。日記にでもつける気か。われわれが公安署員だということは分かっているじゃないか」と答えました。

彼はワレサの話題に話を持っていきました。クーロンやアンジェイ・グヴィアズダを引き合いに出してきて、アンナも彼らと同様、「連帯」のリーダーであるワレサの影響力を麻痺させ、足かせをはめたと言いました。「あなたたちは、ワレサを、四方八方から攻撃しました。彼も過ちはたくさん犯しましたが、良かれと思ってやったのかもしれないじゃないですか」とブーラック。しかし彼は、ワレサが勾留されていた時、いかに特別扱いを受けていたかについても話し始め、「国際赤十字の代表者が視察に来た時、ワレサは金の檻に入れられていると言ってましたよ」と言いました。アンナは、これは挑発するために話しているのだと察して話に乗りませんでした。そして「あなたたちは、連帯に対して戦争を仕掛けたのよ。それになんで、ワレサを誉めたりけなしたりするの」と言い返しました。これで公安の誘導作戦は失敗し、侮辱と挑発に満ちた言葉もアンナには効き目がありませんでした。彼女は地下「連帯」の団結を破壊する公安の作戦の道具にはなるまいと思ったのです。

ブーラック少佐は今度は「ワレサは百科事典に載っているが、あなたは載ってない。これからも載ることとなんてないだろう。われわれは八〇年にすでにそれが分かっていたんです」と反撃してきました。「あら、あなたたちは何でも知っているのですね」とアンナが言い返すと、「もちろん、それが公安ってもんですよ。あなたは絶対百科事典には載らないね」と脅迫めいたせりふを繰り返しました。

病状の悪化

この頃の、アンナは、すっかり体調を崩していて、胸と背中の痛み、そして心臓と肝臓の病気で苦しんでいましたが、釈放されることはありませんでした。八四年二月、ルブリーニエッツ刑務所の幹部は、アンナがかつて治療を受けたことのある病院に（沿岸三市とワルシャワ）彼女のカルテを送るよう依頼しました。その後、公安は彼女の病歴を報告書にまとめました。彼女が刑務所内の病院ではなく、外の病院での精密検査を願い出ても公安は受け入れず、痛みがひどくなっても刑務所の医者は異常なしと診断を出し続け、アンナは怒りと痛みに苛まれました。それに神父と対話をすることも許されませんでした。アンナは家族と友人たちに会うことを切望しました。それに対して、カトヴィーツェの公安は、アンナの面会と手紙や小包などの郵便物の受け取りを制限し、彼女の辛さと孤独感をわざと増幅させるように仕組んだのです。全国で彼女の釈放を求める運動が展開され、公開状がヤルゼルスキに送られていましたが、そんなことは知るよしもありません。

ポピェウシュコ神父も彼女を助けようとしていたひとりでした。アンナは神父に手紙を書きました。その手紙はなんと神父の元に届いたのです。神父はその手紙をミサ中に読み上げました。

「私はみなさんに会いたい。私とみなさんの自由への思いは、もしかしたら法王の言葉を実現してくれるかも知れません。『ポーランドに平安を』というあの言葉を」

八四年三月の初め、公安はアンナが釈放を要求して、高慢でヒステリックな態度で看守を侮辱していると報告しています。カトヴィーツェの公安は「三月六日、検事が作成した書類を見せたら、アンナがやっとおとなしくなった。そこには、起訴状の内容が記されていた」と記録しています。ナコニェチュヌィが準備した起訴状の内容は、ほとんどが八三年十二月六日の内容と同じでした。違っていた点は、侮辱した公安署員の氏名が添えられたことだけでした。起訴状を彼女に見せた後にようやく、八四年三月七日に公安はアンナをクラクフの刑務所病院へ連れて行きました。

検査後の三月十七日、医師委員会は刑務所での収容は健康上無理であるという結論を出しました。診断書には以下のように書かれていました。

「刑務所では、病状は急速に悪化することが予想され、患者にとって危険な状況を招く。手術と放射線治療を経た患者の赤血球沈降速度数値の高さは癌の再発の疑いがあることを示しており、癌専門医療機関での癌再発を念頭に置いた精密検査を要する」

しかし、カトヴィーツェ地方裁判所長官ヤンコヴィアックはその診断書を無視し、アンナをルブリーニエッツの刑務所に再び収容しました。三月二九日、弁護士タイロルは、カトヴィーツェ地方裁判所にその件で提訴し、ヤンコヴィアック裁判官の決定撤回と早急な被告の釈放を要求しました。

裁判は八四年四月四日に行なわれました。アンナは出廷を拒否しました。病気に苦しみ、刑務所ですっかり心身ともに健康を害してしまったからでした。裁判は不在裁判となり、トマシェフスカにも同様に不在裁判が認められました。裁判長はヤンコヴィアック、検察官はツァウスでした。アンナの弁護人（スコヴロンスカ、ホフマン、タイロル）とトマシェフスカの弁護人（アダモヴィッチ）は、裁判の冒頭に、被告のふたりの女性が病気であることを説明し、裁判の延期と、彼女らの釈放を願い出ました。しかし、ツァウス検事はそれには同意せず、刑務所病院の医師の診断の信憑性を疑う発言を行ない、このふたりに更に再検査を受けることを要請しました。裁判長は裁判を翌日まで延長する許可を出しました。アンナの釈放については、勾留取消請求が最初に提出された県高等裁判所の決定にゆだねることになりました。

起訴無効

四月五日、再び裁判が行なわれ、傍聴席にはバラノフスカ、息子のヤヌシュなどが姿を見せていました。検事は、弁護人の勾留取消請求を、この地方裁判所で審理することを提案し、裁判長は検事の提案に合意し、その審理は休憩の後に行なうと言い渡しました。しかし休憩の後、裁判長は、県高等裁判所によってすでに下された判決に従うということを伝えました。それは、アンナにとって有利な決定でした。その四月五日の県高等裁判所の判決は、公安と地方裁判所の公安関係者にとっては、屈辱的なものでした。

アンナの弁護人の請求が正当と判断されたのです。それは、八四年三月七日のクラクフ刑務所病院医師委員会の三三／八四と番号が付けられている診断書に則って県高等裁判所が下した判決でした。

「第二一八条第一項によって、第二八二条第一項、第二三五条、第二三六条で起訴されているアンナの一時勾留を撤回する。この状態では『被告の健康状態は危険ではない』とする地方裁判所の第一審判定に同意することができない。被告の状態は、医師委員会が判断することだからである」

実は、この休憩中に、裁判長ヤンコヴィアックは、県高等裁判所の判決を急に知って、困っていたのです。カトヴィーツェ公安警察捜査部のマチェイエフスキ警部の記録を読むとなぜこうなったのかを知ることができます。「十一時四五分、休憩時間の間に、ヤンコヴィアック裁判長はシュニツェル大尉に、電話で県裁判所が、この懸案のファイルを持っていないのに、ヴァレンティノヴィッチの勾留請求を認めたという報告を受けたと言った。（公にはこの判決はまだ未発表であった。）こうしてヤンコヴィアックは困難な状況に立たされた。裁判長は、休憩の後、自分の先の決定を撤回し、直ちにカトヴィーツェの県最高裁判所に、ファイルを渡すことを決定した」

裁判長は、癌の治療のためアンナの勾留を取り消したという県高等裁判所の判決について伝えました。裁判長は、医師の司法診断書を読み上げ、そこには起訴された三人の健康状態はきわめて悪く、裁判はすべて延期すべきであり、アンナ、トマシェフスカ、シフィトン全員が釈放されるべきだと書かれていました。翌日、三人全員が釈放されました。数ヵ月後、八四年七月二二日の恩赦によって、カトヴィーツェ地方裁判所はアンナ、トマシェフスカ、シフィトンの起訴を無効としました。

五月の初め、ワルシャワのマリア・キュリー・スクワドフスカ記念癌研究所でアンナは第一回目の精密検査を受け、二週間後医師は入院する必要があると決定しました。「数ヵ月間入院したが、その間お医者さんは、本当によく面倒を見てくれました。家族と友人知人の絶えることのない優しさと思いやり。やらなければならないことがたくさんあります、だから頑張って治すという固い決心をしました。おかげで奇跡が起きました」と回想しています。ヴァヴェル通りにあった病院に、家族や友人、知人がお見舞いに来てくれました。アンナの伝記の著者、ヤストルンが出版に関する最終的な話し合いを行なったのもこの病院でした。ポピェウシュコ神父もフロストフスキと一緒にお見舞いに来てくれました。「さくらんぼが一杯実った枝を持って来てくれました」と日記に書いています。「庭にはまだ出られないでしょうから、庭をアンナさんのところに持って来ました。治ったらどこにでも歩いて行けるようになると明るく言ってくれましたので、私は必ず治ると信じることができました」と。

検査も治療もつらいものでしたが、アンナはそれに一生懸命に耐えました。だんだんと力もついてきて、回復に向かうことができました。アンナは、掃き掃除をしたり階段にモップをかけたり、看護婦さんたちの手伝いもしました。そして七月の終わりに退院を迎えました。

八四年八月の初旬、アンナはグダンスクへ帰って来ました。五五歳の誕生日の日、やっと年金受給者の資格を得ることができました。社会保険事務所が、八〇年の給料一覧表にしたがって年金の金額を定めました。それでも、造船所で働くことを希望していましたが、もう無理な話でした。あれほど愛した造船所に別れを告げなければならない時がついにやって来たことをアンナは悟りました。

ポピェウシュコ神父の遺言

彼女にとって一番大切だったのはポピェウシュコ神父との友情でした。神父が行方不明になったのを聞くと、アンナは直ちにワルシャワへ向かいました。彼女は、聖スタニスワフ・コストカ教会で、ヤヴォルスキ、ロマシェフスキ、オニシュキェヴィッチと共に、非暴力委員会を結成し、ポピェウシュコ神父を探し出す方法を模索しました。彼女は最初から、ポピェウシュコ神父は政府の人間によって誘拐されたのだと分かっていました。アンナは回想しています。

「最悪の事態になるかもしれないと思いました。でも、それはどうしても考えたくありませんでした。まだ生きているかも知れない、助けることができるかもしれないのです。教会で祈らなければ。神父様の無事を祈り続けなければ。ワルシャワでは、たくさんの人が、一時間毎に行なわれるミサで神父様のために祈りをささげています。昼も夜も、みんな一生懸命に祈り続けました。しかし、その数日後、神父様は死んでしまったことが分かりました。動物のような残虐な人間に、神父様は惨殺されたのです。神父様の葬儀の日まで、私はワルシャワに残りました。悲しみに明け暮れた日々の中、私は神父様の言葉を思い出していました」

アンナは、この事件をきっかけに、国民と地下組織はヤルゼルスキの独裁に対する考え方を変えるだろうと期待していました。神父の惨殺が人々に共産主義政権の真の姿がどういうものかを示したはずであり、「連帯」活動家も政府との合意などというものが単なる幻想にすぎないことがよく分かっただろうと考えていました。アンナは、こんな状況でも自制心と平穏を呼びかけたワレサとヤンコフスキ神父を批判しました。ワレサはこんな時にでさえ、「政府との話し合いを始める条件を整えよう。神父の葬儀で会おう。政府との話し合いの準備ができている人が集まることを願っている」と八四年一〇月三〇日、声明文で呼びかけていたのでした。彼のやり方が、アンナはどうしても理解できませんでした。警察署までデモ行進をしろとまでは思いませんが、神父が犠牲になったことを共産主義政権との話し合いのきっかけにすることなど言語道断でした。

神父の犠牲が、いろいろに解釈されたり、矮小化されたりするのは我慢できませんでした。政府に対して抗議行動を起こすこと、無感情になって受身の姿勢しか取らなった国民の目を覚ますことが、「連帯」地下組織指導部のなすべき義務であると考えていました。八四年一〇月三一日、彼女は、アンジェイ・グヴィアズダ、ヨアンナ・グヴィアズダ、シフィテック、クレメントフスキ、コウォジェイらと共に公開状を書き世論に訴えました。

「グダンスクの住民へ」と題されたその書簡の内容は以下のとおりです。

「ワルシャワのジョリボジュ地区にある聖スタニスワフ・コストカ教会の司祭ポピェウシュコ神父の、公安による誘拐と惨殺は国民を震撼させた。極悪な政権の犠牲になったのは、みんなに知られ、尊敬を受けていた神父だった。彼は常に自らの身を捧げることのできる献身的な神父だった。神父を彼らが選んだ理由は、国のさまざまなグループ、町と村、すべての政治的活動団体、積極的には社会運動に参加していなかった人たちすべてを恐怖に陥れ沈黙させることだった。このテロ行為は、社会の中で最も積極的なひとりの人間を狙ったものであるが、実際は国民全体に向けられたものである。この恐ろしい犯罪にわれわれが沈黙し、抗議せず諦めてしまうのならば、恐怖がわれわれの思考と言葉と行動を凍らせてしまうであろう。このままでは彼らの思うつぼだ。喪に服する人々の抗議は、国の調和と秩序を乱すものでは決してないのだ。テロに対する平和な形の抗議を行ない、ポピェウシュコ神父への追悼の気持ちを表そうではないか。みんな、全国で行なわれる神父の追悼ミサに参加しよう。われわれは悪と闘う方法として、受身の姿勢を選択してしまってはいけない。犠牲となったポピェウシュコ神父は、勇敢で活動的な祖国を本当に愛した神父であった。彼はその理想に命を捧げたともいえる。この理想をわれわれは持ち続けよう」

ポピェウシュコ神父の葬儀は、十一月三日に行なわれました。これはアンナにとっては、〈十字架の道のり〉と同じでした。神父が忘れ去られないよう、彼の生き方を広めていくことを心に誓いました。

「まるで家族が死んだような悲しみを私は感じました。彼の出身地であるスーホヴォーラまで、グダンスクから出発する巡礼を組織しました。神父の両親と兄弟に会って悲しみを分かち合うことが私には必要でした。神父の友人のはからいで、ポッドハーレ山から、山では使えない農業機械を借り、それを使って神父の両親が住む家の修理を行ないました。生きている人にできることは、こんなことくらいでした。私は神父様の生き方を伝えていこうと決めました。彼が命を捧げた、その生き方を」

勲章の返還

八四年十一月の後半、アンナはまたワルシャワに向かいました。そして十一月二〇日、造船所での業績に対して受けたすべての勲章を国家評議会に直接行って返還しました。こうしてアンナはポピェウシュコ神父殺害に抗議の意思を表明したのです。自分ができる抗議を、自分なりに行ないたかったのです。アンナは勲章返還の理由を書いた手紙を、評議会に提出しています。

「国家評議会から、グダンスク造船所の電気溶接工として三〇年勤続したことに対して勲章をもらったが、その同じ国家評議会に私は三度も拘禁された。拘禁中、家は荒らされ空っぽになり、刑務所に預けた貴重品も盗まれた。国家評議会宛に私は刑務所から嘆願書を書いたが、それに対して返事は一切なかった。二年間ずっと、職場に戻ることも許可されないと同時に年金をもらうこともできない。社会福祉事務所の所長ニクワーイェフは、私を事務所から追い出し、彼の秘書のモロンは私に対して嫌がらせを繰り返す。定年退職した年寄りさえも、闘いを強いられる時が来たというのであろうか。スターリンの時代、国内軍のポーランド国家のエリートらが殺害された。ロコソフスキ将軍はポーランドの軍人を殺害した。その後反省はあったものの、殺害はとどまることがなかった。それは五六年、六八年、七〇年、七六年も同様であった。国家評議会とポーランド人民共和国政府の最も恥ずべきことは、ポピェウシュコ神父の殺害である。よって私は、銅ふたつ、銀ひとつ、金十字架勲章ひとつを返還する。この書類を追加提出したのは、身分証明書を盗まれたからである。身分証明書は、他の所持品と共に、公安警察のキェフウェン警部によって行なわれた家宅捜索の際に盗まれた」

アンナはこの書類と一緒に四つの勲章を返還したのです。

アンナの勲章返還について、世界中の通信社が書き立てました。アンナは、ポーランドでの取材を許可されている西側の報道陣に、その訳を説明しました。彼女にとって、ポピェウシュコ神父殺害を世界に知らしめることが最重要の課題でした。西側の国に、ポーランド人民共和国で、人間の権利が剥奪されていること、大規模な抑圧が行なわれていることを知って欲しかったからです。この体制は改革などまったくしようとしていないことを伝え、西側に共産主義体制に対しての警告を発しようとしたのでした。

八四年、フランスの労働組合の集会に、同じ訴えを込めた書簡を送っています。

「この集会に、書簡という形で私『連帯』の活動家が参加させていただけることを光栄に思います。『連帯』は、国際労働条約に基づいて結成され、ポーランド人民共和国政府によって署名され批准されたものです。しかし、今日この同じ政府が暴君と化し、国際協定に違反し、国民との合意を無視しています。ポーランドが人民共和国となって四〇年間、政府による数々の犯罪が行なわれてきました。五六年から五八年にかけての歴史は悲惨なものでした。七〇年から七六年までは過ちと歪みの時代、八〇年代はそれらの犯罪が計画的に行なわれたことが判明しましたが、首謀者らは罰せられていません。ポーランドで起こっていることは、社会主義の何たるかを示しています。社会主義は共産主義を目指しており、それは貧困とテロをもたらします。この社会体制の中で、苦しめられた人、そして殺害された人のことを忘れないでください。いったいポピェウシュコ神父が誰の邪魔をしたというのでしょう。法王ヨハネ・パウロ二世の暗殺を謀った者は誰だったのか。これは、真実と正義、そして自由を求めた国民が払った犠牲であり代償です。真実と正義、自由を失ってしまわないようみなさまにお願いします」

第八章　今敵と手を結んではならない

理想を守る闘い（一九八五年～一九九〇年）

円卓会議と 1989 年 6 月 4 日の自由選挙に抗議するデモ行進。アンナ・ヴァレンティノヴィッチが演説し、右側にはヨアンナ・グヴィアズダがいる。

ポピェウシュコのように貯水池に浮かぶぞ

一九八六年、ワレサと彼の支持者たちは、批判の対象となるような行動を次々に取っていきました。彼らは、「すべてのことには時間がかかる。社会の中での地下組織の役割が変わってきている」などと言い、核心を突いたことは何ひとつ言わなくなってしまいました。

そんな状況の中、ミフニックは拘禁されている場所で、後に現実となっていく共産主義政権との妥協計画について執筆していました。以下ミフニックの文章からの抜粋です。

「われわれは共産主義者たちの権力を取り上げろと要求するつもりはない。それは戦いを招き、妥協への道を閉ざしてしまうからである。実際問題、状況がまったく変わってしまった今日において、そういった類の要求を国民が行なう可能性もないとはいえない。もちろん共産主義政権が世界の終わりまでポーランドを支配し続けるわけではない。しかし今日共産主義政権から権力を剥奪するという要求をすれば、ソ連が軍事力をもって攻めてくるだろう。ソ連の力の下で、非全体主義的な妥協などありうるだろうか。答えは分かっている。

下院議員選挙においても同様である。解決方法としては、国民が真に選出できる議員枠を三〇％にする方法を取るというのがいいだろう。しかし、投票用紙にこの三〇％の議員の脇に、（共産主義者の）シヴァックやウルバンの氏名が並ぶこと自体が、彼らのこれまでの権威を揺るがすことにはなる」

アンナが絶対に許せなかったのは、要求を最小限に抑えるやり方と共産権力との妥協でした。ワルシャワの癌研究所や、療養所で多くの時間を過ごさなければならなかったのは事実でしたが、だからといって社会の重要な問題から離れていたわけではありませんでした。彼女は全国をまわり続け、カトリックの集会や記念式典、国にとって重要な式典に出席しました。司祭たちの計らいで、集会は教会の教室を使わせてもらうことがほとんどでした。アンナは、ポーランド人に闘いを続けるよう呼びかけました。ヤルゼルスキ政権を批判し、不当に政権を握っていると、声高に訴えました。また、社会の無神論化を計画的に進め、教会を制圧し、反共産主義者を暴力で抑圧しているヤルゼルスキのやっていることは国民全体への宣戦布告以外の何物でもないと徹底的に批判しました。

アンナは、集会での講演、声明文、ポーランド人民共和国政府への公開状などで、ソ連に奪われたかつての東側のポーランド領土を忘れてはならないと呼びかけ、ポーランド共産主義政権のすべての功績を否定しました。また、ワレサ批判も行ないましたが、その内容で最も頻繁に出てきたのは、彼が自分の名誉と富だけを求めている人間であること、政府への抗議行動をまったく起こそうとしないことでした。アンナは、その頃すでに、「ワレサと彼の支持者は、キシチャック（将軍）と結びついている」と言っていました。

アンナの意見は、活動を共に行なっている仲間の影響を受けたものでした。八六年の初め、アンジェイ・グヴィアズダは、「コネ構造の外側で」という雑誌で、ワレサ派の活動家と暫定調整委員会の受身でぐずぐずしている態度を次のように批判しています。

「国民の大部分は、積極的な活動ができる組織は、『連帯』だけしかないと思っている。しかし、『連帯』は、状況がまったく変わってしまった現在、力を失っているのだ。活動家は組合員に失望し、組合員は活動家に対して失望を感じるという状況を招いてしまった。地下（組織）工場委員会とは無関係の労働者で組織される『コントロールできない国民の爆発』や『無謀なストライキ』が起こるのではないかという懸念を生んでいる。しかしその懸念は、人々が元の木阿弥に戻ってしまった現在の状況の中で、闘いの方法を試行錯誤しながらゆっくりと学んでいるということでもあろう。このプロセスは熟していく傾向にある。ワレサや暫定調整委員会は、自分の権威を失わないようにするため、大胆な発言を避けている。一〇〇％成功が保証されれば別であるが、現在八六年の状況ではそれは不可能だ」

八六年は、節目の年でした。この年が後の情勢を左右することになったからです。その後は、アンジェイ・グヴィアズダの抱いていた不安が的中した形で情勢が動いていきました。グヴィアズダは、国内の状況と、ソ連圏のすべての国々の状況が極度に悪化したため、地下組織は闘い続けなければならないと考えていました。グダンスクでは、ボルセヴィッチが最初に逮捕されました（一月九日）。それについで逮捕されたのがヴィルク（四月二四日）であり、ワレサとホディシュの裁判も行なわれました（それぞれ二月十一日と三月五日）。また「自由と平和」グループの活動家の逮捕（一月二六日）に次いで、「独立ポーランド会議」活動家の裁判（三月三日）、話題になったブヤックの逮捕（五月三一日）が続き、暫定調整委員会と（週刊誌）「マゾフシェ」のメンバーも逮捕されました。これで、地下組織が一挙に弱体化してしまいました。

八六年の内務省の分析では、活動家の運動（地下出版物配布者、印刷担当者、連絡員）は停滞し、地下組織の数も減少していることを挙げています。この状況下で、政府は恩赦で活動家たちを釈放し、「連帯」の活動家の勾留をこれ以上続けないという方針で動いていました。八六年七月から九月まで、「連帯」の中心人物が、まず釈放されました。リス、ミフニック、ブヤック、クーリック、フラスィーニュック、ボルセヴィッチなどでした。

暫定連帯評議会

八六年、ワレサは、非合法になっていた「連帯」の組織を新たに再編し公式のものとしました。それは「暫定連帯評議会」と呼ばれるものでしたが、アンジェイ・グヴィアズダ、スウォヴィック、ユルチックなど八〇年と八一年のリーダー格の人たちがはずされていました。八一年までは民主的な方法で選出されていた指導部でしたが、次々に変わっていく状況の中で、指導部は「急進派」のメンバーの排除を行なうための組織となっていました。

クーロンは、公安との話し合いのなかで、「連帯評議会」の設立は、意図せずして政権に有利な状況をつくり出してしまった、またそれに対して反政府活動家がさまざまに反応したと語っています。他方、アンジェイ・グヴィアズダと彼の支持者たちは、恩赦によって「連帯」指導部全員が釈放されたのであるから、「連帯全国委員会」を発足させるべきであると考えていました。しかしワレサは彼らと話し合いさえ行なおうとはしませんでした。グヴィアズダは、ワレサは共産主義政権との密約合意を行なっており、ワレサを中心とする「指導部」が、予算決定の権利や「連帯」への外部からの援助金の分配の権利、そして印刷機までも独占してしまったと断言しています。その「連帯」の中心人物たちは、長いこと他の地下組織を金銭的に援助することも一切行なっていませんでした。

暫定連帯評議会の発足を宣伝しようとしているワレサとその一派は、「経済危機と、エコロジー上の大惨事（チェルノブイリ原子力発電所の爆発）」を理由にし、共産主義政権との話し合いの準備ができていることを示しました。ワレサは『『連帯』の理念は貫くが、政権側が指摘する、『連帯』側と政府の間にある障害を取り除いていく意向があること」を語り、「われわれは政権と協調していく意思があり、合意を目指した話し合いを行なっていくことにした。合法化された組合の活動方針を練る必要がある。それは同時に、現在ポーランドが抱えている経済危機とチェルノブイリの被害からわが国を救うための協調姿勢に向かう合意でもある」

この声明に則り、ワレサと、彼の支持者たち（ブラトコフスキ、ゲレメック、マゾヴィエツキ、ストンマ、シャニャフスキ、トゥロヴィッチ、シチェパンスキ、ヴィエロヴィエイスキ）はアメリカ政府に対し、米国がポーランドの戒厳令施行に反対して行なった経済制裁を解除するように求めました。彼らはさらに、ポーランド人民共和国が最恵国待遇を受けることを要請しています。以下彼らの書簡の内容です。

「現在のポーランドにとってもっとも必要なことは、経済の活性化である。ここで重要なのは、アメリカ合衆国大統領が経済制裁を解除することだ。これは、ポーランドが最恵国待遇の権利を再び受けることが可能になることを意味し、アメリカ合衆国政府が保証する、合理的な経済的必要性を有する借款を受ける条件を整えてくれるものでもある。これは、学問、文化、市民レベルでの両国の交流が、広範囲で再開されることをも意味するものである」

これを知ったアンナは怒りを隠しませんでした。彼女は、演説の中で、この声明は裏切り行為に等しいと発言しています。アメリカ政府の、ポーランド人民共和国に対する経済制裁は、圧政に苦しむポーランド国民を支持する気持ちの現れであると常に強調してきたし、実際八六年になっても、状況は何も改善されていませんでした。ワレサがいくら「連帯」の象徴であるといっても、彼は間違っている。これでは非合法で地下に追いやられた「連帯」が、対外借款を値切り倒し、国際通貨基金と世界銀行に泣きつこうとしているポーランド人民共和国政権を間接的に支持する形になってしまう。これを阻止するために、アンナは、アンジェイ・グヴィアズダ、ルレフスキと共に、声明文を発表し、西側の報道機関の特派員に手渡しました。以下その抜粋です。

「ポーランド人民共和国に対する、新たな借款供与のための西側諸国への保証の要請は、真の国民の代表と勘違いされているメンバーによって調印されている。またそこではポーランド国民が、期限に借款とその利息の返済を保証するかのような内容になっている。その場合は、これまでの借款も同様に返済することを意味することになってしまう。それは真実ではないことを、われわれはここで断言する。署名者らが、何らかの団体を代表するものであっても、彼らはポーランド国民を代表するものではない。ワレサが署名しているが、彼は一市民として署名したのであって、法人としての署名ではない。なぜなら、彼は組合規約に則って、その権利を与えられた者として署名しているわけではないからである。また、借款返済の義務は署名者に課されるものであり、要請書に署名のない市民も法人も、その返済義務を課されないものとする」

「連帯」バッジははずさない

その頃、公安のアンナに対する作戦は、暗礁に乗り上げていました。公安が原因として挙げていることは、アンナの信条の一貫性（反共産主義、カトリック教会への深い信頼と結びつき）と、彼女の活動方法の不変性（頻繁に全国をまわり、愛国的宗教的な記念行事に参加）でした。内務省は、造船所で働いていないからこそ、すべての彼女の時間を（孫に会っている時間を除いては）活動にあてられるようになったことに気づき、彼女の活動を制限する方法についての話し合いが行なわれました。

調査局で次の裁判を行なう計画がたてられたのも、その手段のひとつだったと思われます。「この状況の下、アンナの行動をマークしていくほかに、アンナの活動に関する報告書を、裁判のための資料に書き換えていく必要がある」と調査局では書いています。これは、キシチャック将軍の発想で行なわれたものであり、急進的な反共産主義者を徹底的にマークし、彼らをとことん潰していくことを最優先の任務としていました。キシチャックにとって彼らは、ポーランド人民共和国の秩序を乱し、ヤルゼルスキ内閣との合意の可能性を断固反対している活動家たちだったからです。

現在の内務省の問題は、アンナをマークするにあたって、この任務を遂行するためのスパイがいなくなってしまったということでした。彼女についての個人的な情報がない。情報をつかむことが困難でした。そこでアンナとちょっとでも付き合いのある人間を、無理にスパイにしようとしました。しかし、協力者を見つけるのは無理でした。なぜなら分析の結果、この人物らは反体制派の活動家として強固な立場を守っており、現状に対して非常に批判的であるためでした。

公安署員の中には、このうまくいかない状況に甘んじることを許せないと考える者がいました。その対策として、脅迫という手を使うことにしました。八六年の半ば、ホイナツキ神父の教区となったユシュチーナ村（マクフ・ポッドハランスキ郡）でアンナは逮捕拘留されました。彼女が聞かされた逮捕理由は殺人容疑でした。警察署でアンナは侮辱を受け、さらに脅迫されました。「ババア、今度ユシュチーナに来たらポピェウシュコ神父と同じ目に遭うぞ。車のトランクに入れるか、貯水池に投げ込んでやる」と警官は怒鳴りました。

アンナは四八時間後に釈放されましたが、次は身分証明書を警官に見せなかったという理由でスーハ・ベスキツカの簡易裁判所に出頭しなければならなくなりました。そこで罰金二万ズウォティを支払うよう判決を言い渡されました。理由は「連帯」のデモ行進の時に、道いっぱいに広がって交通の邪魔をしたからというものでした。その後、アンナは公安に攻撃されたことを犯罪として検察庁に訴え出ました。ところがその日のうちに逮捕されジーヴィエッツで拘留されてしまいました。アンナが「連帯」のバッジを付けていたことを理由に、公安署員は彼女の頬を叩きました。「私は、これはブローチだと言いました。絶対はずさないと言ったら、公安が私の手を後ろ手にひねって、ふたり目の公安が私の頬を叩き、服の生地と一緒にバッジをもぎ取りました。そのバッジは私の闘いの象徴でした」とアンナは後で語っています。これと同じようなことが、ポーランド各地で繰り返されていました。

二ヵ月後（八月十九日）には息子ヤヌシュが逮捕されました。タクシーで家へ帰る途中逮捕され、酔っ払いの留置される「トラ箱」に連れて行かれました。酒など飲んでいませんでした。そこで、酔っているかどうか白く引かれた線の上を歩くというテストで署員が、彼を二回手で押し、酔っていることにされ、その後シャワー室に連れて行かれ、署員に徹底的に殴られました。その時、身を守るための動作が、ついひとりの署員を叩いてしまうことになり、怒った署員と警官は更に凶暴になりました。ヤヌシュは蹴られて、あばら骨を三本折られました。その後、十二人の警官を殴ったと公訴され、懲役十五ヵ月の判決を受け、一〇ヵ月懲役に服役し、釈放されたのは八七年六月でした。彼は職場に復帰することを拒否され、グダンスクにあるプワジンスキの協同組合「シフェトリック」で働くことになりました。

八七年一月の末には内務省公安調査局第二部のアンナの担当者は、彼女をマークするのを止めることを決定しました。その理由はアンナが単なる熱狂的カトリック信者であり、政治的には重要な意味を持たなくなったと判断したためでした。「アンナは、今や反政府活動家の中で人気を失った。ワレサ批判などを中心とした彼女のやり方に対して、元『連帯』活動家の多くは、不満を持っている。彼女の評判は悪く、『歴史的化石』と哀れみを持って扱われている。最近は、政治的活動を一切行なっておらず、講演することも少なくなり、行なってもそれは教会関係者を対象としたものである。神父との親交の様子や、毎日の生活態度を見てみると、彼女は単なる熱狂的な信者にすぎないといえる」と公安資料には記載されています。

祖国の行方

八六年の終わりから八七年の初めにかけて、ソ連衛星国は深刻な経済危機に直面していました。ソ連政府は「建設的な反体制派」たちと秘密裡で合意を実現させようとしていました。ポーランドでも、共産主義政権は「穏健な反体制派」を組み込んでいく国の改革を準備、ポーランドは、「ソ連圏の中での実験室」になっていました。クレムリンの要請で、ポーランド政府は穏健な反体制活動グループの一部と合意の方法を模索していました。

人民共和国の枠内で少しずつ、それを実現していくために国家評議会議長の指導の下で諮問評議会が設立されました。互選が不可能になった場合のために「連帯」の代表者らと政治的な話し合いを行なおうとしました。この「政治的な話し合い」で、もっとも有名なのは、数年前に明らかになった、クーロンとクルル大佐、レシャック少佐の話し合いです。これは八五年から八九年にかけて、尋問と称して行なわれていました。クーロンは八五年に公安を通して、共同で「経済再建同盟」をつくり、「穏健反体制派」を地方自治体の行政機関に、共産主義政権側の者と混ぜて組み込んで行くことを政府に提案していました。話し合いを重ねていくうちにクーロンの提案は具体的になってきました。クーロンは、新しい労働組合法に従って「連帯」を再生させるためにやるべきことは、連帯組合員の一部の人間と秘密裡に話し合いを始めることであると述べていました。また、彼らを暫定調整委員会や各地方本部の代表者との相談役にするという計画でした。

クーロンの親友であったリティンスキは、これについて「週刊マゾフシェ」に以下のように書いています。

「政治犯全員の釈放は、外部からの圧力によって行なわれたものではなく、自主的に行なわれたものであったことを強調する必要があるだろう。どうしてこの釈放がなされたのか。現在の政権の構造は八五年や八六年の構造と比べてみて、何が違うのだろうか。また八六年の七月と九月の間に何が起こったのか。ここで注目すべきことは、釈放が裏で行なわれたことであり、釈放にあたって警察が重要な位置を占めているということである。なぜ警察が恩赦を行なったのか。なぜ下院やヤルゼルスキではないのか。七月に、政府は、『まだ全員を釈放するわけにはいかない』とはっきりと言っていたではないか。

ここで驚くべきシナリオが実行されていたのだ。共産主義始まって以来、一度もこのようなことが行なわれたことはなかった。現在ポーランドで一番権力を握っているのは警察だということが判明した。刑務所や留置所での尋問、そしてキシチャック将軍と、彼の部下の尋問は、われわれが考えているような、警察で普通に行なわれる尋問ではなかった。そのまったく逆であった。それは尋問とは名ばかりであり、政治上の交渉の話し合いだったのだ。もちろん共産主義政権下では、警察は常に権力を振るっていた。しかし警察が政治局よりも権力を持つことなどありえなかった。これが何を意味するのかは私には分からない。もしかしたら十二月十三日の戒厳令の施行以来、警察が軍よりも、重要な役割を果たすようになったのかもしれない」

一年後に同じ週刊誌にリティンスキは「否定の時は終わった」と題して論文を書いています。彼は、政府側の提案をすべて受け入れてしまうことに警鐘を鳴らしている一方、全面的に拒否することも避けるべきだと書いています。「今日、共産主義体制の終焉へのプロセスは、改革プログラムが軸となっており、政治的立場に関係なく、この改革を実現したいと願う人すべてに支えられている。この状況で、『連帯』は、国の将来を決定していくことを望んでいる。この改革が失敗すれば、『連帯』は組合としても、理想としてもなくなってしまうであろう」と「連帯」系週刊誌編集長リティンスキは書いています。

「連帯」の再建

このような道を逸脱した行為、ヤルゼルスキやキシチャックとの和解に対して、「急進派」と呼ばれていた活動家たちは八七年、「連帯」国内準備委員会を結成して、それに対抗しました。規約に則した真の組合代表者で構成される「連帯」を再建させるのが、その目的でした。アンナも、これを設立当初から全面的に支持しました。準備委員会は、八一年の第一回連帯大会で選出された代表者らで構成される「連帯」の国内委員会と名づけられた組織の招集を試みました。その際彼らは、定められた手続きを経ること、「連帯」規約に従うことを心がけ、少なくとも十五人の国内委員会委員が、その会議の開催申請書に署名する必要がありました。申請書を提出したのは八七年九月であり、アンジェイ・グヴィアズダ派の活動家が署名しました。

ワレサに向けた書簡の中で、「連帯」の伝説的組合員といわれた彼ら（その中にはアンナも含まれていた）は、国内委員会が、合法的な（規約に従う）組合の執行機関となることを目指しました。つまり、ふさわしい人材の起用、組合人事の選択の透明化、組合のプログラムの設定、『連帯』指導部人事の変更を国内委員会が執行機関として実現するよう要求したのです。

ワレサは全面的に反対しました。国内委員会の発足は、共産主義政権との合意を不可能にし、彼の仲間の地位を脅かすものであると考えたからです。公安によれば、ワレサはこの準備グループを恐れゲレメック、メルケル、ブヤック、ヤンコフスキ神父らと話し合いを行ない、暫定調整委員会と暫定連帯評議会に代わって、国内執行委員会を設立することを決定しました。一方、準備グループは、共産主義政権との合意を批判するだけではなく、一般の組合員が下から築き上げる、民主的な原則に則った「連帯」の再建を目的としていました。ヨアンナ・グヴィアズダは以下のように語っています。

「国内委員会の集会を実現させることは、工場委員会や地方本部の活動家にとって、地下活動から抜け出た正式な活動の再開への道であった。そのほうが、『連帯』を復活させるために、ストをやるより賢明だと考えた。この方法でいけば、政権は弾圧する口実を失うからだ。それは、八方塞りの状態、意欲の喪失、倦怠感から抜け出る妙薬だ。どうなるかはわれわれ次第なのだという意識を持つことを可能にしてくれるものであり、またそれは意思表明の場であり、話し合いの場ともなるのだ。それは『連帯』指導部と政府の合意を批判する場がわれわれに与えられることを意味していた。つまり、国の改革が、国民の監視の下で行なわれるということを可能にするものだった」

アンジェイ・グヴィアズダは、これとは少し違った説明の仕方をしています。

「ワレサを、政府との交渉の代表者としなければならない最悪の場合になっても、それはそれで、ワレサをキシチャックの影響から切り離し、国内委員会の決定に従わせることができるようになるだろう。それに、国内委員会が与えたワレサの権利を、後に剥奪することも理論上は可能だ。そうすれば、国内委員会が独自に決定権を持つこともでき、状況はわれわれに有利に動くこととなる」

アンナは、この件についてワレサと話し合いを行なおうとしました。しかしワレサは、彼女を過去の「連帯」のシンボルにすぎないと考え、軽視しました。アンナは語っています。

「組合を再建するため、国内委員会を三回も招集しようとしたが、ワレサはそれを無視しました。彼は、私を組合の癌のように扱いました。影響力を持つ組合員は私がワレサを批判しているので彼にとっての脅威になる、政府との交渉が駄目になると恐れたのです」

「祖国を思って」シンポジウム

国内の状況は、アンナにとっては希望の持てるものではありませんでしたが、八七年のヨハネ・パウロ二世ポーランド里帰りの際、つかの間の喜びを感じることができました。しかし彼女は法王に少人数で会う集会の入場券を手に入れることができませんでした。六月十二日のグダンスクで法王が挙げたミサにも、一列目に席を取ることはできませんでした。彼女は法王から遠く離れた場所で、友人たちとミサにあずかるしかありませんでした。その後、アンナは女性社会民主連盟のケルスティン・ピーンバーグから招待されスイスに行く予定でしたが、行くことはできませんでした。グダンスク監査局第二部が非合法である元「連帯」の活動に従事したことを理由に、外国に出ることを禁止したからです。

幸い国内はどこにでも行くことができました。各地の司教区の宗教教育の教室を使用した彼女を囲む集会に、あちこち出かけました。ウッチの宗教対策部所長ヴィルカノフスキは、政権と闘うことを呼びかけたとアンナに関する抗議文を、ウッチの教区司祭であるジューウェック宛てに書いています。八七年、グヴィアズダと彼の支持者は、教育関係者、医療関係者、農業に従事している者、エコロジストなど各分野の「連帯」組合員に、現在の国の状況を理解してもらうためにシンポジウムを開催することを計画しました。歯に衣着せぬ話し合いを行なって、利害の異なる社会の各分野で活躍する組合員の相互理解を目的のひとつにしました。

アンナは、ゴツウォフスキ司教に頼んで、グダンスクの聖マリア教会の小聖堂をシンポジウムの場所として使用させてもらう許可を得ました。シンポジウムの準備委員会のメンバーは、全員が女性でした。ヨアンナ・グヴィアズダは、その様子について、以下のように書いています。

「準備委員長のアンナは、誰に講義を発表してもらうかで頭が一杯になっていた。彼女は『医療関係は、もちろんクラトフスカさん、法律の問題だったらロマシェフスキ夫妻がいいわね』というように。そのうちシンポジウムをボイコットする人が出てきたので、私たちはすっかり気を落としてしまいました。しかし、実際に開催してみると、『普通の人』の方が専門的な知識を持っていて、有名な人よりもいい講義をすることが分かりました。もちろん、大学の教授や助教授の人たちも素晴らしい講義をしてくれました。ゲレメック教授だけがすばらしい講義をするわけではありません。ともあれ、名前の知られていない一般の人たちの講義内容が、とても良かった」

八八年の春、これをもとに、「祖国を思って」と名づけられたシンポジウムが定期的に開催されるようになり、アンナは、その後もこのシンポジウムを企画し続けました。

「連帯」支持率は二〇～三〇％

シンポジウムは成功したし、国中で反響を呼んだことは確かでしたが、それは他方で、アンナが属していた政治グループの立場がすっかり弱まってしまったのを浮き彫りにしたことも否めません。国民はすっかり操作されてしまっており、「連帯」に対する国民の支持率は二〇％から三〇％しかなく、三〇％から四〇％がポーランド統一労働者党を支持していました。その中で、反共産主義を掲げ、ポーランドの独立を目指す政策が多くの国民の支持を受けることは無理な話でした。この状況で穏健派であり世界的に有名になったワレサの立場がますます強固になっていったのも理解できます。「連帯」を本当につくり上げた「主流派」は、公安とかつての仲間にますます隅に追いやられ、自主管理労働組合「連帯」全国執行委員会（ＫＫＷ）の競争相手にさえなれませんでした。それは、準備グループや「闘う連帯」、その他の独立を目指す地下組織より、ワレサ派が支持率で勝っているという数の問題ではなく、国内外での実際の政治的な影響力の問題であり、それに付随する経済的な問題でした。

ポーランド統一労働者党の中央委員会宣伝担当部の分析専門家が次のように的を射た分析を行なっています。

「地下組織の状況は数だけではかることはできない。全国執行委員会に従う組織は確かに少数派ではあるが、他の組織と比べて力がある。なぜなら、この組織は活発な活動を行ない、他に比べて安定しているし、活動にも一貫性が見られる。反体制活動家らが、実際行なっている具体的活動は出版活動であるが、このグループは、その大部分を担っている。また過去に著名になった活動家らは、ほとんどが『連帯』全国執行委員会を支持しており、敵と考えられている組織にも一目置かれている(クーロン、ミフニック、ゲレメック、オヌィシュキェヴィッチなど)。また、西側からの支援とカンパも、このグループに集中している」

八八年の一連の出来事によってこの分析は的を射るものであったことが判明してきます。妥協を許さない「連帯」活動家らは、ストを決行した若者の支持を得たにしても、抗議行動においては、指導的役割をまったく果たせませんでした。八八年五月、アンナはノヴァ・フタのレーニン記念鉄工所のストライキを応援するために、自らも鉄工所に赴いて支持を表明しました。しかしそれは開始から一〇日後に機動隊によって鎮圧されてしまいました。アンナは、彼らのストライキの成功のために、祈祷の会を組織しミサを挙げてもらいました。

ストライキは八月にも全国に広がりましたが、その頃アンナは、ポピェウシュコの記念碑を、彼の出身地スーホヴォーラにつくらなければという考えを持ち始めていました。彼女はスーホヴォーラにたびたび出向いて、ポピェウシュコ神父の両親の家の修理を手伝ったりして、何とか彼らの力になろうと努めていました。八八年六月二六日、キシチャック将軍が、「建設的な活動家たち」も参加する円卓会議を行なうことを宣言しました。その条件はワレサが早急にストライキを終了させることでした。アンナは、もうすべては勝手に決められていたのだと悟りました。若者たちがストを続行しようとしましたが、ワレサはストライキを終了させました。「キシチャックにストをする俺たちをドブ鼠みたいに蹴ちらして来いと言われたんだろ！」と造船所労働者たちの中には、ワレサに向かってそう叫んだ者もいました。

円卓会議の裏切り

「『連帯』の理想は力で破壊することはできない。しかし、人間が『連帯』の理想を独り占めする時に、『連帯』は破壊される」とロムアルト・シェレミェティエフが書いています。それはアンナが思っていたことと同じでした。ストライキがまだ続いていた時、クーロンは内務省第三局に、この政治的・社会的混乱から抜け出る方法を提案していました。クーロンによれば、それは三段階に分けるものでした。

第一段階　政府が最初は何の条件もつけず、ワレサと話し合いを開始する。その際政府は八九年一月一日をもって組合の複数主義導入を組合に対し承諾する。一方ワレサの方は直ちに、ストライキを終了させるために、国民に呼びかける。

第二段階　現在行なわれているストライキ参加者の中で、国民によって実際に選ばれた者が、政府側と直接話し合いを行なう。話し合いの内容は、経済と国を治める仕組みについて協議し定義すること。

第三段階　将来どう動いていくかを決める綱領を設定した後、専門家による政府を設立させる。政府はその綱領を公表し、各段階における実現を説明する。

八八年三月三一日、ワルシャワのザブラット通りにある内務省の別荘で、話し合いが行なわれました。集まったのは、ワレサ、チョセック、キシチャック、オルシュリィク神父の面々でした。話し合い終了後、司教団のベンツが彼らの脇を通りました。その時チョセックがワレサに向かって「話をつければ、全員があいうベンツに乗れるようになるのだ」と話しかけたという逸話が残っています。これが八八年と八九年の変わり目に、マグダレンカで行なわれた政治的密約です。この政府の施設で行なわれた「連帯」代表者と、政府側の話し合いでは、宴会も行なわれました。その際にミフニックはキシチャック将軍に向かって「キシチャック将軍、ワレサが首相でキシチャック将軍が内務大臣となる日が来るのを願って!」と言って、乾杯の音頭を取りました。このすっかり仲良くなった状態で、後の円卓会議に移っていき、体制の変革を彼らがコントロールしていきました。ポーランド統一労働者党中央執行委員会では「政治体制に建設的な反体制活動家を組み込むのは必要なことであり、可能なことでもある」との見解を述べています。

「円卓会議では、テーブルも丸いが、会議はインチキだらけで、すべてがみごとに丸く収まっている。一人ひとりに席が用意され、全員が大事な参加者として扱われ、みんな同等の立場で発言している。まさにこれからの地位を分け合う話し合いだ」と、八八年十二月、アンジェイ・グヴィアズダは書いて、暗に読者に妥協と降参との違いを説明しています。

一方、コウォジェイは、円卓会議は、内務省とモスクワ、そしてワシントンが共にたくらんだ「ワルシャワ左翼」による「連帯」に対するクーデターであると考えました。

「連帯」の一部の人間と政府だけで話を決めてしまっている事実が、国民の怒りをかったのは当然でした。八八年十二月、アンナはグディニアで、準備グループの集会を開催しました。そこでワレサを説得するための最後の話し合いが行なわれました。すなわち、ワレサと「連帯」全国執行委員会および「市民委員会」のワレサ派の組合員に、組合規約と八一年の組合民主選挙の結果を尊重した「連帯」指導部の再確立を何が何でも要求するための話し合いでした。彼らは要求書を作成し、それに三七名が署名しました。ワレサは、グディニアのレデンプトール会教会にやって来ましたが、準備委員会の要求をのむ気はまるでなく、またすぐにどこかに出かけてしまいました。しかし、アンナは、要求書をワレサに手渡すことには成功しました。アンナたちは、「連帯」の名前を使って、民主的な選挙で選ばれていない者たちが、戒厳令の間に制定された法を利用して、まったく別の「連帯」を登録してしまわないよう国内委員会の招集を一月三〇日までとして期限を明確に定めました。

「建設的な反体制活動家」たちにとって、準備委員会に属する「急進的な反体制活動家」の批判や組合の合法的な再建、また自主管理労働組合「連帯」の民主的な選挙による合意などは、どうでもいいことでした。

政府との合意の信奉者にとって、ポーランド版ペレストロイカとは、円卓会議反対者の排除とその影響力を消滅させることを意味していました。円卓会議反対派は分裂しており、政府との合意に関する意見においてでさえも、立場を同じくしてまとまることができませんでした。

グヴィアズダ派は、無力感を感じるようになっていました。円卓会議の阻止、無法状態、「犯人不明」の神父たちの殺害（ステファン・ニエジェラック、スタニスワフ・スーホヴォレッツ、スィルベステル・ズィッフ）、新しい「連帯」の登録、政府の勝手な決定（八八年十一月一日の政府によるグダンスク造船所閉鎖の決定など）、生活状況の悪化など、すべてにおいてすでになすすべがないと思うようになっていました。

孤立するアンナ

アンナは絶望の中、自主管理労働組合「連帯」の委員長が主催する市民委員会の指導部の会議に出席しようと出かけて行きました。この会議は八九年二月に、グダンスク聖ブリギッダ教会の司祭館で行なわれたものでした。かつての仲間たちに、彼らの目指す市民委員会とはどういうものかを訊ねるためでした。彼女は廊下で、ブイエッツ、クーロン、ミフニック、マゾヴィェツキ、エデルマン、コノプカ、ヴィエロヴィエイスキなどに会いました。彼らはこの「招かざる客」の出現に困惑した様子でした。

「ゲレメックに挨拶しましたが、すぐに彼は私を避けるかのように部屋の隅のほうへ行ってしまいました。私の前を、数回クーロンが通りました。彼も明らかに私を避けていました。私の足を踏みそうになったのに、それでもまだ私に気づかない振りを続けていました。私が小走りのクーロンに声をかけると、『どうも、どうも』と言って、すぐにどこかへ消えてしまいました。他の人たちも同様、私が、会議の内容を聞きたいと申し出たら、ワレサが強い口調で言い返してきました。

『ダメだ。ここにいるのは私が招待した人たち、きみは招待してない。外部の人間は入ることはできない』

『外部の人間って誰のことなの』

『きみに決まっているじゃないか』

『八〇年に、閉められた扉をあなたのために開けてあげたのは私じゃない』

『その扉を、いま僕が閉めるってわけさ。これ以上しつこくすると、警備員を呼んで、外に追い出すぞ』とワレサが言いました」

ショックでした。かつての「連帯」の仲間や友人にとって、アンナはもう不要な人物になっていたのです。とくにショックだったのは、クーロンの態度でした。アンナはずっと彼をかばってきたのに。後になっても、アンナはあまりクーロンとの親交について話したがりませんでしたが、私（著者）には、クーロンに対して失望したと話してくれました。また同時に自分の幼稚さをも後悔していて、ある日アンナは次のように語りました。

「ワレサ、マゾヴィェツキ、教会関係の人、組合の活動家、造船所の労働者、全国の労働者、彼らの攻撃からできる限り私はクーロンをかばおうとしてきました。そのために私もとても嫌な思いをしました。今になってもそれを憶えている人もいます。ある人は、『クーロンはかつてスターリン主義者だった。ポーランドの伝統とカトリック教会に対して批判的だ』と悪口を言っていましたが、私はそれを信じませんでした。とくに八一年までは、私に対してとても親切にしてくれるし、親友だと思っていました。グダンスクに来れば、必ず私のところに顔を出しに来てくれました。私の家に居候していたことさえありました。組合のこと、ワレサのこと、共通の話題がありました。

彼だって、共産主義政権にはひどい目に遭っていました。ひどい経験をした人には、私は同情せずにはいられません。でも今は、彼の計画を実現するのに、私は邪魔者。直接私を攻撃することはありません。しかし、私を無視していました。八九年以降の彼の行動は、私には理解できないことが多すぎます。まったく別人になってしまいました。彼の人間としての評価を私は間違ったと気づきました。だから彼について話すことはなるべく避けたいと思います」

選挙のボイコット

八九年春、グヴィアズダ派は、合法的な組合再生の実現を要求するよりも、自分たちの政治的目的を追求していくべきだという結論に達しました。八九年一月から雑誌「コネ構造の外側で」を再び発行しました。同時に、「自由労働組合設立委員会」を再生する準備が始まりました。ポーランド総選挙の日にちが決定した時、グヴィアズダたちとアンナは、選挙のボイコット運動に参加することにしました。ボイコットを呼びかけたのは、反円卓会議を呼びかけていた活動グループでした。人気投票のような六月の選挙をボイコットしようと国民に呼びかけるために、彼らは全国を駆けまわりました。また沿岸三市でデモに参加し、人々に訴えかけました。

こういった状況の中で、アンナは、スーホヴォーラのポピェウシュコ神父の記念碑建設に力を注ぎ、資金をつくるために奔走しました。資金集めは大変な作業でしたがヨアンナ・ミレルとシモン・ミレル夫妻が協力してくれました。そして、シモン・ミレルの死後に、ヨアンナ・ミレルが、アンナに、記念碑を完成させるために「キリスト教美術推進基金」を設立するように勧めました。その設立の前にアンナは、アメリカに住むポーランド系移民に基金を募るということを思いつきました。八八年十二月、彼女はパスポートを再度申請し、八九年、公安は彼女に対する国外渡航の禁止を取り消し、五月末にアンナは西側の国へ出られるようになりました。

アメリカ滞在

アンナはアメリカ滞在中の演説の際、国内状況についての解説から始めました。彼女は円卓会議を批判し、六月四日の選挙のボイコットの呼びかけについて話をしました。

「ポーランドの国民が、独立できる時がやって来ました。しかし、それは真の独立でなくてはならないし、それを目指していく確固たる姿勢を忘れてはなりません。国内では共産主義体制は変えることができないという考え方が一般的になってしまっていますが、合意書を次々に調印したり、選挙に行ったりしてまで、われわれ自身がわざわざその体制を維持するような行動を取ることは許されません。選挙に行けば自由が実現すると、みんな言い訳をしています。私はそんなことは信じないし、そんなことを言う人も信じません。共産主義体制が自分自身でものを考えることができない人間をつくり上げてしまったのです。

『連帯』の分裂の原因は、『連帯』の指導部と専門家顧問団らが、共産主義政権と密約を交わしたからです。八一年三月のビドゴシチ事件での『連帯』の分裂も、同じことが原因でした。八一年十一月四日に『連帯』の組合員に隠れて、グレンプ、ワレサ、ヤルゼルスキの秘密の会合が行なわれました。これらの一連の出来事は、組合の弱体化の原因となりました。戒厳令が施行されても、大多数の国民は姿勢を変えず、闘いを継続しました。しかし秘密裡の話し合いと合意が、徐々に国民を『急進的な反共産主義者』と『建設的な反共産主義者』に分けていきました。建設的反共主義者は円卓会議に参加し、『連帯』をなくすることによって、われわれ『急進的』といわれる活動家の闘いを終わらせることができると考えました。彼らは、新しい『連帯』を登録しましたが、それはストライキの権利を捨てたもの、民主的な組合の政策の決定、民主的に行なわれる代表者の選出を放棄したものでした。今の『連帯』は、政府の単なる飾り物でしかありません。それだけではなく、その新しい『連帯』は西側の国に借款を願い出て、ますます国の借款を巨大にしているのです」

アンナは講演が終わると、ポピェウシュコ神父の記念碑建設のための寄付を募りました。彼女は以下のようにアメリカ合衆国の滞在を語っています。

「アメリカに半年滞在して、一五〇〇ドルの寄付を集めることができました。私がアメリカに出稼ぎに行ったわけではありません。私の今の健康状態では、これだけのお金を稼ぐことは無理です。倹約をしたわけでもありません。ポーランド人の家庭に滞在させてもらい、この巨大な国のあちこちで、集会を開いてポーランドの現状を話してきたのです。そして、寄付金の目的を説明しました。反応はさまざまでした。『連帯』組合員だった若い世代の移民ポーランド人たちは、熱心に耳を傾け、無理をして五ドル、一〇ドルと寄付してくれました。目的の一〇〇〇ドルは、いったいいつ集め終わるのか不安でした。

一番たくさん募金をしてくれたのは、ニューヨークのシチェパンチックさんでした。彼は五〇〇ドルも寄付してくれました。それを受け取った時、記念碑の建設が近づいて来たと思いました。スーホヴォーラの村に完成した立派な記念碑が見える気がして、本当に嬉しい気持ちでした。

個人的にいいことがありました。八七年に県が建設したバッファローにある亡命者用のセンターに招待されました。ファウコフスキさんご夫妻の取り計らいで、そのセンターには、私の名前が付けられていました。正式名が『アンナセンター』でした。若者たちは待ち合わせをする時、『じゃあ、アンナで待っているわ』といって、約束をするのだそうです。またセンターの人たちが、センターの開館式に私が出席できなかったので、私のために二度目の開館式を行なってくれました。本当に感動しました。これで私の夢のひとつが叶いました。住むところのない家族が、安心して屋根の下で生活ができるという夢です」

WZZの再生から連帯の再生へ

アンナが、アメリカから戻って来たのは八九年十一月十二日のことでした。ポーランドの状況は、彼女の願っていたものとはかけ離れてしまっていました。アンナは、この自由選挙は、名ばかりのものであることを知っていました。「最初の共産主義ではない政権」といわれるマゾヴィェツキ政権も、ワレサが率いる「連帯」も認めませんでした。とりわけ、大統領ヤルゼルスキなど、問題外でした。これではポーランド人民共和国の続きでしかありませんでした。本当の自由選挙と完全に政権から共産主義者を除外することを主張するすべての人たちや指導者を、彼女は支持しました。また、反共産主義運動を行なう若者たち、円卓会議でできた上がった「連帯」と共産主義者が裏で手を結んだ「コネ関係」を非難する団体を応援しました。この若者たちは八九年の終わりから九〇年の初めにかけて、ほとんど毎週、グダンスクでデモを行なっていました。

全員がワレサを支持していたわけではありません。九〇年一月、組合の集会でグヴィアズダやアンナの仲間であったスポジェヤがワレサに抗議する演説を行ないました。ワレサは、造船所のストを鎮めようとやって来たところでした。その時の様子を、スポジェヤが沿岸三市の「闘う連帯」の機関誌で次のように書いています。

「九〇年一月一〇日のことだった。造船所にやって来たワレサを、労働者たちはブーイングの口笛や叫び声で迎えた。みんな口々に『手押し車に入れて追い出してやる』『体制協力者！』などと叫んでいた。ワレサは、労働者たちを鎮めようとした。『質問には何でも答える。疑惑を吹き飛ばそうじゃないか』と呼びかけた。そこで私は彼の言葉をさえぎって『これは記者会見じゃないんだ。発言したいなら、許可を願い出てからにしろ』と言った。みんながそうだ、そうだと拍手した。

労働者らは、間断なくワレサを責め文句を言った。ワレサは、『気に入らないのなら、別の人間を選べ』と返事をした。『この組合は、ボルシェビキの集団だ』と私が叫んだ。人々が、また『そうだ』と言って私に同意した。ワレサは、みんなの前で『委員長を辞任する』と言った。

お供のプウォハルチックとシフェルチンスキは、危険だと言ってデモを止めさせようとした。彼らはデモになるなど、まったく予想していなかった。ワレサは、警備員に囲まれて労働者と話を始めた。私は彼に近づいて行って、『なんの権利があってそんな偉そうなものの言い方をするのだ』と質問した。するとワレサは『お前は若いんだから、敬語で話せ』と言ってきた。私は『今まで、ずっと誰とも同等に話してきたんだ。敬語に変える必要などない。とにかく、質問に答えてくれ』と返してやった。

ワレサは『八〇年、私はみんなに選ばれたのだ。ボンドウォフスキやグヴィアズダやユルチックは選ばずにな。それは彼らが馬鹿だからさ』とワレサが言った。『馬鹿って、具体的にはどういう意味だ』と私は聞いた。『私の考えに合わないってことだよ』と。そこで私は、『いくら、ボルシェビキみたいな組合でも、おまえのものじゃないだろうに』と、彼に言ってやった。

ワレサは『今日はよくも言ってくれたな。今日のことはよく憶えておけよ！』と捨て台詞を残し、警備員に囲まれて車に乗って去っていった。労働者はワレサの方向に向かって口笛を鳴らし、罵倒した。私によくやったぞと誉めてくれた者もいた」

アンナと彼女が支持していたグループができることはもう何もありませんでした。しかし、それでも彼女は、グヴィアズダたちと共に、新たなバルト海沿岸地域自由労働組合（ＷＺＺ）再建委員会の設立に向けて闘いました。ＷＺＺ再建を提案したアンジェイ・グヴィアズダは、支配者がメディアとその影響力を独り占めし、国民が状況把握できなくなっている今、これ以上「連帯」の名称は使えないと判断しました。グヴィアズダは「『連帯』の真の理想を求める闘いでは、もう『連帯』という名称は使えない。別の名称にしなければならない。この有名な名称を使うということは、そのやり方を繰り返してしまうことだ。『連帯』という名前は後でつくられたものであり、それはＷＺＺが原形になっていた。ＷＺＺという名称を再生させることは、八〇年の『連帯』の初期の理想を取り戻すことを意味するのだ」と書いています。

再びクレーン工に

アンナはアメリカから帰ってすぐに、造船所の仕事に戻る決心をしました。彼女は経済的に苦しい状況に置かれていて、処方箋の薬も買えない状態でした。あと一年働けば、もう一ランク高い金額の年金がもらえるようになります。就労のために申請書を提出しましたが、一週間後に断りの返事を受け取りました。造船所閉鎖に向けて、雇用人数を徐々に削減する政策が進められているというのが理由でした。アンナはワルシャワの統一社会委員会に訴えました。委員会は、八九年五月二四日に制定された法律に従い、造船所本部は再雇用をする義務があるとし、職場復帰が実現しました。彼女を救ったのは「労働組合活動、自治体の活動、政治または宗教的信条が原因で解雇された者は特別の権利を持つ」という条項でした。

彼女は不当に解雇されてから八年目に、やっと自分の家のように感じていた造船所に戻ることができました。九〇年二月一日、アンナは六一歳という年齢で、再びクレーン工として働き始めました。再雇用のための必要な書類を準備したのは、八四年、公安の命令で彼女を解雇した人たちでした。彼らは、何の問題を感じることもなく新しいポーランドの現実の中で生活を送っていました。しかし、誰ひとりアンナに謝ろうとする者はなく、あたかも何もなかったように振舞っていました。

アンナは『週刊連帯』のインタビューで、もう自主管理労働組合「連帯」には戻る気はないと語りました。「連帯」は、今やキシチャックが指導する組合になってしまったからです。「人事部の係長だったズビグニエフ・シチピンスキは、今ボルセヴィッチと共に組合を運営していた。私を八〇年に迫害した人たちが指導者となっている組合に、入る気など毛頭ない。それが原因でストが始まったのに」と『週刊連帯』のジャーナリストに向かって言いました。

Ｗ―２部門では、彼女が味わった痛手を埋め合わせるように、さまざまな取り計らいがなされました。九〇年、アンナに勤続三〇年賞が与えられました。これは八一年に受け取るはずの賞でした。また八〇年代の勤労の継続が認められ、その同じ年、勤続四〇周年記念賞が贈られました。一年後に、生活が楽になるという金額ではありませんが、一ランク上の年金の受給が認められました。しかしもうアンナの体力は限界であり、健康も害していました。彼女は自分の意思で雇用契約を解除しました。

九〇年、公安は彼らの作戦「年金生活者」を必要なしとして終わらせました。二〇年間公安に監視され迫害を受けてきましたが、やっと公安の手から逃れることができました。アンナ関係の報告書は十三巻にものぼっています（捜査報告や、拘禁された時の資料、また検察庁関係の資料は、ここには含まれていない）。アンナを監視していたシェーニユッツ少佐が言うように、彼女のファイルは九〇年に処分されました。しかし、そのグダンスクの彼女の「年金生活者」と「クレーン工」と名づけられたファイルが処分される前に、一部がマイクロフィルムでコピーされました。七八年から八七年のファイルは内務省公安調査局に送られました。

スーホヴォーラの記念碑

九〇年の終わり、ようやくアンナの夢が叶う時がやって来ました。彼女の努力と、多くの人の協力、教会関係者の力添えで、九〇年一〇月、スーホヴォーラの聖ピーター・パウロ教会に二メートル五〇センチの高さのウツィア・スコモロフスカ作のポピェウシュコ神父の記念碑が設置されました。除幕式を行なったのは、ビャウィストック大司教区の皇教庁行政官エドワルト・キシェル司教でした。式典には英雄ポピェウシュコの両親、スタニスワフ・スーホヴォレッツ神父、スィルベステル・ズッフ神父、参議院議長アンジェイ・ステルマホフスキ、国会議員、各大学学長、学校の教員、そして青少年などが参列しました。ポピェウシュコ神父の足元にはプレートが取り付けられていました。「記念碑はシモン・マレル、アンナ・ヴァレンティノヴィッチ記念教会美術普及基金を設立した人々の尽力によってつくられたものである」と彫られたプレートは、八四年に殺された「連帯」の神父であるポピェウシュコにアンナが約束した誓いのシンボルでした。

二ヵ月後、ポーランド人民共和国は公式に終わりを遂げました。自由選挙でワレサが大統領に就任しました。アンナは思いました。ポーランドのための闘いはこれからだと。そうしてこれから、彼女の今までとはまったく違った人生が始まろうとしていました。

第九章　自主独立を求める闘いは続く

未完成な過去（一九九一年～二〇一〇年）

2006年5月3日、ポーランド共和国大統領レフ・カチンスキはアンナ・ヴァレンティノヴィッチに「民主主義への前進と自由ポーランドのための活動」に対して白鷲勲章を授けた。

自由労働組合（WZZ）の復活

「不毛の年月、踏みにじられた八月の成果を思うと、私は悲しみを抑え切れません。だからこそ、すべて最初から始めなくてはならないのです。一九六六年、医師にあと五年の命だといわれた私は、もうとっくに生涯を終えているはずでした。しかし神は私に生き延びることを許してくれました。それは私に対してまだ何かの意図があるからなのでしょう。

新たな自由労働組合づくりを再び繰り返すことができるのでしょうか。よくその意図を読み取らなければなりません。私は本当に成すべきことをやっているのでしょうか。たくさん成すべきことが残っているし、実際にできることはたくさんあります。人々に分かってもらいたいのです。自らの力を信じなければならないこと、そして恐れることを止めなくてはいけないということを。以前は、人々は刑務所、外国の戦車を恐れましたが、今はみんな、失業を恐れています」

九〇年の大統領選の直後、アンナはこう語っています。

年金生活に入った後、アンナは新しい現実の中で自分の居場所を探しました。ワレサを政権に送り込んだ陣営が宣伝している「政策の加速化」が実現するとは信じていませんでした。彼女は、復活が実現したバルト海沿岸地域自由労働組合（WZZ）の活動に専念していました。退職を願い出る前には、WZZが組織したストに参加しました。

一方、ワレサは彼女とコンタクトを持つ方法を模索していました。大統領選のすぐ後にアンナに電話を入れ、新年の挨拶を述べて、一緒に協力してくれないかと頼みました。ポーランド共和国大統領となったワレサは、その後も二回電話をかけてきて、「僕はミフニックやクーロン一派と闘わなければいけないからな」と説明しました。ベルベデル宮殿で会ってくれないかと申し出てきましたが、アンナは断りました。「私は労働組合と『八月の理想』に誠実でありたい。彼に協力することは、自分自身を否定することだ。人々のためになることをするという証拠を出して欲しい。ミフニックやクーロン一派のことは好きにさせておけばいい」と。

ネオ「連帯」に対抗して

アンナは自由労働組合の思想を実現する可能性はまだあると思っていました。しかし、メディアへの通路をまったく持てない状態では、新しいWZZの計画を実行していくチャンスなどは、もうどこにも残っていませんでした。WZZは、国家財政を支配する少数の独占資本家の打倒、円卓会議の裏切り者との闘いを掲げていました。また、西側諸国の欲得づくのポーランドへの接近についても留意すべきであると指摘していました。

「円卓会議での裏切り行為の報酬として、共産主義者と西側財界に対して、権力や特権や金を要求した政治家たちを、無罪のままにしておくわけにはいかない。このような人間たちは、国民にも犠牲を払うことを強いてきた。彼らを放置したままにしておくならば、国は破壊され、ポーランドの国家としての主権が喪失し、取り返しがつかないことになってしまう」

最初の自由選挙として実施される国会選挙が、実際にはスターリン時代の憲法の制約下で実施されるものであることを理由として、WZZの活動家たちはこれをボイコットしました。当時彼らがいかに急進的であり、同時に現実的ではない指針を掲げていたかを、九一年一〇月五日の宣言が示しています。

「差し迫った国会議員選挙は、共産主義憲法に従ったものであり、その憲法によって選ばれた大統領により公示されている。また、この選挙は自由選挙だということになっている。これはただ自由選挙を装っているだけの選挙である。社会と政治を支配している円卓会議の参加者たちは、真の自由選挙で国民の利益を守ってくれる代表者を選ぶことができないようにしてしまった。ここでは、働くものの利益をゆだねることができるような組織からは、誰ひとりとして立候補していないのだ。立候補している者たちは票を勝ち取るために自らを困窮層の擁護者であると宣伝している。地位を争っていたふたつのグループは、八九年、一致団結して円卓会議で国民を欺いた。そして二年間にわたってポーランド経済を崩壊させ、その結果、貧困と失業を社会にもたらしたのである。

ネオ『連帯』とでも名づけられるようなこの連中は、『連帯』の名前を使い、『バルツェロヴィッチ計画』〔急進的市場経済化・訳注〕と『増税』を支持する政府の別動隊となった。また賃上げ闘争では、雇用者側に立ちストライキを弱め、労働者の要求を制限した。彼らは正義の擁護者になりすまし、自分の人気や社会的信頼を盾にして、裏で国有財産を盗む泥棒やいかさま集団を上手に包み隠した。また、倫理の擁護者になりすまし、地位を手に入れた代わりに、公安局、公安警察、政府の犯罪人や殺人者を擁護したのだ。よって、最も高い地位に立候補している者のうち、誰が共産政権のスパイなのかも識別できない状況になっている。

もちろん、われわれの信頼に値する、小さな政治グループは存在する。しかし彼らは、選挙名簿を作成するための集会に行く電車の切符さえ買えないというのが現実だ。こうした人々は自分の政策を周囲に訴える活動のための金も持ってはいない。

われわれは、どの立候補者がスパイであり、どの立候補者が選ぶにふさわしい人間なのかが分からなくなってしまっているのだ。したがって、この自由選挙で本当に国の代表といえる者を選出することができるという希望はないのだ。だからこそわれわれはボイコットを呼びかけるのである」

生活の危機、政治の混乱

アンナはずっと貧困と闘ってきました。幾度も、年金の物価スライド制を要求して闘わなければなりませんでした。「飢餓年金」問題では首相ヤン・クシシュトフ・ビェレツキに直接抗議をしようと試みました。

「九一年五月一日、私はビェレツキに直訴しようとしました。年金の物価スライド制問題で彼はちょうどグダンスクに来ていました。私は名簿の最初の欄に記載されているひとりであったにもかかわらず、彼に会うことができませんでした。もっとも、会えなかったのは私だけでなく、誰ひとり首相に会うことを許してはもらえませんでした。私の前に身体の不自由な造船工がいました。彼はドアをつかんで、身体障害者であり名簿の最初に記載されているのだから、首相に会わせてくれと頼み込みました。ところが、政府警備局の警備員が、その造船工を押し出そうとしたのです。もし人込みでなかったら、彼はきっと倒されていたことでしょう。これを見て私は『なんてことなの。ここでは武器でも持って戦わないと、中に入ることも用事を済ませることもできないなんて』と言って外に出ました」

ワレサ大統領任期中のビェレッツキ内閣のもとでも、ポスト共産主義との闘いが急展開したわけではありませんでした。ソ連の副大統領ゲンナジー・ヤナーエフがミハイル・ゴルバチョフを倒そうとした時の、ワレサ大統領の苛立ちをあらわにした振舞いは、特筆に価します。九一年八月、ワレサはそのクーデターに非常に怯えており、キシチャックとヤルゼルスキに、モスクワでもしものことがあった場合は、ふたりに守ってもらうよう電話で頼んでいます。ビェレッツキ内閣の内務大臣ヘンリック・マイェフスキは、内務省の改革を行なおうとはしませんでした。そして「法的、社会的そして政治的、道徳的なことを考慮して」公安の秘密協力者の氏名の公表は絶対にしないと公式に断言したのです。

アンナはヤン・オルシェフスキ内閣に対しても変革への期待を抱きませんでした。アンナは自分の体験と、国民には隠されている実際に起こった歴史の真実を踏まえて、ワレサ大統領がかつて公安の協力者であり、他の連中と組んで、いかなる変革も許可しないだろうと公然と語りました。

九二年二月アンジェイ・グヴィアズダはグダンスクの自由労働組合全国大会で次のように語りました。

「ポーランドは、これまでエリートたちが描いたシナリオどおりに動いてきました。社会的利益を代表することができ、左翼として認められていたグループ(左翼政党とポストKORグループ)がまず初めに信用を失墜させました。『自由主義者たち』は泥棒一味であり、政党ではありません。彼らは、まもなく政権を失おうとしていた共産主義者たちに『山分けしよう』と提案し、何をどうすればいいのかをよく知っている連中なのです。

これは何も難しいことではありません。ポーランドでは二組のギャングが、あたかも市場かどこかで行なわれているように、値段と場所代とを互いに決定して、影響力を分けあっているのです。現在、この新しい議会と政府では基本的には何も変わらないだろうと推測されていたことが現実となっています。重要ではないポストの人事異動が始まりましたが、何も変わってはいません。これは見せかけにすぎないのです。たとえば国防副大臣の地位にロムアルト・シェレミェティエフを任命する件での騒動が起こっています。

ワレサ大統領を先頭に、その周囲にいるすべての人たちがこれに異議を唱えました。これは『円卓会議の結果いい思いをしている人たち』の敗北ですが、社会にとっては何の意味も持たないものでした。同時にこれは『円卓会議』自体の敗北でもありませんでした。オルシェフスキ首相はワレサ大統領には同調していません。ワレサはビェレツキに国内のことに関しては全権を与えていました。オルシェフスキはこのグループに属していないし、大統領に対して忠実でもありません。したがっていくつかの小さな泥棒行為が裁かれても、オルシェフスキが一緒に裁かれることはないでしょう。カチンスキ兄弟あるいはレフ・ワレサが裁かれるとも思えません。しかし国民が、目隠しされてしまっている中、この為政者らはしかるべき為政者なのだと思い込み、彼らの政策の邪魔をしないようにと、貧困と生活の水準が極度に低くなることも受け入れなければならないと考えるようになるならば、それは大変に危険なことです」

不思議な事件が

九二年六月にヤン・オルシェフスキ内閣の内務大臣アントニ・マチェレヴィッチが「スパイ・リスト」を公表しました。このリストでは、国会議員たちや閣僚たちの他にレフ・ワレサ大統領もスパイとされていました。数年前からワレサについてさまざまに言われてきたことの真実が、初めて暴露されたのです。自由労働組合設立委員会は声明を発表しました。

「これは、公安が大統領、政府、国会議員などに誰がなるのかという、国家の最高機関の人事を決めた疑いがあるということだ。この事実は、警告を発すべきことである。公安から支持されるということは、もっと重大な事実を示すものだといえるのではないだろうか。つまり隣の強国がポーランド政府の人事構成、政治のあり方を決めている可能性があるということである。これはポーランドが独立国家ではないことを意味する。したがって、自主独立を求める闘いは継続しているのだ」

自主独立を目指すと自負していた者たちに支持されていたヤン・オルシェフスキ政権は倒されましたが、これでむしろ、自主独立のための闘いに拍車がかかったともいえます。アンナはヤン・パリスによる「第三共和国運動」とヤン・オルシェフスキの「共和国のための運動会議」の集会に頻繁に出席していました。しかし、その一方で、いかなる政党にも所属しようとはしませんでした。そして、公安の秘密協力者の公の機関からの一掃と非共産化、ワレサの大統領職辞任を要求する抗議やデモ行進には支援を惜しみませんでした。国民に道徳的な改革を呼びかけて国中をまわったのです。

すると彼女のまわりに不思議なことが起こり始めました。九二年六月、ヴァフォフスキについての論文と、ヴァレンティノヴィッチについての本を出版しようとしていたジャーナリスト、パヴェウ・ラビェイが殴られたうえに、何者かによって自宅に侵入されるという事件が起こったのです。しかし、家から盗まれていたのは、ラビェイが持っていた本の手書きの原稿やメモと、K・ヴィシュコフスキ、B・ボルセヴィッチ、L・カチンスキ、A・ピェンコフスカやダヌタ・ワレサ（ワレサの妻）たちのインタビューの録音テープだけでした。匿名の脅迫状も受け取りました。国家警備局が捜査を行ないましたが、はっきりしたことは何も突き止めることができませんでした。しかしアンナは脅しに屈服しませんでした。検察庁は、大統領が公安協力者であったことを非難する者たちを迫害しましたが、アンナは全力で彼らを擁護しました。

ワレサを糾弾したふたりの学生

バルト海沿岸で検事がふたりの学生に八ヵ月の禁固刑を要求したことがありました。マリウシュ・ソコウォフスキとアダム・ハルワチュというふたりの学生は、ワレサ大統領を「『ボレック』という暗号名を持つ公安のスパイだ」と、公然と呼んだからでした。九三年一月にアンナは沿岸の地方裁判所へ自分の抗議文を送りました。

「長年にわたる私の闘いの課題である問題で、若者が法廷に立つことを知り非常に遺憾に思っています。それはポーランド共和国大統領の過去についての問題です。私は長年ワレサと活動を共にしてきたので、公安とワレサがどういう関係にあったのかは知っていました。損得を考えて、隠しだてしようなどと思ったことは一度もなかったし、世間にこの真実を知らしめる努力をずっと重ねてきました。そのため、私は高い政治的犠牲を払わなければならなかったし、個人的にも、大きな犠牲を払うことを余儀なくされました。しかし世間は長い間、『偉大』で『カリスマ性のある』指導者の本当の姿を信じようとはしませんでした。

しかし、真実というものに、たとえつばを吐きかけようと、深い闇の中に葬り去ろうとも、必ず道は切り開かれるものなのです。ワレサの知的・道徳的水準をよく知っているにもかかわらず、卑怯者である廷臣たちは彼を指導者に仕立て上げ、声を揃えてワレサを褒め上げています。しかしそれもまったく意味をなさないことなのです。なぜならば、公安の協力者となる書面に署名し、金を受け取り、公安側と秘密の連絡を取り、彼らの圧力に屈したという歴然たる事実を変えることはできないからです。ワレサの有権者たちにとって、過去の事実を踏まえた上で、現在を見極める時期が来たのです。

私はずっと以前から、ワレサの真実について公然と語る勇気を持ち続けてきました。したがって、検察庁が刑法第二七〇条と二七三条違反と見なしている行為を、私は十数年にわたって意識的に犯してきたことになります。しかるにふたりの被告の違反行為は一ヵ月間です。それだったら、なぜ私を問責しないのですか。『権利に対する平等』は憲法で保障されているものではないですか。ふたりの若者と私に対するこうした差別は、ポーランド人民共和国でさえ犯したことがありません。マリウシュ・ソコウォフスキとアダム・ハルワチュはまさに真実の追求者なのです。

ポーランド人民共和国の公安のスパイが大統領になったことに同意できない、と彼らは表明しています。何故彼らはこの責任を取らなければいけないのですか。私は彼らに対して責任を感じます。私が『犯した犯罪』とその『問責』から切り離して、ふたりの『犯罪』を取り上げるのはおかしいのではないのでしょうか。私の『犯罪』がなかったとしたら、彼らは果たして罰せられたでしょうか。法の名の許でこのようなことがなされるというのは言語道断です。若者に判決を言い渡すこと、自らを守る手段を持たない人々や、ワレサがスパイであることを公共の場で発表した著名な活動家たちを法廷の前に立たせることは、もっとも卑劣な行為です。これらはあらゆる法の基本原理に反することです。裁判所が現政権の圧力にひるまず、法律を遵守し、普通の人間の誠実さを尊重してくれるものであると信じています」

ワレサに宛てたアンナの公開状

その後も、アンナは公の場でワレサの問題を頻繁に持ち出しました。九五年九月、大統領選挙の第一回戦が行なわれる前に公表したワレサに宛てた公開状は、とくに反響が大きいものでした。この公開状には十七項目の質問のほか、ワレサの公安への協力、労働組合の金の横領、八〇年八月に造船所に到着した時の状況についても書かれていました。ここでは、ワレサがグディニアの海軍指揮官のモーターボートに乗ってストに連れて来られたことが記載されており、激しい非難の言葉を浴びせています。

ワレサはこの公開状に著しく感情を傷つけられたのでしょう。彼の選挙本部は直ちに反応し、裁判所へ訴訟を提起しました。裁判所は公開状の配布を禁じたり許可してみたりとそのたびに判決を変えていました。また警察は、アンナからワレサに宛てた十七項目の質問が掲載された定期刊行物を没収しました。アンナのこの行動が大統領再選への道を塞いだとワレサは現在でも信じています。

八〇年八月のストライキの時、ワレサが警察の厳戒態勢を突破し、フェンスを乗り越えて造船所に入ったという有名な話に、初めて異論を唱えたのはアンナでなく、アレクサンデル・コペチでした。彼は八〇年八月のストが行なわれた当時、機械工業省の大臣であり、政府側の代表として政労交渉に参加していました。八〇年八月にグダンスクに滞在中「ワレサは海軍の監視船に乗り造船所に入ったという噂がよく聞かれた」ことを、コペチはすでに九一年に書いていました。

グダンスク県の元検事で、当時はポーランド共和国の上院議員であったレシェク・ラツコジンスキがこの公開状の宣伝に加わったことに注目すべきです。九四年、ラツコジンスキはレフ・ワレサに検事職を解任され、それ以来ワレサをよく思っていませんでした。九五年一〇月にラツコジンスキはアンナに手紙を書きました。「あなたが公開状を書いたということを知った時、あなたが設立した本当の『連帯』は、その聖なる名前をアメリカの銀行家に銀貨数枚で売ったあの『連帯』ではないことが分かりました。私は上院議員としてあなたの高潔な行動を支持する道徳的責務がありま す。こうすることは私にとって簡単なことではありませんでした。エリートたちはあなたの公開状を広めることを禁止しました。そして私の行動も同じ運命を辿るでしょう。私は適切な時期を待っていたのです。ワレサが、自らの言動をもって国会の本質を無視するという犯罪（第二七〇条・刑法一条）を犯した時、ようやくその機会が来たのです。ようやく、上院の演壇からあなたの公開状について発言することができたのです」

アンナは、ワレサを批判すると共に、八九年以降の「連帯」の役割をも批判していました。二〇〇〇年にグダンスク名誉市民の称号が授与されることになっていましたが、それを辞退しました。また「連帯」の記念日に行なわれる公式の式典を一貫してボイコットしており、二〇年間、式典にいっさい出席しませんでした。九〇年代は彼女が出席したくなかったというよりも、出席することを拒まれていました。八〇年八月政労合意の一〇周年の華やかな式典にいたっては、「連帯」結成のもととなったアンナの歴史的な役割さえもまったく無視されました。

しかしアンナは〇三年一〇月、バルト海沿岸地域自由労働組合（WZZ）に関する国民記憶院の会議に参加することを承諾しました。この会議ではパネルディスカッションが企画されました。会議に集まったのはアンナ・ヴァレンティノヴィッチ、アンジェイ・グヴィアズダ夫妻、ボグダン・ボルセヴィッチ、レフ・ワレサ、クシシュトフ・ヴィシュコフスキ、マリウシュ・ムスカット、ヤン・カランジェイでしたが、彼ら全員がひとつのテーブルを囲んでこのような会議の場で集まるということは、今まで一度も行なわれたことがない画期的な出来事でした。

ここでもアンナはワレサの公安への協力を非難する発言を行ないました。怒ったワレサは、「世界のすべての聖なるもの」に誓ってそれはウソだといい、次のように弁解しました。「幾度か困難な時期があった。エドワルト・ギエレクと会った後が、そのひとつだった。翌日公安警察がさっそく私の家に来たのだ。『きみはポーランド復興に手を貸してくれるだろうか？』と聞かれたので『協力します』と答えた。その時から私は協力をするように要請されたのだが、一度もスパイとしての協力はしていないし、一度も同僚たちを密告していない。単なる政治的な話し合いだったのだ」と。

八〇年八月事件二五周年記念式典

〇五年、アンナは「連帯」センター基金が主催したグダンスク政労合意二五周年記念式典を無視しました。基金会長ボグダン・リスが、この式典と、『連帯』から自由へ」というテーマの特別シンポジウムにアレクサンデル・クファシニェフスキ（当時の大統領）を始めとして、ポスト共産主義者を招待したからです。共産主義者をこの式典とシンポジウムに招くなどとは、アンナにとっては言語道断、絶対に許しえないことでした。アンナにとって、ポスト共産主義者とは、七〇年十二月事件で殺人を犯した者たちの後を継いでいる者だったからです。

首相マレック・ベルカが特別年金の支給を提案してきた時も、それを受け取ろうとはしませんでした。ポスト共産主義者たちから施しを受けるより、自分の権利を求めて闘うためにあちこちの裁判所をさまよう方がまだましだとアンナは語っています。公安に協力したワレサへの問責が高まる空気の中、八〇年八月の出来事の二五周年記念式典が行なわれました。

一年前、アンナは「ワレサは諸悪の根源である。ワレサが共産主義者たちと密約を交わしたからこそ、このような汚れた土壌に病んだ脆弱な国家が育つはめになったのだ」と述べています。

祝賀式典の周辺には、何ヵ月も前から、故意につくられた盛り上がりと緊張感が支配していました。「誰が来るのか？　ジョージ・ブッシュだろうか。どんな国のＶＩＰがグダンスクに来るのか。アンナやアンジェイ・グヴィアズダは上下院合同議会で発言するだろうか」とまわりは騒ぎ立てていました。この八〇年八月の記念祭は、真実を追究しない、癒されない出来事や対立などを忘れた、あらゆる「連帯」関係者の集まるべき「合同のお祭り」に仕立て上げられたものでした。それを実現するために、ワレサとクファシニェフスキの指導の下、八月の出来事と昔の「連帯」関係者をできるだけ多く集めることが重要だったのです。

欧州議会への公開状

この祝賀会を大々的に宣伝するいい材料は、欧州議会がポーランドに対して交付すると約束した補助金でした。そこでグヴィアズダ夫妻は欧州議会への公開状を準備しました。そこでグダンスク祝典のボイコットの予告をし、多くの最初の「連帯」活動家たちが、長年にわたり広めてきた真実と理想を詳しく説明しました。アンナはこの公開状の署名者のひとりでもありました。

「〇五年八月と九月に行なわれる『連帯』二五周年祝賀式典のために、気前の良い補助金を提供してくれるという欧州議会に感謝します。欧州議会の方々は、最初の『連帯』に補助金を出したとお思いになっているでしょうが、それはもうとっくになくなっているのです。この式典は、ポーランドの体制変換の根本に存在するウソを塗り固めるために、第二の『連帯』が主催しているのです。

『連帯』の歴史は今まで徹底的に研究・調査されませんでした。ポーランド国内でも、広く世論に知らされていないことなのです。組合内での民主主義の排除、労働者への嫌がらせ、買収、『連帯』を守った人々を強制的に移民させるということがなぜ行なわれたのか、未だ分からないし、明白になっていない部分があるのです。意識的にせよ無意識的にせよ、いつの間にか、西側民主主義の機関も公安警察のゲームに引っぱり込まれてしまったのです。

われわれは、この補助金を『連帯』の誠実な学問研究とその成果を発表することに使うことを提案します。最初の『連帯』が何であり、なぜ潰されたのかが判明するまで、ショー的な記念式典を延期しましょう。歴史を変えることはできませんし、不正を埋め合わせすることもできませんが、歴史の真実を知る権利はすべての人にあるのです。戒厳令の後、『連帯』の活動が再び可能となった時、全国委員会の二六名のメンバーは、集会を招集する公式申請書を全国委員会委員長に提出しました。全国委員会委員長レフ・ワレサは規約に基づく責務を果たしませんでした。そして申請書の署名者たちに活動禁止令を出すという信じられない行動に出たのです。『連帯』は権力側との話し合いを準備していませんでした。

円卓会議の折にはワレサが指名した人々が連帯側の席に着きました。その多くの者は、体制に深く入り込んだポーランド人民共和国のエリート層出身でした。一〇〇名の『連帯』全国委員会メンバーの中からたった四名のメンバーが円卓会議に参加できただけです。両者に公安警察の協力者が多くいました。これが今日に至っても、体制協力者を浄化できない原因となっており、汚職もこれに起因しているのです。

八九年一月、ワレサは『新しい連帯』の結成を予告しました。円卓会議の結果として、四月十七日、裁判所は新しい『連帯』を登録しました。第一と第二の『連帯』の同じところは『連帯』という名称だけです。規約の内容も変わっています（変更された条令項目は、五、十一、十九、二三、二四、三三と三四）。規約の変更はメンバーたちには秘密とされました。今日まで誰がこれらの変更を行なったのか明らかでありません。戒厳令のとき全国委員会メンバーの資格は、全国委員会委員長を除いて、他のすべての労働組合の幹部同様に消滅したとワレサは発表しました。

行政管理機関は、ワレサが指名した組織だけに、合法であることを承認しました。民主主義の欠如に同意できないという人にとって、労働組合に登録しないということだけが、唯一の解決方法となってしまいました。さまざまな調査から、第二『連帯』に登録したのは、第一『連帯』のメンバーの四分の一から三分の一だということが分かっています。第一『連帯』から正規に継続するために、いろいろなことができたはずでしたが、ワレサの勝手気ままな行動の合法性さえ検討されませんでした。現在、『連帯』という名称は産業各部門の工場の閉鎖と雇用の廃止、国有財産の安価な売却、汚職と無能な政府を連想させるにすぎない存在なのです。

年配の人たちは『われわれはこんなにも信頼していたのに。あなたがたに生命を預ける用意さえあったのに』と嘆いています。現在の『連帯』はこの最初の『連帯』の継続したものであると若者は教わります。しかし、数百万のポーランド人が、『連帯』の名の下で、自由と民主主義を求めて闘い、身を捧げ貢献したのだと話を聞かされる若者たちは、それを信じることができません。なんでこんなもののためにそこまでしたのかと、理解できないのです。はなやかな『連帯』二五周年祝賀式典はここでは何も役に立ちません。若者がウソを感じ取るだけです。ウソが真実に変えられてしまわないようにするため、八〇年のストライキの参加者、『連帯』のメンバーや活動家たち、戒厳令での抵抗運動の参加者たちは第二の『連帯』によって組織される記念式典には参加しないことを、ここにお知らせいたします」

アンナの活動はつづく

この時期、グダンスク国民記憶院は、認められる範囲内で公安警察の資料を公開しました。アンナも自分に関する膨大な数の公安資料を閲覧し、内務省第三局Aと公安調査局の自分に関係する最重要の資料に接することができました。ずっと感じてきたこと、知っていたことを、その資料を読むことによって確認することができました。

アンナは闘い・苦難記憶擁護評議会の支えとアンジェイ・プシェヴォジニックの個人的な手助けのおかげで、遠いカザフスタンやウズベキスタンにいるポーランド人を訪ねました。ビリニュスにある聖人ファウスティーナ・コヴァルスカが住んでいた家の修理にも携わりました。「シベリア住民と放浪する子供たちに」をテーマとした展覧会とシンポジウムを開催しました。〇七年にタシケントでは、ヴワディスワフ・アンデルス将軍の兵士たちに捧げられた記念碑と、救出された「放浪する子供たち」の感謝表明碑を除幕しました。東部国境地帯の諸問題に深く関係したことはアンナらしさが表れています。彼女はポーランドとポーランド人に対する義務として、これらのことを行なったのです。

リヴネの家族の家をアンナは憶えていたので、他の誰よりも東部のポーランド人たちの運命をよく理解することができたのです。アダム・ミツキェヴィッチの言葉に「もし私が彼らを忘れるならば、天の神よ、私を忘れてくれ」という一節があります。アンナはこの言葉に忠実でした。自らの人生の最後の時期、アンナはコヴァルチック兄弟の名誉回復を要求をしました〔ふたりは共産主義政権と闘い犠牲となった・訳注〕。

アンナはまた、国民記憶院と歴史の中での知られていない出来事を見つけ出してくれる歴史家たちを擁護しました。国内や外国でユゼフ・ピウスツキや聖人マクシミリアン・コルベをテーマとした展覧会や野外での行事を企画しました。もっとも弱い人々、職を失った人々を常に忘れることはありませんでした。

白鷲勲章の貴婦人

○六年五月三日、共和国大統領レフ・カチンスキが、アンナに「民主主義への前進と自由ポーランドのための活動」に対する白鷲勲章を授与しました。この勲章は、ポーランド共和国が、つつましいひとりのクレーン工の、高潔な生き方を最高に評価したものです。アンナの八〇歳の誕生日に大統領は特別な祝賀会を準備しました。〇九年八月十五日、まずは大統領邸で、その後はベルベデル宮殿において、彼女のもっとも親しい友人たちが集まりました。アンナの名前は決して百科事典に載らないだろうという八四年の公安警察署員の予言は当たらなかった、と大統領は誇りを持って演説しました。

スモレンスクの悲劇

二〇一〇年四月一〇日、ロシアのスモレンスクで政府専用機が墜落しました。アンナ・ヴァレンティノヴィッチも乗客のひとりで亡くなりました。レフ・カチンスキ大統領を始めとする、国家の名においてアンナを評価した九五人の人々も、アンナと共に永遠の眠りにつきました。

「連帯」結成に至るポーランドの歴史

一九八〇年夏のグダンスクを中心とする労働者のストライキは、またたくまにポーランド全土に広がり、社会主義圏で初めて党から独立した労働組合「連帯」を生み出しました。この「連帯」の成立こそ、後にソ連・東欧社会主義圏を崩壊に導いた烽火に他なりません。

世界史を変えた労働者・民衆の闘いにおいて、この本の主人公アンナ・ヴァレンティノヴィッチは誰よりも光り輝きました。

この本を理解しやすくするために、アンナの活躍の背景となる「連帯」結成に至るポーランドの歴史に簡単に触れておきます。

第二次大戦後、ポーランドのナチス・ドイツからの解放は、ポーランド人の手によってではなく、ソ連の軍事力によってなしとげられました。それはポーランド国内のレジスタンス勢力の一斉蜂起を、ソ連が見殺しにしたことに起因しています。ナチス軍による徹底した掃討が続く中、ヴィスワ川対岸まで達していたソ連軍はそこにとどまり続けたのでした。

その結果、ナチス軍に抵抗した二〇万人のポーランド人が殺害され、その後にソ連軍がポーランドに進行、支配を完成させることができました。映画「地下水道」に描かれた四四年のワルシャワ蜂起の悲劇です。この時からポーランド人のソ連への不信感は根深いものになります。

五六年六月、スターリン批判をきっかけにソ連の支配への不満が高まり、ポズナンを中心とする労働者・市民の闘いへと発展、ソ連により追放されていたゴムウカの政権復帰を実現させました。「ポズナン暴動」と呼ばれたこの闘いで労働者は自信を深めましたが、共産党の支配が弱まったわけではありませんでした。

六四年にはクーロン、モゼレフスキによる党の官僚主義批判の「公開状」が摘発され、二人は懲役刑に処せられました。また六八年には、十九世紀の詩劇が反ソ的として公演中止になり、ワルシャワ大学の学生が抗議スト。これに厳しい弾圧が加えられたことに、作家同盟など知識人が強く反発しました（三月事件）。

七〇年十二月、政府の食品価格値上げに抗議して、グダンスクなどバルト海沿岸地域の工場労働者らが決起しました。治安警察と衝突し、数百名の死者を出しました（七〇年十二月事件）。

七六年六月、経済的な停滞を背景に政府が食品などの値上げを発表。これに対して、ウルスス、ラドムを中心として広範な労働者が抗議行動を行ないました。政府は値上げを撤回し事態を収束させるや、大規模な弾圧に踏み切りました。数千名に及ぶ活動家を逮捕・勾留し、工場は逮捕者の多くを解雇しました（六月事件）。

この弾圧に抗議し、犠牲となった労働者の救援を目的として、労働者擁護委員会（略称ＫＯＲ）が同年九月に設立され、クーロン、ミフニックらが名を連ねました。

この運動は、六月事件の逮捕・拘束者全員の釈放という成果を勝ち取りました。ＫＯＲは、弾圧救援に限定せず、より積極的に労働者・市民の権利の拡大を図るために新組織、社会自衛委員会（略称KSS）に改組しました。労働者擁護委員会の略称KORの名が広まっていたため、新組織の名称を「社会自衛委員会・KOR」としました。

このような抵抗の歴史を経て、七八年四月、政府や党から独立した労働者の地下組織であるバルト海沿岸地域自由労働組合（WZZ）が結成されました。グヴィアズダ夫妻、ピェンコフスカ、ヴィシュコフスキらによるもので、結成後間もなくアンナも加わりました。以前から組織されていたシロンスク地方の自由労働組合を継承するものでもあり、その後の労働者の闘いを支えるものとなりました。

八〇年七月、政府が正式な発表もなく食肉価格の大幅引き上げを実行したことから、労働者のストライキが広がりました。政府は経済的要求を認め事態を収束させようとしますが、争議はいっそう拡大し、八月十四日グダンスク造船所一万六〇〇〇人の労働者が、要求の実現とWZZ活動家アンナの解雇への抗議をかかげてストライキに立ちました。十六日、要求の大部分が受け入れられたことでストライキを解除する宣言がワレサにより発せられました。

その日の夜、地域の二一の工場の代表者が集まり、工場間ストライキ委員会を結成し二一項目要求を決定。グダンスク造船所の労働者もスト続行を決めました。このバルト海沿岸地域のストライキは、経済的な要求を中心とした他の地域の闘いと異なり、党から独立した自由な労働組合の承認を要求の第一に掲げるなど政治的な性格を前面に出したものでした。この闘いは全国へと広がり政府を追いつめました。ついに政府は工場間ストライキ委員会との直接交渉を受け入れ、独立自由労組の承認を含む「グダンスク協定」を締結しました。

九月十七日、全国数十万の労働者を代表する代議員を結集して自由労働組合全国代表者会議がグダンスクで開かれ、独立自主管理労働組合「連帯」が結成されました。

ポーランド中が燃え上がったこの時代とその後の現実について、アンナを中心とした活動家たちからの聞き取りや国民記憶院に保管されている証拠資料によって構成された本書は、日本では伝えられなかったポーランド社会の実相を伝えるものとなっています。


（川村潤）

訳者あとがき

嬉しいニュースです。

二〇一一年四月八日、グダンスクでアンナの記念プレートの除幕式が行なわれました。アンナ・ヴァレンティノヴィッチは二〇一〇年四月八日までグルンヴァルツカ通り四九番地に住んでいました。その建物の大通り側に、グダンスク市はアンナの記念プレートを設置しました。この記念プレートには次のように書かれています。

「この家にアンナ・ヴァレンティノヴィッチ（一九二九～二〇一〇年）が住んでいました。神に忠実でポーランドの主権を強く求めました。労働者が尊厳をもって処遇されるような闘いに専念しました。共産主義に抵抗する活動家であり『連帯』の伝説の人でした。一〇年四月一〇日、スモレンスクで起きた飛行機事故のために非業の死を遂げました」

私がポーランドの古都クラクフに住んだのは六八年十二月～七二年三月でした。この滞在期間中にグダンスクで七〇年十二月事件が起きました。事件の様子は、夜の七時のニュースとしてテレビ放映されました。しかし画面には、壊された店のショーウィンドウや石ころなどが散乱している舗道などの静止画像が繰り返し映し出され、アナウンサーの声の説明だけでした。国民は共産主義政権が流す情報を信じていません。男の人たちはあわてて街頭に出かけ友人や仲間から情報を得ていました。私はまだポーランド語が分からず、何か悪い出来事が起こったらしいという不穏な空気を感じていました。

アンナ・ヴァレンティノヴィッチの名前を知ったのは八〇年八月事件の時でした。彼女の職場復帰を要求してグダンスク造船所でストライキが始まったという程度で、日本ではワレサの名前のほうが知られていました。その頃、私は東京のポーランド大使館で翻訳・通訳官として働いていましたので、ワレサの来日や東京に赴任してきたばかりのポーランド大使ルラシュが米国に亡命するという事件にも遭遇しました。大使館で黒の皮ジャンを着たワレサに出会った時は勇敢な活動家に見え、一緒に写真を撮らせてもらったくらいです。ルラシュ大使は前任大使よりも親しみやすく日本人職員に対しても非常に友好的でした。しかし、ポーランド情勢は激動、大使館から、国内事情が悪化しているので今までの条件で働いてもらうわけにいかないと言われ、七年間働いた大使館を退職しました。

八一年の十二月十三日、戒厳令下のポーランドの状況が日本のテレビ画面に映りました。まったく予期していなかったので慌てました。というのは翌十四日、パリ経由でポーランドへ行くことになっていたのです。それは某民放局がポーランドとパリを舞台にした三時間テレビドラマを企画し、ロケハン（ロケ地の下見・選定）とポーランド人の主役俳優などとの打合せをすることになっていました。東京のポーランド大使館に電話をしても誰も出ません。とにかくテレビ局のプロデューサーと一緒に出発することにしました。

まずパリに到着して、ワルシャワ行きの飛行機に乗るためにどうしたらよいのかと思案し、ポーランド人の集まる教会へ通いました。数日間パリで待機し、自然に涙が出るような熱い思いのミサを体験することになりました。三日目にワルシャワ行きに乗れることが分かり喜んで空港へ急ぎました。機内は大きな洗剤の箱などの生活必需品をかかえたポーランド人で満席でした。夜、一〇時すぎに飛行機はワルシャワ空港を目指して降下し始めました。一面の雪景色です。空港内は薄暗く、空港職員の姿の代わりにライフル銃を持った兵士がずらりと並んでいました。何が起きるのだろうと胸騒ぎを覚えながら、入国審査の順番を待ちました。私たちの番です。

「戒厳令だというのにお前たちは何をしに来たんだ」

「入国できると思うのか？」

「すぐに一番近い国境から出てってくれ！」

と担当兵士に冷たく言われました。

「私たちはロケハンをするために関係者と約束しているので電話をしたい」

と言いました。

「そいつらは拘禁されているので電話などできるか」

どんなことを頼んでも聞いてもらえません。結局、翌朝一〇時のイスタンブール行きの飛行機で空港を出ることを約束して空港内で一夜を明かすことになりました。

空港内は零下二〜三度と思われる寒さです。毛布を一枚ずつ貸してくれるように頼みました。翌朝、イスタンブール行きの飛行機に乗ると機内は檻に入れられた小動物や鳥類で一杯でした。不思議な光景の機内でしたが、昨夜は寒さのあまり一睡もできなかったので温かい機内では爆睡してしまいました。私たちが遭遇したあの不運な日々にアンナも逮捕されて恐ろしい時間を過ごしていたことを本書で知りました。何か運命的なものを感じてしまいます。


そして九三年にＪＲ東労組がポーランドと交流をしていることを知り、何か私にできる仕事がないかと思い訪ねてみました。初めは手紙の翻訳の仕事をもらいました。ＪＲ東労組結成5周年記念にアンジェイ・ワイダ監督を招聘することになり、さらにワイダ監督が発案したクラクフの日本美術技術博物館（当時クラクフ日本美術技術センター）建設に、ＪＲ東労組が多額の寄付をしてくださることになりました。私は、この取り組みの通訳兼コーディネーターの仕事に従事する機会を得ました。

また、九五年から始まったＪＲ東労組の平和研修のコーディネーターとしての仕事は十五年も続いています。その研修プログラムの中で、ポーランド鉄道連帯組合員の家庭を訪れて交流を深めるという行程も組みました。しかし何か物足りない。私が見て感じた八〇年のあのポーランド人の連帯運動に対する熱狂的な情熱はなく、連帯組合員は民主化された日常生活に疲れて、運動について語る人もいなくなっていました。

〇四年、ワイダ監督はJR東労組初代委員長松崎明氏に対し、連帯生誕二五周年式典に出席するように勧めました。そして、翌年の八月三〇日に行なわれた式典に十八名のJR東労組・JR総連の代表が参加しました。この時点では私は、グダンスクに住んでいるアンナの存在をまったく思い出せませんでした。

ある日、インターネットの「YouTube」でアンナのインタビュー番組を見たのです。その受け答えがあまりに明瞭で、誠実に連帯の出来事を話す姿に感動しました。いままで私が知っていた連帯運動とは異なる運動を展開しているポーランド人に出会えた、彼女こそ『連帯』史の真実を語ることができる人だ、と思いました。それから彼女のアピール文、メッセージ、インタビュー記事・映像、自伝を夢中で読みました。

アンナは八〇年八月ストのシンボル的存在で、共産主義と本当に闘った「連帯の母」としてグダンスクの労働者たちから慕われていました。ポーランドが民主化された後も彼女は社会的に弱い人のために働きました。そして民主化されたポーランドで毎年八月に行なわれる連帯生誕記念式典の招待状をもらっても、アンナは一度も出席をしていません。それは時の政府が行なう記念式典は、彼女の生き方の反対側にいる人々が主催するものだからです。反対側にいる人々はポーランド近代史における彼女の役割をできるだけ小さく見せようとしました。その実例は、九二年、大手メディア「選挙新聞」のレポーターが「アンナ・ヴァレンティノヴィッチは存在したのか？」という記事を書き、ポーランド近代史から彼女を消し去ろうとしました。しかし、そう簡単にはいきません。ポーランドでは彼女の功績はよく知られていますし、彼女を支持する人たちも多くいます。

私は、グダンスクへ行った時にアンナに直接会って話を聞きたい、そして平和研修プログラムの中でアンナの講演を実現したいと思っていました。しかし、一〇年四月一〇日土曜日、クラクフ在住の松崎由美子から国際電話がありました（彼女は、連帯運動に魅せられポーランドで生きることを心に決めた私の知人で、この本の共同翻訳者でもあります）。彼女の話によると、スモレンスク空港に到着する寸前に政府専用機が墜落して全員が死亡したということでした。アンナは、同乗していたレフ・カチンスキ大統領、閣僚、官僚、歴戦の勇士たちと共に非業の死を遂げました。

ネットのインタビュー番組でアンナの息子ヤヌシュは、

「カティンの犯罪七〇周年記念式典の数日前までは、母はこの式典に参加する旅に出かけられるかどうか体力に自信がなかったのです」

と言っていました。

最初は、将校の遺族らと一緒に臨時列車で行くことになっていました。ところが大統領執務室がアンナを大統領と一緒に専用機に乗るように招待したので、大統領と一緒にカティンへ飛ぶことになり、そのことをアンナは喜んでいたそうです。ソ連軍に殺されたポーランドの英霊たちに敬意を表すため、かねてカティンの墓地を訪ねたいと思っていたからです。三九年九月十七日ソ連軍が侵入したリブネの町は、家族との思い出がたくさん刻まれていました。アンナの兄・アンジェイは、この地でソ連軍に東部に連れさられ、そのまま行方が分からなくなりました。「冷酷の地」に自由を求めたポーランド兵士たちが眠っている。見つけ出すことができなかった自分の兄も、ここで一緒に眠っていて欲しい。兄に敬意を表すための旅でもありました。

彼女の人柄や行動を知れば知るほど、私は生前のアンナに会わなかったことを非常に後悔しました。アンナの死を悲しんでいる時、若い歴史家スワヴォミール・ツェンツキェヴィッチが『アンナのポーランド「連帯」』（原題・Anna Solidarność）というアンナの伝記を出版しました。原本は、本文と写真だけでA４判で四〇〇ページ、アンナに関する種々の証拠資料も加えて七〇〇ページ以上のぶ厚い本になっています。翻訳本は、できるだけ多くの人に読んでいただけるように、作者の承諾を得て縮小版にしました。今まで日本で出版されたポーランド「連帯」に関する本の内容と、まったく違った視点から書かれています。アンナの生涯を通してポーランドの女性労働者の真実とその不屈の運動を知ることができます。

「アンナ、あなたの本が日本ではじめて出版されました、あなたの誠実な生き方とあなたの望んだ連帯運動とは何だったのかを日本の読者に知ってもらう時が来ました」

という言葉を捧げてアンナのご冥福を心よりお祈りします。

本書の翻訳は、第一章、二章、三章、四章、五章および九章は吉野好子が、第六章、七章、八章の翻訳は松崎由美子が担当しました。

この本を翻訳するにあたり、ＪＲ東労組顧問石川尚吾氏、元国際部長高橋正和氏、林和美さん、月刊「自然と人間」編集長川村潤氏の多大なご協力によって完成することができました。心からお礼を申しあげます。

二〇一二年二月

訳者・吉野　好子

【著者紹介】

スワヴォミール・ツェンツキェヴィッチ　dr hab. Sławomir Cenckiewicz

１９７１年、ポーランド・グディニア生まれ。歴史家。グダンスク大学卒業、記録資料に基づいて国内外のポーランド人の歴史を研究。01～08年、国民記憶院（ＩＰＮ）に所属し研究を続ける。ワレサが公安のスパイであったことを書いた共著『公安とレフ・ワレサ―― 経歴の補足資料』の出版によりＩＰＮを退職させられる。国からの強い圧力があったといわれる。著書は他に『公安の目で』『70年グダンスク12月事件』『モスクワの長期に渡る権力』など多数。

【訳者略歴】

吉野好子（よしの・よしこ）

中国北京市生まれ。青山学院大学文学部卒。６４年ＴＢＳ入社、６８年クラクフに滞在、駐日ポーランド大使館で通訳翻訳担当。通訳コーディネーター（ＴＶ・映画・演劇・労組など）。松崎由美子との共訳で松崎明著『鬼の咆哮』。

松崎由美子（まつざき・ゆみこ）

新潟県新発田市生まれ。ルブリンカトリック大学卒業。現在ヤギェウオ大学文献学部東洋学研究所日本・中国学科常任講師。通訳・翻訳者、報道関係コーディネーター。訳書にイザベラ・スーハン著『チャルトリスキ博物館』ほか。

アンナのポーランド「連帯」――裏切りと真実

2012年3月1日　　初版第1刷発行

著　者　　スワヴォミール・ツェンツキェヴィッチ

訳　者　　吉野好子・松崎由美子

発行者　　高井隆

発行所　　株式会社同時代社
〒101-0065　東京都千代田区西神田2-7-6
電話　03(3261)3149　FAX　03(3261)3237

組　版　　前林正人

装　幀　　奈和浩子

印　刷　　モリモト印刷株式会社

ISBN978-4-88683-711-0